本书获中央高校基本科研业务费资助（项目号：2022114005）；
上海外国语大学国际教育学院高水平学术研究资助；
2022年度上海外国语大学多语种智慧教育重点实验室开放项目（项目号：B202202）资助。

高校商务英语教师 学科教学知识建构研究

A Study on Pedagogical Content Knowledge Construction of College Business English Teachers

姜 霞 著

上海交通大学出版社
SHANGHAI JIAO TONG UNIVERSITY PRESS

内容提要

本书内容主要包括高校商务英语教师学科教学知识内涵要素、影响因素及建构路径。具体而言，本书提出商务英语教师 PCnK 的概念，深入细致地解构与重构了在商务英语教学情境中，商务英语教师所包含的 PCK 内涵要素；探究其影响因素所产生的深层次原因；梳理了不同类别教师学科教学知识的动态发展过程，及其所建立的社会网络，解析这些网络的主要特征、中介，进而说明教师如何建构自己的学科教学知识，最终促进商务英语教师专业发展。

本书适合高校商务英语专业教师、教学管理人员以及高等教育研究领域的相关人士阅读使用。

图书在版编目（CIP）数据

高校商务英语教师学科教学知识建构研究/姜霞著
.—上海：上海交通大学出版社，2023.3
　ISBN 978-7-313-25011-7

　Ⅰ.①高…　Ⅱ.①姜…　Ⅲ.①商务-英语-教学研究
-高等学校　Ⅳ.①F7

　中国版本图书馆 CIP 数据核字（2021）第 106333 号

高校商务英语教师学科教学知识建构研究
GAOXIAO SHANGWU YINGYU JIAOSHI XUEKE JIAOXUE ZHISHI JIANGOU YANJIU

著　　者：姜　霞
出版发行：上海交通大学出版社　　　　　　地　　址：上海市番禺路 951 号
邮政编码：200030　　　　　　　　　　　电　　话：021-64071208
印　　制：苏州市古得堡数码印刷有限公司　经　　销：全国新华书店
开　　本：787mm×1092mm　1/16　　　　印　　张：13.5
字　　数：288 千字
版　　次：2023 年 3 月第 1 版　　　　　　印　　次：2023 年 3 月第 1 次印刷
书　　号：ISBN 978-7-313-25011-7
定　　价：79.00 元

前　言

2020 年 10 月,教育部高等学校大学外语教学指导委员会发布了《大学英语教学指南》(2020 版),要求大学英语教师"主动适应高等教育发展的新形势,主动适应大学英语教学的新要求"。大学英语课程总体设计应当根据语言教学规律和学生学习需求,构建一个科学、多元、多层次的课程体系,实现多元化人才培养,从语言技能学习向内容与语言融合学习(content and language integrated learning)转变。商务英语教学在一定意义上也要契合内容与语言融合学习模式,且对教师知识提出新的挑战。本书基于前人研究,着力探索在此背景下商务英语教师学科教学知识(pedagogical content knowledge,PCK)的内涵要素、影响因素及其发展路径。

PCK 研究始于 20 世纪 80 年代,为教师知识研究的核心领域之一,决定和影响着教师教学质量。已有学科教学知识研究以数学、科学学科最为成熟,亦有研究关注外语教师学科教学知识,但鲜有研究聚焦商务英语教师群体,探究他们的学科教学知识是如何发展起来的。本书以高校商务英语专业为探究范围,以目前从事"商务 + 英语"类课程教学的商务英语教师为研究对象,主要研究问题包括:一是我国高校商务英语教师学科教学知识包含哪些要素;二是影响我国高校商务英语教师学科教学知识的因素有哪些;三是我国高校商务英语教师学科教学知识的生成路径如何。

针对上述研究问题,本书采取混合路径研究,运用"顺序探究型"和"顺序解释型"设计,参考"同时型三角验证"设计理据,从"个体到群体再到个体"的描写步骤,来分析和回答三个研究问题。具体而言,针对研究问题一和研究问题二,在先导研究(访谈、概念导图和课堂观察)的基础上,设计调查问卷进行预试,确定正式问卷,通过 SPSS 软件对 201 份有效问卷结果进行分析,确定其内涵要素及影响因素的主要维度,同时根据深度访谈结果,细致描述各要素的内涵特征及其之间的相互关系,并对影响因素的结果进行阐释与补充;针对研究问题三,对问卷调查所涉及的不同类别商务英语教师进行深度访谈,并请他们绘制思维导图,尽可能深入细致地描绘四类商务英语教师在不同职业发展阶段学科教学知识建构的不同路径。

本书研究发现,商务英语教师学科教学知识的内涵要素包括情境化目标知识、教学策略知识、教学主体知识及课语整合知识四个子要素。其中"教学策略知识"与"课语整合知识"为显性知识,更易被观察与感知,因此容易成为教师的强需求;而"情境化目标知识"与"教学主体知识"为隐性知识,往往较难被观察与感知,因此通常在显性知识得以满足教师需求的前提下开始受到教师的关注。四种要素之间紧密联系、互为影响,其中"教学策略知识"与"教学主体知识"间存在高度正相关关系,其余要素间存在中度正相关关系。各要素在商务英语教学情境(context)中得以体现,分别对应认知(cognition)、协商(communication)、合作(cooperation)及内容(content),共同构成商务英语教师 PC_nK。具体而言,"情境化目标知识"反映了教师对商务英语教与学所持认知的不同;"教学策略知识"强调教学主体间的理解与合作;"教学主体知识"突出了教学主体在课堂内外的不断对话与协商;"课语整合知识"中最为核心的部分即教学所需的跨学科、复合型内容知识。

商务英语教师学科教学知识影响因素包括个体内部因素与外部因素两类,其中个体内部因素包括跨学科知识储备能力、对商务英语教与学的认知及从事商务英语教学的职业认同感三类因素;外部因素包括教师商务英语专业学术发展环境和教师商务英语专业发展实践两类。多元回归结果显示,教师个体内部因素三个维度对 PCK 内涵要素均具有显著正向影响,外部因素对 PCK 的影响相对较弱,即教师个体内部因素对教师 PCK 的形成起着更为关键的作用,而外部因素从所调研样本的结果来看,总体上对 PCK 的形成产生的作用较弱。可见,外部因素中学术发展环境及专业发展实践所涉及的实际内容仍需调整与推进。

商务英语教师学科教学知识的生成路径既涉及教师对不同 PCK 内涵要素中隐性知识与显性知识的强需求与弱需求的感知,也涉及具体情境中理论知识向实践知识的转化过程。教师 PCK 生成路径因教师所处情境不同而体现出个体差异,这些差异与教师对商务英语教与学所持的认知有关,而认知的产生与教师的教育背景、工作经历、所处社会文化情境(如学校、班级、家庭)有关,因此,不同教师所经历的职业生涯阶段周期不同。总体而言,教师 PCK 建构经历了由个体到群体再到个体的发展路径,即由个体需求或关注出发,建构不同的社会网络,形成不同的中介,最终生成商务英语教学情境所需的学科教学知识。

在研究发现的基础上,本书提出了教师从事商务英语课程教学后,基于 PCK 建构所经历的完整的职业发展阶段:困惑期(confusion)、适应期(adaptation)、融入期(engagement)、认同期(identity)、能动期(agency)与提升期(advancement)。这为教师根据自己所处职业发展阶段及类别选择适合的社会网络,进而发展自己的学科教学知识,最终促进职业生涯发展提供参考。此外,本书梳理了教师职业生涯发展不同阶段 PCK 建构的需求与路径,这有助于教师教育者及政策制定者根据教师的实际情况制定有利于教师职业发展的课程与政策。

　　本书是在我的博士论文基础上根据出版要求整理而成,在此我要向所有在本书成文和出版过程中给予我关心、支持和帮助的人致以衷心的感谢。特别感谢上海外国语大学王雪梅教授的悉心指导,王老师从论文选题、确定研究问题、数据收集、数据分析、开题、撰写到盲审的各个环节都倾注了大量心血。感谢上海外国语大学国际教育学院的领导和同事们在本书出版过程中,给予的支持!还要感谢参与本书问卷调查及访谈的所有教师,没有他们的热心参与,我不可能完成这项研究。我的同门和朋友们在写作过程中给予我极大的鼓励和帮助,对此我深表谢意。

　　上海交通大学出版社臧燕阳编审为本书的出版付出了辛勤的劳动,在此表示诚挚的感谢!谨以此书献给给予我关爱与温暖的家人!

姜　霞

2023 年 1 月

Contents

目　录

第 **1** 章

绪　论

1.1　研究背景

1.1.1　商务英语在国内外的源起与现状

20 世纪后半叶，在西方，随着经济与社会的发展，语言学开始悄然发生变化。专门用途英语（English for specific purposes，ESP）便应运而生，商务英语也源于这个时期（朱文忠 2010）。经过半个多世纪的发展，商务英语已成为专门用途英语领域最活跃的分支之一，在国际商务活动中扮演着越来越重要的角色。

商务英语的发展在我国经历了三个阶段：第一阶段为 20 世纪 50 年代至 70 年代末，主要围绕外贸的基本流程设计教学内容，称为"外贸英语"；第二阶段从 20 世纪 80 年代初至 2006 年，其规模不断扩大，由"外贸英语"发展为"经贸英语"；第三阶段为 2007 年教育部批准设立商务英语专业至今，其内涵不断扩大，基本采用"商务英语"这一名称。2007 年，对外经济贸易大学率先设立了本科商务英语专业；2011 年，该专业被正式纳入本科专业目录；从 2012 年起，各高校报省教育厅批准、经教育部备案后可自设商务英语专业。这充分表明政府和社会都看到了商务英语专业的发展前景和社会需求（王立非、李琳 2011），也大大加快了该专业的发展。近年来，受经济全球化和互联网兴起的影响，商务英语教学不仅在外语类、财经类院校迅猛发展，更是迅速延伸到全国 1000 多所综合类、农工类、师范类院校（王丽、范劲松 2017）。新文科背景下，商务英语专业面临着"空前的发展机遇"，也面临着"新的挑战"（王立非、崔璨 2020）。

商务英语专业的开设，顺应了我国在经济全球化背景下对高端外语人才的需求。基于这一背景，目前学界对开设该专业的重要性和必要性已达成共识。特别是2018年1月底,教育部颁布了《高等学校商务英语专业本科教学质量国家标准》(以下简称《商英国标》),已成为指导该新型专业发展的纲领性文件,必将促进其步入新的发展阶段。

总体而言,商务英语专业在我国快速发展,一方面与国外 ESP 理论的确立和发展有关,另一方面也与我国在外向型经济与世界经济一体化背景下对人才培养提出的新要求息息相关。

1.1.2 国内经济发展对商务英语人才的需求

由于我国进出口贸易、对外投资等国际商务活动越来越频繁,经济社会发展对商务英语人才的需求也不断扩大(王立非等 2015)。此外,《2015—2017 年留学工作行动计划》要求加大对尖端人才、国际组织人才、区域国别研究人才等的培养力度,这对高校培养高水平国际化外语专业人才提出了更高的要求。培养合格的商务英语高级专门人才以满足中国经济国际化的需要是我国高等教育肩负的重要使命(王立非、李琳 2011)。

由此可见,商务英语人才培养迫在眉睫,《商英国标》对商务英语专业人才培养目标提出明确的规定:商务英语旨在培养英语基本功扎实,具有国际视野和人文素养,掌握语言学、经济学、管理学、法学(国际商法)等相关基础理论与知识,熟悉国际商务的通行规则和惯例,具备英语应用能力、商务实践能力、跨文化交流能力、思辨与创新能力、自主学习能力,能从事国际商务工作的复合型、应用型人才(王立非等 2015)。上述培养目标突出了商务英语人才国际化、复合型及应用性的三大特点。

商务英语专业人才培养质量将成为影响和制约我国经济发展的重要因素之一,而要培养高质量对接国家需求的国际化复合型人才,就必须有一支精通外语、通晓专业知识的师资队伍。

1.1.3 商务英语教师队伍及其研究现状

2018 年 9 月,习近平总书记在全国教育大会上指出,坚持把教师队伍建设作为基础工作。会上,习近平总书记对教师队伍建设的重要论断,是新时代新形势下对教师地位和作用的新思考、新定位,强调了从战略和全局高度充分认识教师工作的极端重要性,对于新时代加强教师队伍建设具有重大意义[1]。此次大会进一步提出提升教育服务经济社会发展的能力,这对商务英语专业师资队伍提出了新要求、新挑战。

《商英国标》对高校商务英语专业教师队伍的结构和基本素养提出新标准,师资队伍的质量是商务英语专业可持续发展的重要保证。然而,根据目前已有学者对商务英语师资队伍的调研结果显示,在队伍结构、科研能力、教学素质等方面均有很大提升空间。郭桂杭、李丹(2015)对 90 名商务英语教师进行关于专业素质结构的问卷调查,结果显示目

---

[1] http://www.moe.gov.cn/jyb_xwfb/xw_zt/moe_357/jyzt_2018n/2018_zt18/zt1818_pl/mtpl/201809/t20180921_349593.html [EB/OL]. accessed on 2018/12/08.

前从事商务英语教学的师资队伍依然由传统的英语教师构成,教师主观上对实践教学不够重视,在写作能力、教学方法、自身的商务技能等方面还有很大的提升空间。王立非、葛海玲(2016:18)对第六届"外教社杯"全国高校外语教学大赛商务英语专业组教学比赛进行分析,结果发现,教师对商务英语专业的定位和培养目标理解不深,对培养什么样的学生和怎样培养学生认识不清,对学生应具备什么样的知识、能力和素质心中无底,对商务英语课程的性质和定位理解不透。

从现有研究来看,国内对商务英语教师队伍的研究数量与商务英语专业在我国的迅速发展不相匹配。笔者以中国知网 CSSCI 期刊近 20 年(1998—2018)304 篇[①]相关文献为分析对象,结果发现我国商务英语研究大致可分为六类:商务英语教学与人才培养、商务英语本体、商务英语专业及师资队伍建设、商务英语课程及教材、商务英语测试及商务英语元研究,其中商务英语教学与人才培养研究最多。研究总体呈现理论框架跨学科化、研究方法实证化、研究内容多元化的特点,但专门针对商务英语教师的研究较少,这与王立非、李琳(2013)的研究结果一致,他们指出,国内针对商务英语教师的研究不多,2002—2011 年间,发表在 CSSCI 期刊上以"商务英语教师发展"为主题的论文仅三篇,占商务英语研究类论文的 2.5%。已有研究主要关注商务英语教师知识、师资队伍现状分析及建设路径、教师能力要素等主题。总之,现有研究大都从商务英语专业人才培养等视角探讨教师应具有的素质,缺少对教师实然状态的描述与调研,实证研究匮乏,这从一定程度上制约了商务英语教师队伍的发展。

考虑国家对商务英语人才培养的上述需求,以及来自当前商务英语专业师资队伍建设面临的挑战,对这一教师群体实然状况的研究不容忽视。而教师知识是教师专业发展的重要领域之一,基于已有相关研究不足的现状,本书以商务英语专业教师知识为主题,展开实证研究。

1.1.4　研究者的个人经历

选择商务英语教师作为研究对象,最初源自笔者与这一教师群体接触所带来的困惑。2011 年,笔者所在院系增设了商务英语专业,最初的三年里,所有的"商务 + 英语"类课程均由传统英语语言文学背景的教师担任,许多教师承担了具有挑战性的教学任务,他们面临着新专业带来的转型压力,也在"做中学、学中做"的过程中,不断学习新的知识,并将之与原有的单一知识体系结合,不断建立复合型、融合式的新知识结构。由于常常与这些教师在一起交流教学中的点点滴滴,笔者为他们勇于接受新的挑战、永无止境的学习能力而感动,也因此希望能走近他们,更深入地了解他们在转型期如何形成自己的知识结构。

随着研究推进,笔者开始担任"商务 + 英语"类课程的教学工作,也由"局外人"走向"局内人",以新的视角重新认识与理解这一群体。同时,笔者发现,目前我国高校商务英语教学的师资队伍已经呈现出教育背景与工作经历多元化的趋势。为此,笔者将关注点

---

① 检索日期为 2018 年 10 月 25 日。

扩大到非语言类教育背景的教师,而不仅限于转型期的教师,以尽可能反映这一群体实然状态的全貌。

1.2 研究目的

本书旨在通过量化研究与质性研究相结合的方法,走近我国高校商务英语教师群体,了解他们在不同职业发展阶段学科教学知识的特征、需求以及不同的知识类别是如何发展起来的。具体研究目的包括如下四个方面:一是厘定商务英语教师学科教学知识的内涵及其相互关系;二是了解我国商务英语教师学科教学知识的现状;三是探讨商务英语教师学科教学知识的影响因素及产生的原因;四是为商务英语教师学科教学知识的建构提出可行性发展路径与建议,最终促进该专业教师的职业发展。

1.3 研究意义

1.3.1 理论意义

已有商务英语学科教学知识的研究框架(吴朋、秦家慧 2014,Wu *et al*. 2018)主要基于舒尔曼(Shulman 1986)提出的学科教学知识内涵,将其置于商务英语专业进行宏观定义与分类。本书在此基础上,首先结合需求分析理论,将教师需求纳入 PCK 考察范围,丰富 PCK 的内涵,从动态发展视角建构商务英语教师学科教学知识研究框架;其次,从教师 PCK 发展视角,结合已有教师职业发展周期理论(Fuller 1969;Burden 1979),探讨商务英语教师基于 PCK 建构所经历的完整的职业生涯发展阶段;最后,将“社会网络理论”引入教师发展研究领域,综合运用该理论中结构洞、强连接与弱连接、高密度与低密度等概念,结合“社会文化理论”中的“中介理论”“科学概念”及“日常概念”,观察商务英语专业教师在建构其学科教学知识过程中,如何在不同的社会网络中发展演化商务英语专业教师学科教学知识,分析商务英语专业教师学科教学知识建构的可能性及路径。

1.3.2 现实意义

2018 年 9 月,教育部颁布了《教育部关于加快建设高水平本科教育,全面提高人才培养能力的意见》(以下简称《意见》)。《意见》明确指出,应主动对接经济社会发展需求,切实提高高校人才培养的目标达成度、社会适应度、条件保障度、质保有效度和结果满意度;提高创新型、复合型、应用型人才培养质量;提升服务区域经济社会发展能力。

在国家急需高端复合型外语人才的大前提下,提高教师队伍教学水平及专业发展能力显得尤为重要。然而,在越来越多的学者对商务英语专业和学科进行研究的大背景下,商务英语教师发展作为商务英语学科研究的一个重要部分,却没有得到足够重视,没有取得好的成果,这应当引起学者们的关注(郭桂杭、朱红 2018)。

教师知识是教师专业发展的核心领域之一,而教师学科教学知识是决定其教学质量的重要因素之一。本书聚焦商务英语教师学科教学知识,在了解其现状的基础上,探讨其内涵要素及影响因素,为我国发展商务英语专业教师学科教学知识提出可行性发展路径与建议。

本书的相关结果与发现有助于商务英语教师个体反思对商务英语教学所持的观念及教学实践。此外,本书有助于教师教育者及政策制定者更深入地了解该教师队伍的现状及需求,从而更好地支持商务英语教师专业发展。

1.4 研究内容与方法

本书的研究问题如下:

研究问题一:我国高校商务英语教师学科教学知识包含哪些要素?

研究问题二:我国高校商务英语教师学科教学知识的影响因素有哪些?

研究问题三:我国高校商务英语教师学科教学知识的生成路径如何?

针对上述研究问题,本书采取相应的研究方法进行探析。针对研究问题一和研究问题二,主要采用先导访谈、概念导图、课堂观察等方法进行数据收集,并在此基础上设计调查问卷进行预试,确定正式问卷。通过 SPSS 软件进行分析,确定其内涵要素及影响因素的主要维度,同时根据深度访谈结果,细致描述各内涵要素的特征及其相互关系,并对影响因素的结果进行阐释;针对研究问题三,主要采用深度访谈法,对问卷调查所涉及的不同类别商务英语教师进行深度访谈,全面细致地描绘他们学科教学知识的生成路径。

1.5 本书框架

本书共分为八章。第一章为绪论,主要介绍研究背景、研究目的、研究意义、研究内容与方法等。第二章为文献综述,从教师知识的哲学基础出发,将已有文献按内容分类,逐步聚焦本研究的核心概念——学科教学知识。在对国内外该领域研究进行回顾与评析的基础上,对本书的核心概念进行界定,最后尝试性地提出本书的概念框架。第三章为理论框架,介绍与本书相关的理论基础,包括需求分析理论、社会文化理论、社会网络理论等,并提出本书的理论框架。第四章为研究设计,首先介绍研究方法的选择理据,并依据不同研究问题,说明所采用的研究方法;其次论述研究对象的抽样与选择依据,并对预试问卷结果进行分析,确定正式问卷。第五章为调查问卷数据分析,主要围绕正式问卷的结果展开讨论。梳理学科教学知识的现状,并厘清各要素之间的关系。通过 SPSS 24.0 软件,对问卷进行描述性统计、相关分析、独立样本 t 检验、回归分析,重点回答研究问题一和问题二。第六章为深度访谈数据分析,重点回答研究问题三,即探析商务英语教师学科教学知识的生成路径。第七章为结果与讨论,结合量化分析及质性研究结果,对研究问题进行逐一回答。第八章为结论,主要就本书的研究发现、研究创新点、研究价值、研究启示等进行论证,并阐明研究局限及未来研究方向。

第 2 章

文献综述

2.1 引言

本章分为七小节。首先在回顾已有研究的基础上,从"教师知识"研究的哲学基础出发,以"现代知识观"或"广义知识观"为逻辑起点探讨与研究"教师知识"研究的历史脉络,并对国内外教师知识、学科教学知识、外语教师学科教学知识、商务英语教师知识的研究进行梳理与回顾;然后,结合本书的研究问题、研究目的、研究对象界定相关核心术语(外语教师知识、商务英语教师、商务英语教师学科教学知识)在本书中的定义(working definitions);最后尝试性地提炼出本书中商务英语教师学科教学知识内涵要素。

2.2 教师知识研究

知识是教育的主要内容与载体,教育的过程其实就是教师选择知识、组织知识、展现知识和传授知识的过程(胡春光、王坤庆 2013:22)。因此,知识在教师的专业发展中扮演着重要的角色,它是一个复杂的概念,具有较强的内蕴性(黄友初 2018:123)。

美国学者盖奇(Gage 1963)最早提出"教师知识"(teacher knowledge)这一概念。目前,对"教师知识"内涵的界定尚未达成一致。学者们从不同视角对其内涵进行阐释,如伯科和帕特南(Borko & Putnam 1995)指出教师知识基于个人经历、教育背景及其他教师教育活动所获得,是构成所有发生在教室里的教学决策的基础。刘清华(2004)指出教师知识为根源于实践理性的知识,是教师在复杂且不确定的教学情境中,奠基于个人以往多年累积的专业生涯中,不断进行省思性活动而来的实践知识,具有目的性、创造性、复合性、开放性、超前性、差异性和动态性等特点。尹静(2015)认为教师知识是教师专业素质的重要组成部分,不仅能体现其专门职业的独特性,而且能说明教师专业素养构成中的不可替代性。教师知识是教师从事教学活动的智力资源,其丰富程度和使用情况也直接影响教师的专业水准。安多尼(Adoniou 2015)用"复杂的绣帷"(a complex tapestry)来描述教师知识,并指出这一概念是"复杂的综合体"(complex amalgam)。刘永凤(2017)对教师个人知识与教师群体知识进行区分,指出教师个人知识是指从事教育实践工作的教师个体所拥有的作用于其教学行为的全部知识。已有学者对教师知识的定义凸显了教师知识的复杂性。为揭示教师知识研究的本质,笔者首先从教师知识研究的哲学基础出发,厘清教师知识研究的历史脉络,对国内外研究进行回顾。

2.2.1 教师知识研究的哲学基础

知识与教育关系密切,一切教育都是建立在一定的知识观基础之上的,因为知识观"不仅决定着什么是知识或什么不是知识,而且决定着什么样的知识才最有价值"(石中英 2001:29)。认识论的不同会产生不同的教师知识观,不同的知识观也将导致教师个体间不一样的教学范式(黄友初 2018:123)。

人们对知识的认知经历了由"传统知识观"向"后现代知识观"的转变,对其理解由"狭义""客观""绝对"向"广义""主观""相对"转变。传统知识观认为,知识是对存在事物的认识。存在的事物具有其自身属性,与认知个体无关,因此知识具有客观性和超越特殊个体的普遍性,能够用抽象的概念、命题等方式明确表达出来。而人在实践中所获得的技能与经验是具有个体差异的,因而不具有客观性、普遍性等特征,不配享有知识的称号而无法进入知识的殿堂(韩继伟、马云鹏 2008:31)。这种知识观也被称为"狭义知识观"。英国哲学家赖尔(Ryle 1949)最早对此提出异议,在其代表作《心的概念》(*The Concept of Mind*)中,他开创性地提出要明确"实践性知识"与"理论性知识"之间的区别,即"知道什么"(knowing what)与"知道如何"(knowing how)是两种不同的知识类别。他认为实践不应该简单地被理解为对理论的应用,在某些情况下,实践要先于理论。英国物理化学家、哲学家波兰尼(Polanyi)赞同赖尔的观点。在其著作《人的研究》(*The Study of Man*)中,波兰尼(Polanyi 1959)提出知识不仅包括可以用地图、数学公式等表达的命题性知识或明确知识,也包括蕴含在人们日常行为中不易被察觉或表达的隐性知识。他将人类所拥有的知识分为两种:显性知识(explicit knowledge)和默会知识(tacit knowledge),其中默会知识指源于个人实践经验,比陈述性知识模糊得多的策略性知识。受其影响,舍恩(Schon 1983:49)将"默会知识"称为"行动中的知识"(knowing-in-action)。人们对知识认知的不断深入使其内涵与范围随之宽泛。相对于"传统知识观""现代知识观"或"狭义知识观",我们将其称为"后现代知识观"或"广义知识观"。多尔(Doll 1993)在其著作《后现代课程观》中指出,我们正在由牛顿式的现代主义走向后现代主义。牛顿式的"现代知识观"视知识为现实的客观反映,是封闭的、稳定的,可以从外部加以研究的意义系统;而"后现代主义知识观"则视知识为动态的、开放的自我调节系统的解释,研究者并非外在而是内在于这一系统之中。可以说，如果没有波兰尼和赖尔对知识这个基本概念的重新审视，从而确定了蕴含在实践中的认识以知识的地位，教师知识这个概念本身的合法性都会遭到质疑。因此，只要讨论教师知识这一概念，其基本前提都是"广义知识观"意义下的知识，而不是基于"狭义知识观"展开的讨论（韩继伟等 2008：90）。

由此可见，"后现代知识观"或"广义知识观"构成了教师知识研究的哲学基础。"传统知识观"逐步转型为"后现代知识观"，这一趋势不仅挑战教师的知识结构，而且将促使教师不断变革教学决定，这意味着教师接纳新的理念，完善教师知识结构；在教学决定上，教学目标从传授知识转变为培养学生的学习主体性，从事先预设走向动态生成；教学内容从分科走向综合，从体系化走向结构化；教学过程从认知活动走向交往活动，从对象性的主客体关系走向主体间的意义关系（刘清华 2004：37）。也正因如此，学界对教师知识的研究视角多元，侧重点各不相同。

2.2.2 教师知识研究的历史脉络

教师知识研究始于对教学效能的研究。20 世纪 60 年代中期到 70 年代中期，受行为主义"过程-结果"（process-product）教学研究范式的影响，教学被看作是教师传输知识的过程，教师知识研究重点关注与学生学习成绩或成绩提高之间具有统计意义相关的教师知识，关注哪一种教学行为能提高学生学习成绩，此类研究忽略了教学过程的复杂性，仅仅注意到教学过程的两个变量，即教师和学生，对影响教学的其他变量并未加以考量。

20 世纪 70 年代中期，认知心理学的兴起与发展结束了"过程-结果"教学研究范式。教学效能研究开始向教师认知研究过渡，研究重点从"教师做了什么"转向"教师为什么要这样做"，这为教师知识研究带来实质性的进展。教师认知研究探索的是教师的心理世界，即教师的所知、所想、所信，主要包括教师在教学中建构信念、形成知识体系和做出教学决策的过程（Borg 2006）。这一时期的研究主要围绕如何制订教学计划和教师决策（teacher decision making）而展开。其中，教师决策贯穿于整个教学之中，是一个动态连续的过程，可分为教学前、教学中、教学后三个阶段：教学计划决策、教学互动决策（interactive decision making）和教学评价决策。教师认知研究体现了教学研究范式从关注外显的教师行为到关注内隐的教师思维的重大转变（张凤娟、刘永兵 2011：39 - 40）。

20 世纪 80 年代中期以后，西方兴起了教师专业化运动，这使得教师知识研究有了新进展。随着学者对教师知识的不断探索与深入研究，先前的研究范式因缺乏学科知识与教学知识的必要联系，忽视教学的实际场景而逐渐失去活力。美国卡耐基促进教学基金会主席、斯坦福大学教授舒尔曼（Shulman）首先指出以往教学研究存在的不足，称其为"缺失的范式"（missing paradigm），即缺乏"3C"［内容（content）、认知（cognition）和语境（context）］。为改变这一现状，舒尔曼（Shulman 1986）提出了"学科教学知识"（pedagogical content knowledge，PCK）的概念，并将教师知识分为七大类。以舒尔曼为代表的教师知识理论对这一领域的研究产生了非常广泛的影响。国外研究者（如 Borko & Putnam 1995；Freeman & Johnson 1998；Adoniou 2015；Mavhunga & Rollnick 2016 等）从不同视角对教师知识进行研究,并提出相关教师知识结构分类模型。卡特(Carter 1990)总结教师知识研究的两个视角,一是"由外而内"(outside-in)视角,即教师应该提供哪些知识;另一种是"由内而外"(inside-out)视角,即教师实际拥有哪些知识,在教学中实际使用的是什么知识。朱旭东(2011:58)指出 20 世纪 80 年代以后,教师知识研究主要沿两条路径展开:一是以舒尔曼为代表的以教师知识的内容指向为分类依据,提出教师知识的结构框架的研究;二是关于教师的个人知识或实践知识为立足点展开的研究。由此可见,教师知识研究经历了从"应然"向"实然"的转变。在这一转变过程中,教师从知识的"消费者"转变为知识的"生产者",对教学的研究经历了从教师行为研究向教师认知研究的转变,进而发展为对教师知识的研究。教师知识的内涵与外延不断扩大,其实践性、缄默性、个体性、情境性、生成性等特征已成为共识(王淑莲、金建生 2017)。学界对教师知识的研究视角亦开始多元化,越来越多的学者尝试从不同角度解释和揭示教师知识,使其内容不断深化,促进了教师的专业发展。

2.2.3 国内外教师知识研究回顾

根据 2.2.2 小节对教师知识研究发展脉络的梳理,笔者将教师知识的研究视角分为静态视角和动态视角两大类,并以此对 20 世纪 80 年代以来的相关代表性研究进行分析。静态视角的教师知识研究主要探讨其内涵要素,以教师知识分类研究为主,其主要目的为寻求教师从事教育活动所必备的"知识基础",属于"由外而内"视角;动态视角教师知识研究关注其发展变化过程的影响因素及建构路径,突出教师的个人特点及教学情境性,以教师实践性知识研究为主,属于"由内而外"视角。

1. 教师知识分类研究

教师知识静态视角的分类研究以知识具有可传递性为前提,认为知识是外在的、客观的。教师作为知识的消费者与传授者,首先学习所教学科需要的内容知识,积累必备的知识基础,然后将其运用于教学实践,传授给学习者。国外关于教师知识的分类研究如表 2-1 所示:

表 2-1 国外"知识基础"取向的教师知识分类研究

研究者	教师知识的分类
Shulman(1987)	学科知识,学科教学知识,课程知识,一般教学法知识,学习者的知识,教育环境的知识,以及教育的目的、目标和价值及其哲学和历史背景知识
Wilson *et al*.（1987）	学科内容知识、学科教学法知识、其他内容知识、课程知识、学习者知识、教育目标知识、一般教学法知识
Tamir(1988)	一般博雅知识①、个人表现技能、学科知能、一般教学法、学科特定教学法、教学专业基础的知识与技能

---

① 此处对应原文为 general liberal education。

（续表）

研究者	教师知识的分类
Grossman（1990）	学科内容知识、一般教学知识、学科教学知识、教育环境类知识
Reynolds（1992）	一般学科/通识教育知识①、教与学的一般原理知识、内容知识、学科教学知识②
Grossman（1994）	内容知识、学习者与学习的知识、一般教学法知识、课程知识、相关背景知识、自身知识
Berliner（1994）	学科专长、课堂管理专长、教学专长、诊断专长
Borko & Putman（1995）	一般教学法知识、学科知识和学科教学法知识
Van Driel et al.（1998）③	一般教学知识、对学生学习及理解的知识、学科与媒介的知识、关于目标的知识、关于教学策略知识
Carlsen（1999）	一般教育环境知识、具体教育环境知识、学科内容知识、一般教学法知识、学科教学法知识
Magnusson et al.（1999）	学科知识与信念、教学法知识与信念、学科教学知识与信念、情境知识与信念
Harel & Lim（2004）④	学科内容知识、学生本体知识⑤、教学法知识
Salvatori & MacFarlane（2009）⑥	教学法技能知识、文化知识、语言知识
Faez（2011）⑦	二语教学理论知识、教学技能、交流技能及熟练的语言表达、学科内容知识、教学推理及决策知识、情境知识
Petrou & Goulding（2011）⑧	课程知识、学科内容知识、学科教学知识
Helms & Stokes（2013）⑨	评价知识、教学法知识、内容知识、学生知识、课程知识
Adoniou（2015）	内容知识、理论知识、教学知识、学习者知识、情境知识、社会文化政治知识

由表 2-1 可见,国外对教师知识的分类多受舒尔曼(Shulman 1986)"学科教学法知识"的影响,大部分学者将其纳为教师知识基础类型。其中,格罗斯曼(Grossman 1990)为第一个对舒尔曼所提出的教师知识结构进行系统化分析与整合的学者,她将教师知识整

---

① 此处对应原文为 general subjects/liberal arts。
② 此处对应原文为 content-specific pedagogy,作者进一步解释,这一表述与舒尔曼提出的 PCK 所指基本相同。
③ 这一分类是基于对科学教师的研究得出的。
④ 这一分类是参考哈雷尔(Harel 1994)的研究,基于对数学教师的研究得出的。
⑤ 此处对应原文为 knowledge of student epistemology。
⑥ 这一分类是基于对语言教师的研究得出的。
⑦ 这一分类是基于对语言教师的研究得出的。
⑧ 这一分类是基于对数学教师的研究得出的。
⑨ 这一分类是在 PCK 峰会(PCK Summit)上来自澳洲、欧洲、南美洲、北美洲、亚洲等不同国家和地区的学者共同讨论,最终达成一致的结果,主要基于科学学科教师 PCK 研究而提出的具有普适性的教师基础知识分类。

合为四大类。雷诺(Reynolds 1992：5)在文献综述的基础上，提出新手教师需要理解的四大领域(domains of understanding)，其中"一般学科/通识教育知识"代表教师知识的广度，与之对应的"内容知识"，代表学科知识的深度。卡尔森(Carlsen 1999)则在格罗斯曼的基础上，进一步区分了"教育环境知识"，分为一般教育环境知识与具体教育环境知识两类。尽管学者们的研究视角各不相同，但可以达成共识的是，学科知识、学科教学法知识、一般教学法知识构成了教师知识研究的共同基础。舒尔曼的分类方法并未区分具体学科，之后的研究者开始关注不同学科教师所需的教学知识，尤其在数学学科(如 Hill *et al*. 2005；Ball *et al*. 2008；Speer *et al*. 2015；Garet *et al*. 2016；Jacobson 2017；Scheiner *et al*. 2019 等)及科学学科教师知识(如 Gallagher 1991；Van Driel *et al*. 1998；Justi & Gilbert 2002；Lee & Luft 2008；Schneider & Plasman 2011；Tuttle *et al*. 2016；Nilsson & Elm 2017；Cite *et al*. 2017；Azevedo & Duarte 2018；Oliver *et al*. 2018 等)研究方面取得丰硕的成果。由于本书聚焦外语学科，以下将对国外外语[①]学科教师知识分类研究进行回顾与梳理。

外语教师知识结构研究与外语教师教育发展密切相关，研究者围绕教师教育课程应给职前教师提供什么样的知识内容而展开，因为学界认同这一观点：正是通过这些课程的学习使教师变得专业化(Freeman & Johnson 1998；Smith 2005)，扩大了教师的知识领域(Akbari & Dadvand 2011)。

戴和康克林(Day & Conklin 1992)提出二语教师教育(second language teacher education)应包含四个方面的知识：内容知识、教学法知识、学科教学知识和支持性知识(support knowledge)。内容知识即所教学科知识，如英语语言知识(句法、语义、语用、音系等)及语言文化知识；教学法知识即教学策略知识；学科教学知识指教授第二语言所需的教学法知识，如为促进学生理解而采取的表征学科内容的专门化知识，学习困难知识及克服这些困难所采取的策略等知识；支持性知识则指与促进语言教学有关的不同学科知识，如心理语言学、二语习得理论、社会语言学、研究方法等。在这一知识分类基础上，戴(Day 1993)分析了当前主导教师教育的三大模型之优缺点，如"新手-专家"模型(apprentice-expert model)、理性主义模型[②](rationalist model)及个案研究模型(case studies model)，并提出了职前二语教师教育综合模型(integrative model)。他提出的这一模型综合了以上三类模型的优势，并引入"反思性实践"(reflective practice)的概念，即一种可以通过多样化实践，让职前教师更有效地学习前述四类知识的系统性方法。20 世纪90 年代中后期，对外语教师知识研究最为深入全面的学者为理查德(Richards)，他认为有两种不同类型的知识影响教师对教学的理解及其教学实践活动，一种与学科知识、学科课程论和教学论知识有关，另一种则与教师本人对待教学的主观态度有关。通过对 ESL(English as a Second Language)教师的深入研究，理查德(Richards 1998，转引自彭伟强、

① 本书对外语(foreign language)和二语(second language)不作区分。
② 亦有学者(Wallace 1991)称其为"应用科学模型"(applied science model)。

朱晓燕 2009)从六个维度建构了 ESL 教师的知识结构：第一,教学理论,涉及正统的教学理论和个人教学理论;第二,教学技能,指课堂教学与管理的基本技能;第三,交际技能,包括一般沟通能力和目的语使用能力;第四,学科知识,包括系统的语言知识、二语习得与语言教学知识;第五,课堂推理,即课前准备和课堂互动中的教学选择及其推理;第六,决策及情境知识,指对学校体制、课程特点、所教学生等因素的了解。之后,理查德(Richards 2001)又对此进行重构,将知识基础整合为实践知识、学科知识、教学环境知识、教学知识、个人知识和反思知识六个部分。

对外语教师教育和知识结构产生较大影响的研究为弗里曼和约翰逊(Freeman & Johnson 1998),研究者在对行为主义"过程-结果"范式批判的基础上,提出当时二语教师教育所存在的三个主要问题。研究者强调教师教育知识核心必须强调教师活动本身,应该以开展教学活动的教师、发生的情境和所采用的教学法为中心。尽管该研究曾引发学者们(Yates & Muchisky 2003；Muchisky & Yates 2004；Tarone & Allwright 2005)的争论,但这一研究不仅从根本上改变了教师的核心知识基础,而且对之后该领域的研究产生影响(Lee *et al*. 2015)。

马罗德可汗尼等(Moradkhani *et al*. 2013)学者对 15 位教师教育者进行半结构式访谈,结果发现,教师教育者所拥有的宏观知识种类有八种,即语言及相关学科知识,英语教学理论,技能与技巧知识,情境与社会关系知识,班级、时间及学习管理知识,研究与职业发展知识,实践知识,教师及教师评价知识和反思与批判性教学知识。其中前四种为外语教师共有的知识类别,后四种则为教师教育者特有的知识种类;张、詹(Zhang & Zhan 2014)关注母语为非英语的英语教师的知识基础。研究者选取加拿大有代表性的三个二语培训项目,以教授英语的六名二语教师和六名管理者为研究对象,探究非母语者能走进职场、成为一名有效的二语教师所需要的知识结构。通过查阅相关文档(如招聘要求、面试日程安排等)和半结构式访谈的方法收集数据,结果发现,非母语的英语教师知识可分为以下六个维度：内容知识、教学法知识、学科教学法知识、支持性知识、情境知识及"过去经验的持续性"。"过去经验的持续性"是指过去的经验如何影响现在的实践及教师如何在过去与现在的经历中建立联系的知识。

相比而言,国内教师知识研究起步较晚,对静态教师知识分类研究经历了如下路径：20 世纪 90 年代初,重视学科知识和教育学知识在教师知识中的重要性;90 年代中后期开始将个人"实践性知识"引入教师知识内涵要素中;进入 21 世纪,学界开始关注"学科教学知识"在教师知识分类研究中的重要性。以下列举了国内有代表性的教师知识分类研究(见表 2 - 2)。

表 2 - 2 国内"知识基础"取向的教师知识分类研究

研究者	对教师知识的分类
李秉德(1991)	专业知识、文化知识、教育科学知识
林崇德等(1996)	本体性知识、实践知识、条件性知识

（续表）

研究者	对教师知识的分类
辛涛等（1999）	本体性知识、实践性知识、条件性知识、文化知识
白益民（2000）	普通文化知识、专业学科知识、教育学科知识
叶澜等（2001）	普通文化知识、专业学科知识、一般教学法知识、学科教学法知识、个人实践知识
简红珠（2002）	一般教学法知识、学科知识、学科教学知识、情境知识、课程知识
陈向明（2003）①	理论性知识（学科内容、学科教学法、课程、教育学、心理学和一般文化等原理类知识）和实践性知识（行业知识、情境知识、案例知识、策略知识、学习者的知识、自我的知识、隐喻和映像等）
万文涛（2004）②	一般科学文化知识、学科专业知识、教育专业知识
刘清华（2004）	学科内容知识、课程知识、一般性教学知识、学生知识、教师自身知识、教育情境知识、教育目的及价值知识、学科教学法知识
朱淑华等（2012）	本体性知识、条件性知识、实践性知识、一般文化知识
胡春光、王坤庆（2013）③	学科知识、教学法知识、学习者知识、课程知识、自我知识、教育情境知识
尹静（2015）	学科知识、条件性知识、实践性知识

由表 2-2 可以看出，我国学者对教师知识的分类经历了由笼统到具体、由一元向多元的演变过程。

就外语教师知识的内涵与要素研究而言，研究者主要结合教师知识的内涵，从静态视角探讨外语教师的知识结构。吴一安（2005）采用问卷和访谈两种方式，对来自 30 所大学的 213 名教师进行调研，研究表明，优秀外语教师应具有的专业素质框架，具体包含四个维度：外语学科教学能力、外语教师职业观与职业道德、外语教学观、外语教师学习与发展观。其中，学科教学能力指学科知识（含技能）和教学知识（含技能）。外语教学观包含学生、教师和外语。教学的主客体分别对应学生与英语，教师是主客体之间的媒介。教师的教学观由对主客体和对"教"与"学"的认识和信念组成。在之后的系列研究中，吴一安（2008）进一步提出将外语教师知识分为"外语学科教学知识"和"解放性知识"，并将"外语学科教学知识"界定为融通外语学科知识和外语教学知识的整合性知识，其特点是它的非客观性，即教师的外语学科教学知识折射出他们的教学观和学科教学能力；而"解放性知识"，其特点是精神的，涉及教师的观念、态度、自省和发展意识、德性、境界、追求等，这类知识是教师发展所必需，也是人的发展所必需，是优秀外语教师专业素质和教师专业发展

---

① 作者进一步指出理论性知识包含学科内容、学科教学法、课程、教育学、心理学和一般文化等原理类知识；实践性知识包括教师实际使用和（或）表现出来的知识（2003：105）。

② 文中将教师的知识结构分别按领域、特征和系统化分析，此处选自作者按领域分析的知识结构划分。

③ 在分析教师知识研究两种传统取向（知识基础取向和实践知识取向）的基础上，提出了以"探究为立足点"的教师学习取向，强调教师成为探究者与学习者，并建构了包含学科知识在内的六种教师知识框架。

的重要基础。

戴炜栋、王雪梅(2011)结合信息学、教育学等相关理论,提出信息化环境赋予外语教师专业发展新的内涵。他们的研究指出外语教师专业发展同时也是信息与通信技术素养培养、网络教育叙事研究能力和网络元评价能力提升的过程。该研究赋予外语教师知识新的内涵,突出信息化时代赋予外语教师的新要求。

针对复合型人才培养目标,范艳萍(2015)提出高职院校公共外语教师应建立包含外语专业知识(即语言知识与语言学知识),心理学、教育学等教学知识,相关专业知识与跨学科知识,现代教育技术知识等的多元知识结构。

黄丽燕等(2016)聚焦小学英语教师,采用问卷调查与访谈的方式收集数据,结果显示,英语教师基本语言知识主要由四部分组成:词素知识与技能、音节计数技能(语音技能)、音素知识与技能(包括基本和高级两类)、自然拼读法专业术语/规则知识(包括语音术语知识、语音规则和知识项目)。研究者提出英语教师的学科知识是其知识结构最基本的组成部分,作为英语教师,其基本语言知识是影响其教学能力的重要因素之一。

李四清、陈坚林(2016)通过访谈与课堂观察,采用内容分析法和类属分析法,探究五名高校外语教师的知识结构与其教学自主之间的关系。他们的研究将外语教师的知识结构概括为学科内容知识、学科教学知识、人文及相关学科知识三种。研究结果发现,五名教师三类知识出现的频次从高到低依次为学科内容知识、人文及相关学科知识、学科教学知识。不同研究对象所具有的知识结构呈现出显著差异。该研究结果表明,影响教师教学自主的重要因素为教师的知识结构,因此,外语教师教学自主可以通过有意识地发挥自身优势,培养自身的教学风格和特色而形成。同时,外语教师也可以通过建构合理的知识结构,提升教学自主能力,实现自我专业发展。

纵观上述学者的分类,我们发现,对外语教师结构的研究经历了由宏观到微观的变化,研究群体及主题逐渐细化。同时,已有研究表明,最初对教师知识的分类更多关注"学科知识"与"教学知识"两方面的叠加,随着教师专业化的不断深入,教师知识的分类逐渐多元化,教师知识的内涵与外延不断深入与拓展,教师"实践性知识"开始备受学者们关注,成为教师知识研究领域的热点主题之一。

2. 教师实践性知识研究

动态视角的教师实践性知识研究以"知识是不断发展与建构的,具有个体性与变化性的特征"为前提,认为教师不仅是知识的消费者,更是知识的生产者。美国著名课程理论专家施瓦布(Schwab 1969)提出了"实践性样式"的术语,被称为是"实践性知识的鼻祖"。国外对实践性知识的研究经历了三个阶段:首先是 20 世纪 80 年代初期,以埃尔巴兹(Elhaz)为代表的实践性知识研究和以舍恩(Schon)为代表的反思性实践者(reflective practitioner)的研究;其次是 20 世纪 80 年代中期到 90 年代中期,以康纳利和克兰迪宁(Connelly & Clandinin)教师个人实践性知识的研究为代表;最后是 20 世纪 90 年代中期以后,以贝贾德、维尔卢珀和梅耶尔(Beijaard、Verloop & Meijer)为代表的学者将教师实践性知识研究视野进一步拓展,在不同学科中进行考量,并关注不同教师群体实践性知识的对比及如何发展实践性知识等。现将国内外有代表性的教师实践性知识研究归纳如下。

国外学者埃尔巴兹(Elbaz 1981,1983)对教师实践性知识做了开创性研究。她对一名教学经验丰富的中学英语教师进行个案研究,分析其在教学内容、方法、学生特点及学校环境等方面的基本情况。结果发现,教师实践性知识形成于教师的教学过程,这是教师以独特的方式拥有的一种特别的知识,这种知识包括五大类别:关于自我的知识(作为资源的自我、与他人相关的自我、作为个体的自我)、情境知识(课堂环境、政治环境、社会环境)、学科内容知识、课程知识(课程的开发、组织、评价等)和一般教学法知识(学习理论、学生和教学、师生关系等)。此外,埃尔巴兹引入"意象"(image)这一概念来分析教师实践性知识的结构,将实践性知识在运用中的认知风格描述为课程意象、学科内容知识意象、教学意象、社会意象和自我意象。埃尔巴兹关于教师实践性知识的研究成为后来许多研究的先导,为教师知识研究开启了新的视角。

舍恩(Schon 1983)批判了理论与实践二元论框架下传统技术理性的应用模式,并依据杜威的实践认识论和反省思维理论,强调教师在教学中和教学后进行反思。他通过对学校校长的研究,提出了"反思性实践者"的概念,并指出教师的知识隐藏于艺术的、知觉的过程中,是一种行动中的"默会知识"(tacit knowledge)。在此基础上,他提出教师应该在专业实践中,依靠自己的实践建构"行动中的知识"(knowing in action)。舍恩的研究为教师知识的研究视角带来新的转变,突出教师知识建构的路径,即教师可通过反思不断积累自己的实践经验,改变自己原有的实践知识,形成新的学科教学知识。

20 世纪 80 年代中期到 90 年代中期,加拿大学者克兰迪宁(Clandinin 1985)强调从"个人"角度解读教师实践性知识,并用"个人实践性知识"(personal practical knowledge)的概念指代教师从职业、个人生活及经验等个人经历中获得的知识总和。之后,康纳利和克兰迪宁(Clandinin & Connelly 1987,1985)对教师实践性知识进行系统研究,发表了一系列关于教师个人实践性知识的论著。他们认为教师的个人知识寓于他们对经验的解释和叙述之中,指明个人实践性知识存在于以往的经验、现实的教育情境以及对未来的计划与行动中,且贯穿于教师的整个教学实践中(Connelly & Clandinin 1990:2-14)。他们的研究强调教师的个人特点,并从叙事视角提出"教师意象"(teacher image)这一术语,指出"意象"是教师个人实践性知识的一个组成部分。在埃尔巴兹(Elbaz 1983)叙事研究的基础上,康纳利和克兰迪宁采用多种资料收集手段(如实地调查记录、对话、日记、传记、教师故事、家庭故事、口述史、年报和历史记录、信件),进一步开启了教师个人实践性知识的叙事研究范式。

20 世纪 90 年代中期以后,研究者逐渐缩小教师实践性知识的研究范围,聚焦具体学科(如语言学科、数学学科、科学学科等)不同教师群体的实践性知识对比,并开始关注如何评价教师实践性知识。早期代表性研究者为荷兰学者贝贾德、维尔卢珀和梅耶尔及其研究团队。在具体学科教师实践性知识的探索中,范迪雷尔、贝贾德和维尔卢珀(Van Driel,Beijaard & Verloop 2001)基于发展教师实践性知识的视角,探讨当时科学教育改革背景下科学教师的职业发展。他们认为过去教育改革之所以失败，是没有将教师现有知识、信念与态度纳入考量范围。教师实践性知识以行动为导向，具有很强的个体性、情境性、缄默性，融合了教师的经验知识、先前知识和个人信念。研究总结出发展教师实践性知识的有效路径，即网络学习(learning in networks)、同侪教练(peer coaching)、合作行动研究(collaborative action research)和使用案例(the use of cases)。此外，他们(Beijaard & Verloop 1996；Beijaard, Van Driel & Verloop 1999)呼吁评价教师实践性知识的重要性，认为它是评价教师的重心，并运用故事线的方法展开三项研究：教师专业身份研究、教师专业动机研究以及通过教师的视野研究学生的学习。在探讨新手教师如何学习前辈的实践性知识时，他们(Zanting, Verloop & Vermunt 2001；Meijer, Zanting & Verloop 2002)引入了刺激回忆法(stimulated recall)、思维导图(concept mapping)和写作(completing sentences)等资料收集手段来捕捉教师实践性知识，他们的研究借鉴了前述研究者的成果，同时也推动了教师实践性知识研究的多维度视角和学科化。越来越多的学者开始关注不同学科教师实践性知识的形成路径与影响因素，研究范围不仅局限在人文、科学等学科领域，也涉及体育、医学等学科，如罗马尔和弗利斯克(Romar & Frisk 2017)的研究探讨了体育教师实践性知识的发展。研究者以教师职业社会化理论(occupational socialization theory)为研究框架，采用非参与者课堂观察(nonparticipant classroom observations)、半结构式深度访谈的方法收集数据，结果发现教师的职业社会化经历，如学习经历、教学经历、所积累的学科内容知识等会影响其个人实践性知识、课堂计划及教学胜任力。

我国对教师实践性知识的研究集中在 2001 年以后，其原因在很大程度上是对教师教育和培训的反思。当研究者把视线转移到教师身上，关注教师的日常教学实践时发现，在教师日常的教育教学工作中，起决定作用的是教师的"实践性知识"。它指导(甚至决定)着教师的日常教育教学行为(钟启泉、王艳玲 2008：13 - 14)。国内较早对教师实践性知识进行系统性研究的代表性学者是陈向明。自 2003 年以来，陈向明及其研究团队发表了一系列关于"教师实践性知识"的论文，并出版了题为《搭建实践与理论之桥：教师实践性知识研究》的专著，这为教师知识的研究开启了新的视角。其研究内容涉及教师实践性知识的概念(陈向明 2003；邹斌、陈向明 2005)、构成要素(陈向明 2003，2009)、知识论基础(陈向明 2009；陈向明、赵康 2012)、研究方法(魏戈、陈向明 2017)、生成路径(陈向明 2011，2013；董江华，陈向明 2013)、研究历史脉络(魏戈、陈向明 2018)等。就实践性知识的概念而言，陈向明(2003：106 - 107)最早的研究对教师①实践性知识提出一个初步定义：教师的实践性知识是教师真正信奉的，并在其教育教学实践中实际使用和(或)表现出来的对教育教学的认识。教师的实践性知识是教师专业发展的主要知识基础，在教师的工作中发挥着不可替代的作用。在之后的研究中，陈向明等(2011：64)进一步发展了该定义，认为实践性知识是教师对自己的教育教学经验进行反思和提炼后形成，并通过自己的

① 此处教师指"中小学教师"。

行动做出来的对教育教学的认识。就构成要素而言,陈向明(2003)把实践性知识分为六类:教师的教育信念、教师的自我知识、教师的人际知识、教师的情境知识、教师的策略性知识以及教师的批判反思知识。陈向明(2009)通过对教师进行大量的课堂观察、深度访谈等方法,指出教师实践性知识包括主体、问题情境、行动中反思和信念四个重要的构成要素。就知识论基础而言,陈向明(2009)提出,学界普遍认为知识论包涵三种类型,即熟悉型知识(knowledge by acquaintance)、能力型知识(competence knowledge)和命题型知识(propositional knowledge)。传统意义上的知识论研究通常放在第三类,即"命题型知识"上,而对教师实践性知识的研究通常是对教师"能力型知识"展开的研究。就生成路径而言,实践共同体和行动反思为发展教师实践性知识的主要有效途径(陈向明 2011)。就研究方法而言,魏戈、陈向明(2017:82)从"两难空间"的概念入手,针对教师实践性知识具有的缄默性、动态性、情境性等特点,论证从"两难"视角研究教师实践性知识的理论合理性与实践有效性,最终提出了以"两难空间"为切入点的"溯源-描摹-抽象-扩展"的新思路,以此来捕捉并表达出教师的此类知识。

除此之外,"教师实践性知识"逐渐成为博士论文的研究主题。笔者以"教师实践性知识"为关键词,在中国知网博硕士论文库中检索[①]发现,《教师个人实践理论的叙事探究》(鞠玉翠 2003)是我国较早的关于教师实践性知识研究的博士论文。她用"教师个人实践理论"来指称教师教育教学背后蕴藏的教育观念和行动框架,其含义等同于实践性知识(钟启泉、王艳玲 2008:14)。她采用叙事探究的方法讲述上海一所重点中学六名有着不同教育经历、不同学科背景和不同成长经历的教师的故事,并提炼出六名教师个人实践理论的异同点。研究者采用课堂观察、深度访谈、作品分析等资料收集手段,深入研究对象的日常生活,进行了为期一年多的实地研究。就个人实践理论的生成与影响因素而言,研究者发现相对于理论知识,一般教师个人实践理论的形成与变化的主要影响因素是"实践性因素",而教育理论培训等"理论性因素"则作用甚微。

姜美玲(2008)在其博士论文的基础上,出版《教师实践性知识研究》一书,这是我国第一本以"实践性知识"为题的专著。她将"教师实践性知识"定义为教师在具体的日常教育教学实践情境中,通过体验、沉思、感悟等方式,发现和洞察自身的实践和经验之中的意蕴,并融合自身的生活经验以及个人所赋予的经验意义,逐渐积累而成的运用于教育教学实践中的知识。研究者通过扎根中小学现场,深入场地进行田野观察(field observation)和理解教师的日常教育教学实践生活,考察了教师实践性知识的基本内容,即包含学科内容知识、学科教学法知识、一般教学法知识、课程知识和教师自我知识五个方面的内容,并对教师实践性知识的发展路径提出建议:教师可通过教师个人生活史分析、反思教学实践经验和构建教师学习共同体来促进实践性知识的发展和形成。

尹静(2015)的博士论文以《高校英语教师实践性知识的探究》为题,将实践性知识的研究对象进一步聚焦,以高校英语教师的阅读教学为案例,采用问卷调查、访谈、教案、课

---

① 检索日期为 2018 年 10 月 10 日。

件、录课、日志等多样化数据收集方法,在考察国内外研究成果的基础上,结合英语学科特色,将英语教师实践性知识界定为英语教师在英语教育教学情境中,遵循英语学科教学规律,通过多种途径将认同并接受的符合社会需求和学生需求的先进的英语教育教学理念,通过以英语教师为主体的课堂教学实践和不断反思而形成教师信念(尹静 2015:49)。其研究结果表明,影响教师实践性知识形成和发展的因素主要有学习经历、教师培训、教学管理机制、教育体制、职称情况和文化因素等,并结合显性知识与隐性知识理论,从社会化、外在化、组合化和内在化四个方面建构了高校英语教师实践性知识的形成和转化路径模型。

张军民(2018)以三名国际汉语教师为研究对象,通过课堂观察和深度访谈等手段收集数据,采取叙事法、课堂话语分析、内容分析等方法进行数据分析,结果发现,国际汉语教师实践性知识的内涵可以概括为由学科教学知识、学科知识、自我知识和学生知识交叉融合而成的知识连贯体。其形成过程呈现出情境性、反思性、互动性和阶段性特征。教师实践性知识的影响因素包括国外进修学习和汉语教学经历、教师职业能动性、自身专业背景、知识基础等教师内部因素构成的个人基础,院系氛围与教研活动、教学管理、不同文化背景的学生等因素构成的外部媒介,同时受国家汉语国际教育政策、国际学术交流机会以及传统教育理念等宏观环境的影响。

由于本书聚焦的学科领域为外语学科,以下将对国内外外语教师实践性知识研究进行回顾。

随着教师实践性知识研究逐渐学科化,20 世纪 80 年代中后期,研究者对外语教师知识的研究从最初关注其结构,转向关注在教学实践过程中教师所建构的知识,越来越多的国外学者开始对外语教师实践性知识展开研究。如理查德(Richards 1998)提出在外语教师知识所包括的六类知识中,除学科知识主要指客观知识外,其他所有知识都离不开教师个人在教学实践中的知识建构,即教师的这些知识都必须来自他们自己的课堂教学实践(王艳 2013:90)。

早期对外语教师实践性知识进行系统研究的代表学者为梅耶尔、维尔卢珀和伯格(Meijer, Verloop & Borg)等。梅耶尔、维尔卢珀及其研究团队对语言教师教授阅读理解过程中形成的实践性知识进行了系统研究。梅耶尔、维尔卢珀、贝贾德(Meijer, Verloop & Beijaard 1999,2001)以教授 16–18 岁学生阅读理解的语言教师为研究对象,发现关于阅读理解教学的实践性知识有三类,即学科内容知识、学生知识、学生学习和理解的知识;霍尔索夫和维尔卢珀(Hulshof & Verloop 2002)的研究基于舒尔曼的学科教学知识框架,关注有经验的语言教师在日常教学实践中,如何运用类比帮助学生理解文本。他们通过观察八名教师在八节课中使用类比的情况,发现,类比构成教师阅读理解教学的重要实践性知识。在同主题的系列研究中,研究者还就不同教师在阅读理解教学中实践性知识的异同之处进行了对比。伯格(Borg 1998,1999,2003)的系列研究关注 ESL 教师实践性知识与特定专业知识(即语法知识和语法教学知识)之间的关系以及 ESL 教师认知与教师课堂实践的关系。他的研究发现,语法知识与教师实践性知识密切相关,教师教学决策受其情

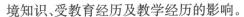

境知识、受教育经历及教学经历的影响。

除此之外,哥伦布克(Golombek 1998)借鉴前人的叙事方法和埃尔巴兹(Elbaz 1983)的分析框架,研究两名大学 ESL 教师个人实践性知识。研究采用课堂观察、课后访谈及刺激回忆报告等方式,展示两位教师的语言学习经历如何影响其课堂教学实践。两位教师在学习过程中曾经历负面的学习经历,但他们意识到这一点并在自己的教学中避免用同样的方式教学。阿勒奥乌(Arıoğul 2007)选取三名大学 EFL 教师为研究对象,探讨影响 EFL 教师实践知识和课堂教学的因素。该研究采用了多样的数据收集方法,如课堂观察、田野记录(field notes)、正式与非正式访谈、课堂录像、刺激回忆等。他们的研究结论为影响 EFL 教师实践性知识及课堂教学的因素包括先前语言学习经历、先前教学经历及职前或在职教师教育专业课程。

国内研究者对外语教师实践性知识研究始于 20 世纪 90 年代中后期,进入 21 世纪以来,这一领域研究成果不断丰富,具体包括对外语教师实践性知识的组成要素、存在的不足、影响因素及建构路径等方面的研究。

就外语教师实践性知识的组成要素而言,已有研究(如徐锦芬等 2014;张志江、肖肃 2015)分类多参考陈向明(2009)的研究结果,将外语教师实践性知识分为教育信念、策略性知识、情境知识、人际知识、自我知识、批判反思知识六个方面;王艳(2011)聚焦优秀外语教师,将实践性知识的内涵概括为一个由教育教学信念、自我知识、人际知识、情境知识及批判反思性知识构成的综合连贯体。张军民(2018)针对二语教师群体,将国际汉语教师实践性知识分为学科知识、学科教学法知识、学生知识及自我知识。

就外语教师实践性知识所存在的不足,吴格奇(2005)通过参与以教师学习团体为单位的"语言学导论"课程的教学改革,反思"英语语言学导论"课程教学效果,发现教师对实践性知识的积累缺乏敏感性,在教师知识结构中,忽视教育理论知识、心理学知识的学习。孙自挥(2007)通过对 274 名中学英语教师的问卷调查和访谈,发现新课改背景下,我国 1-5 年教龄的中学英语教师在课程知识和实践性知识方面有待改进。吴鹏(2011)对大学英语教师教学改革实践性知识的形成展开叙事探究,提出教师应自觉认识、总结并反思自己的实践性知识。此类研究强调外语教师实践性知识对教师专业发展的重要性,呼吁教师应有意识地注重此类知识的积累。

就外语教师实践性知识的影响因素及建构路径而言,主要包括正向影响和反向影响,前者主要涉及批判反思能力,后者涉及实践经验、工作环境等因素。如李晓博(2008)采用叙事研究的方法,对一名日本教师进行课堂观察与访谈,指出教师的个人实践知识反映出浓厚的个人传记特征。外语教师的知识受个人及社会因素(如教师的性格、经历、经验等)影响,以故事的形式呈现。王艳(2011)以两名优秀的高校外语教师为研究对象,通过课前深度访谈、课后追溯深度访谈和学生问卷调查的方式,发现影响外语教师实践性知识形成与发展因素分内外部因素,其中内部因素包括职业理想与职业动机、教师已有的经验背景、自我反思意识、自觉的理论学习、人际互动交往以及教师培训;外部因素包括学校的组织文化及社会氛围等。研究者将外语教师已有的经验背景、自我反思、人际交往互动及教师文化,理解为影响实践性知识获取与发展的实践性因素,这些因素对实践性知识形成的过程发挥着潜移默化的作用。邹为诚(2013)关注实践经验对外语教师知识发展所起的作用,该研究通过对117名英语教师的问卷调查发现,教师实践性知识的生成主要源自经验,但是经验还可重组、分化其理论知识,甚至可能造成教师语言能力的退化,因此要充分重视职前教育的干预手段研究。徐锦芬等(2014)以优秀外语教师为案例进行叙事研究,发现个体要素(如教师自身的性格特征、学生时代的学习经历)和社会语境(如家庭因素、教学环境等)为影响教师实践性知识的主要因素。王艳(2018)采用扎根理论的方法,基于教学学术的主要理论,就外语教师实践性知识发展的有效模式展开探讨,她的研究提出外语教师实践性知识的发展模型,由"发现""参与""分享""实践"和"反思"等环节组成,具体指发现问题、参与共同体、分享经验、实践检验与反思内化,强调教师应立足于共同体实践开展反思与交流,有效推动实践性知识的发展。

由此可见,动态视角的教师实践性知识研究注重教学过程中教师的实际经验和教师知识的反思实践性特征,一方面向我们展示了教师知识的复杂性;另一方面,教师知识的个体差异性也随着研究的深入凸显出来。已有研究从不同层面论述了教师实践性知识的重要性及在教师专业发展中的不可替代地位,强调教师实践性知识具有缄默性、动态性、生成性等特征。此外,由于教师实践性知识不易外显,给研究者捕捉教师个人实践性知识带来很大的困难。目前学界多采用叙事研究、案例研究及调查研究的方法对其展开探析,同时展开对不同学科教师的研究,突出教师实践性知识的学科性、个体性、场景性特征。

在前述教师知识静态视角的分类研究或动态视角的实践性知识研究中,我们发现,学科知识、一般教学法知识和学科教学法知识为教师知识的核心要素。对于实践性知识与学科教学知识的关系,学界尚未达成统一的认识,有学者(王艳 2011;张军民 2018;张庆华、杨鲁新 2018)认同学科教学知识是实践性知识的一种,也有学者(尹静 2015)认为学科教学知识包含实践性知识,亦有学者(王飞 2012)认为两者均为教师知识研究转型的典型代表和产物,既有相似之处,也有区别之处。由于学科教学知识是在教学情境中得以体现并不断建构起来的,笔者认同如下观点:学科教学知识为教师实践性知识的典型表征形式,体现了教师将书本知识、教育教学理论转化成学生可理解、可接受的知识形式的努力(魏戈、陈向明 2018)。

2.3 学科教学知识研究

学科教学知识是教师知识的重要组成部分,是最能区分学科专家与教师不同的一种知识体系(Cochran *et al*. 1993)。国外对教师知识研究影响最大的是"学科教学知识"的提出。以下将从学科教学知识的提出及研究主题、学科教学知识内涵要素、学科教学知识建构路径及模型、学科教学知识测量等方面进行梳理。

2.3.1　学科教学知识的提出及其研究主题

舒尔曼(Shulman 1986a)提出"学科教学知识"应与"学科内容知识"和"课程知识"并列,为"内容知识"(content knowledge)所包含的一个子类别。他认为 PCK 包括两个方面的内容:表征知识(knowledge of representations)和学习困难及克服策略知识(knowledge of learning difficulties and strategies for overcoming them)。此外,舒尔曼(Shulman 1986:9)认为 PCK 与某一学科领域常被讲授的主题相关,强调了 PCK 所具有的主题特定性(topic specificity)。随着研究的深入,舒尔曼(Shulman 1987)在原有研究的基础上,将 PCK 单独列为教师知识的七大类别(学科知识、学科教学知识、课程知识、一般教学法知识、学习者的知识、教育环境的知识以及教育的目的、目标和价值及其哲学和历史背景知识)之一,而非其 1986 年提及的"内容知识"的一部分。舒尔曼(Shulman 1987)指出学科教学知识是教师综合运用教育学知识和学科知识来理解特定主题的教学是如何组织、呈现给特定学生的知识,再次强调其主题特定性。学科教学知识很好地整合了早期对内容知识和教学法知识的争议。舒尔曼的教师知识分类及"学科教学知识"的概念对后来教师知识研究产生了重要的影响,受到许多学者的关注。《教师教育杂志》(*Journal of Teacher Education*)在 1990 年第 41 卷曾专门刊出题为"学科教学法知识"的系列文章,这说明学科教学法知识已经引起教师教育研究领域的重视(康晓伟,2012)。后来的许多研究者对这一概念进行了深入探讨,以此为理论框架开展研究。已有研究主要沿如下主题展开:第一,学科教学知识的内涵要素,即根据不同的研究方法、研究对象对其内涵要素进行解析,既包括静态视角,也包括动态视角下的分类;第二,学科教学知识的建构路径及模型;第三,学科教学知识的测量工具;第四,整合技术的学科教学知识。

2.3.2　学科教学知识内涵要素

学科教学知识的分类研究属于静态视角的研究,具体包括对学科教学知识内涵要素的分类及如何深入细致描述其要素。如格罗斯曼(Grossman 1990)在舒尔曼(Shulman 1987)的基础上,通过实证研究,将教师知识分为学科知识、一般教学法知识、学科教学知识和有关教育背景的知识,并对英语教师 PCK 的内涵进行了拓展,除舒尔曼(Shulman 1986a)提出的"表征知识"和"学习困难及克服策略知识"外,进一步增加了"学科教学总体目标知识"(knowledge and beliefs about purposes)以及"学科课程与教材知识"(knowledge of curriculum materials)这两方面的内容。该研究是从静态视角出发对 PCK 内涵进行的研究,在一定程度上丰富了 PCK 的子要素,使其内涵更加清晰,但忽略了各元素之间的互动关系。马克斯(Marks 1990)将 PCK 置于数学学科领域,通过访谈八名五年级数学教师,研究发现数学教师 PCK 包含以下四类知识:教学目标的学科知识(subject matter for instructional purposes)、学生对学科知识的理解(students' understanding of the subject matter)、学科知识讲解过程(instructional processes for the subject matter)和学科知识讲解所需媒介(media for instruction in the subject matter)。洛克南(Loughnan *et al*. 2001)提出现有文献缺乏对 PCK 的解构,未能将抽象知识具体化。针对这一问题,研究者对科学教师在教授具体主题内容的过程中,以何种方式将学科知识概念化开展研究。他们通过访谈有经验的教师,开发了"教学与专业经验汇编"(pedagogical and professional-experience repertoire,PaP – eR),并用这一方法来描述科学教师具有的抽象的学科教学知识。与前述研究不同的是,该研究更加突出从微观角度,通过具体案例,深入地描述 PCK 内涵要素,将抽象概念具体化,突出 PCK 的主题特定性,为如何概念化 PCK 提供了新的方法。

经历了 PCK 的静态研究之后,国外学者逐渐过渡到从动态角度解读 PCK。就学科教学知识的动态研究而言,研究者以发展变化的视角探讨 PCK 的内涵及其建构路径,并从不同学科、不同视角对其进行修订与补充。

柯克伦等(Cochran *et al*. 1993)认为舒尔曼对学科教学知识的理解是从理论的角度提出的,是静态的,而真正的学科教学知识应该是不断变化的,并在此基础上提出了"学科教学认识"(pedagogical content knowledge knowing,PCKg)的概念。该研究提出"学科教学认识"的定义为教师对教学法、学科知识、学习者特征及学习情境等的综合理解知识,并建构了学科教学知识发展综合模型。

在特纳-比塞特(Turner-Bisset 1999,2001)的相关实证研究中,PCK 作为教师教学的基础,其内涵要素扩大到了 11 种。特纳-比塞特的 PCK 模型新增了教师对自身、教学经验等新类型的知识要素,尤其是教师对自身的知识,这一要素有助于教师养成教学反思(朱淑华等 2012)。

此外,随着高科技时代的到来,教师面临诸如如何适应以及如何将不断出现的教育技术有效应用到所教学科中的挑战,这对当前教师的知识结构产生潜移默化的影响。普伦斯基(Prensky 2001)将如今的学生比作"信息时代的原住民"(digital natives),而教师则为"信息时代的移民"(digital immigrants)。在这样的背景下,学界开始提出从技术角度研究教师学科教学知识的构成及各要素间的相互联系。米什拉和柯勒(Mishra & Koehler 2006)首次提出"整合技术的学科教学知识"(technological pedagogical content knowledge,TPACK)的概念,并提出其内涵要素包含技术知识、内容知识和教学法知识。

2.3.3　学科教学知识的建构路径及模型

学科教学知识的建构路径及模型研究强调 PCK 的动态生成性,将学科教学知识的发展与教师职业发展周期联系,揭示了教师学科教学知识的复杂性,强调教学实践经验及教师个人反思对学科教学知识生成的重要性。

哈斯韦赫(Hashweh 2005)通过梳理前人对 PCK 的研究与理解,对其本质特征进行剖析,并重新界定了 PCK,提出教师教学建构(teacher pedagogical constructions,TPCs)的概念。他将 PCK 重新定义为教师个人教学建构的结果,这种建构是基于种种教学事件集合而成,是经验教师通过对所教主题的不断计划、教学和反思发展而来(转引自朱旭东 2011:72)。笔者认为,哈斯韦赫对 PCK 的剖析较为全面具体,其定义强调了 PCK 的主题特定性与叙事性,认为 PCK 具有教师个人的特点,源于教师反复教授某一特定主题的过程中所建构的知识,具有动态性、个体性、建构性、互动性等特征。动态视角的学科教学知识研究强调"教中学、学中教",在具体教学情境中不断积累自己的学科教学知识,与舒尔曼提出的 PCK 相比,后者更强调教师知识的动态性和变化性。

在具体学科领域,比较有代表性的 PCK 模型为帕克和陈(Park & Chen 2012)提出的"科学教师 PCK 五角模型"。该研究将科学教师 PCK 分为五个部分:教学目标知识、学生理解知识、课程知识、评价知识、教学策略知识。五个要素互相影响,并突出了教师 PCK 形成过程中个人反思与知识整合的重要性。

由于对学科教学知识的性质缺乏统一的认识,来自澳洲、欧洲、南美洲、北美洲、亚洲等不同国家和地区的科学教育研究者参加了 2012 年 10 月 20 日到 25 日在美国举办的"学科教学知识峰会"(PCK Summit)。该峰会由美国国家科学基金会(National Science Foundation, NSF)资助,旨在加强对其性质的理解、统一内涵、促进进一步研究,为该领域研究者提供合作探究的机会。通过讨论,学者们重新对学科教学知识进行定义:教师为促进学生学习效果,对特定学生群体、特定学科主题,采用特定的教学方法通过推理而创生的知识。这一定义强调学科性、主题性、个体性、情境性、创生性,被学界广泛认可。经过分组讨论,该峰会提出研究者达成一致的学科教学知识模型。这一模型从教师的知识结构出发,从宏观到微观,由远及近,沿教师知识、特定主题到教师个人学科教学知识的研究路径,演绎其生成路径及其对学生学习效果的影响。模型指出作为教师应具备的知识基础包括评价知识、教学法知识、内容知识、学生知识、课程知识五类,这是针对教师这一职业提出的具有普适意义的分类。这些知识与特定主题的专业知识互为影响,在具体主题中,教师知识又分为教学策略知识、内容表征知识、学生理解知识、科学实践知识以及思维习惯知识。这些知识经过教师信念、教学目标以及教学情境的筛选与调适,创生出教师在教学课堂实践中形成与运用的个体学科教学知识;再经过学生信念、先前知识及行为的筛选与调适,最终影响学生的学习效果。该模型整合了已有研究所总结的特质,将其要素与具体课堂实践联系起来,揭示了学科教学知识的个体性、学科性和情境性等本质属性。

就整合技术的学科教学知识建构路径研究而言,尼斯等(Niess *et al*. 2009)将其看作是一个认知的、发展的过程,教师在发展自身整合技术的学科教学知识时,需经历五个阶段:意识、接受、适应、探索及提高。

2.3.4 学科教学知识的测量工具

PCK 测量的前提是确定其所包含的子要素,已有测量 PCK 的工具包括纸笔测试(paper-and-pencil tests)、开放式提问(open-ended questions)、封闭式提问(close-ended questions)、教学观察、观看录像并回答指定问题等。已有研究分不同层面对 PCK 展开测量,如将 PCK 分为三个水平:一般 PCK、特定领域 PCK 水平及特定主题 PCK 水平(topic-specific pedagogical content knowledge, TSPCK)(Veal & MaKinster 1999)。

运用最广泛的 PCK 测量模型之一由马格努森等(Magnusson *et al*. 1999)提出,该模型确定了五类科学教师 PCK 子要素,包括学生理解知识、课程知识、教学策略知识、学习评估知识及教学目标知识。帕克等(Park *et al*. 2011)采用该模型,并将其放置在特定主题水平中考量。但由于在同一研究中考量所有子要素太复杂,因而他们的研究只对其中两个子要素(学生理解知识和教学策略知识)进行测评。

对我国国内 PCK 测评影响较大的工具为美国埃里克森学院早期数学教育项目组开发的 PCK 测评工具,该工具采用观看视频并完成开放式问题的方法,分三个维度,即"基本不能或只能粗略理解 PCK 构成要素""笼统或有限理解 PCK 构成要素"和"明确并有延伸地理解 PCK 构成要素"对教师 PCK 进行评分。该项目组认为,PCK 主要由三个子要素组成,即教学内容的知识、教育对象的知识和教学策略的知识。每个子要素又进一步对应了三个核心问题,具体如表 2-3 所示:

表 2-3　PCK 各要素所涉及的问题

PCK 的构成要素	所涉及的问题
教学内容的知识	1. 本次活动欲传授给儿童哪些核心概念? 2. 本次活动还出现了哪些其他的概念? 3. 参与这个活动时,儿童应具有哪些准备性的知识?
教育对象的知识	1. 根据所看的教学视频,您认为儿童是否明白该活动所传授的核心概念?请描述儿童的具体行为来支持您的观点。 2. 假设您是任课老师,针对同样的概念,接下来您会怎么教?为什么? 3. 在学习这些核心概念时,儿童的理解通常会出现哪些错误?
教学策略的知识	1. 为了促进儿童对所学知识的理解,视频中的教师使用什么样的语言和行为(可以从教学材料、环境创设、课堂设计、教师语言、教学步骤和师幼互动等方面考量)?这些教学策略的选择有效吗?请说出理由。 2. 为了满足能力较弱儿童的需求,教师是如何调整这一活动的(可以从教学材料、环境创设、课堂设计、教师语言、教学步骤和师幼互动等方面考量)?请说出理由。 3. 为了满足能力较强儿童的需求,教师是如何调整这一活动的(可以从教学材料、环境创设、课堂设计、教师语言、教学步骤和师幼互动等方面考量)?请说出理由。

(美国埃里克森学院 PCK 测评工具 2011;转引自汤杰英、周兢 2013:89)

汤杰英、周兢(2013)从理论基础和研究设计两个维度介绍了这一测评工具,并随机选取 165 名教师作为研究对象,严格依据测评方法操作,对这一工具进行信度和效度检验。结果表明,克朗巴哈系数(Cronbach's α)达到 0.895,说明整个问卷的信度比较理想。效度检验采用 AMOS 7.0 软件进行一阶三因素模型进行验证,所选用问卷的拟合指数比较好,符合拟合标准。

就 TPACK 领域而言,目前国外该领域相关量表设计研究已渐趋成熟,已有量表包括远程教育者 TPACK 量表(Archambault & Crippen 2009)和职前教师 TPACK 量表(Schmidt *et al*. 2009)。尤塞尔和雅辛(Yuksel & Yasin 2014)对 124 名语言教师的 TPACK 进行问卷调查,发现工作五年以下的教师明显具有更多的技术知识和更高的技术水平。曾(Tseng 2016)开发了英语作为第二外语环境下教师 TPACK 的考量工具,该研究

测量学生对教师 TPACK 的感知,为今后从学生角度测量 TPACK 奠定基础。

总体而言,国外 PCK 研究由静而动,动静结合,从概念建构到 PCK 各子要素间的关系探讨,相关研究成果丰富。在具体学科领域 PCK 研究中,针对科学教师和数学教师的 PCK 研究已较成熟,其中包括对 PCK 测量工具的开发,并指导其他学科 PCK 研究的开展。纵观近年来我国 PCK 研究状况,我们发现,研究多以思辨为主,基本上是以"论""谈"为手段,且往往是论多证少或有论无证,而实证研究或定性与定量相结合的研究则有待加强(孙自挥 2015)。笔者赞同这一观点,国内研究多参考国外该领域研究成果,分析性和概念性的研究居多,在一定程度上造成了研究内容的趋同。以下将重点梳理国内外外语教师学科教学知识研究。

2.4　外语教师学科教学知识研究

早期的外语教师知识受教学效能研究的影响,更多关注语言知识和二语教学方法理论。随着应用语言学的出现与发展,语言学相关知识成为外语教师的知识基础。经过 20 余年的发展,外语教师知识研究已成为外语教师教育研究中最具活力、成果最丰硕的领域之一。基于前人研究成果回顾,从知识来源、性质出发,考虑到英语学科属性,姜霞、王雪梅(2016)提出外语教师在教学过程中可以选择、整合、展现和传授的内容主要来源是职前教育与在职教育。这两种教育涵盖了内涵知识和外延知识。具体来说,外语教师知识既包括教师在接受教育过程中所获得的知识,也包括在施教过程中所积累的经验知识总和。因此,具有动态性、持续性、建构性等特点。学科教学知识作为教师知识最重要的组成部分之一,广受外语界学者的关注。

2.4.1　国外外语教师学科教学知识研究

与较成熟的科学教师、数学教师学科教学知识研究相比,对外语教师学科教学知识的研究成果相对甚少(Atay et al. 2010)。然而,这并不意味着 PCK 对外语教师知识不重要,相反,已有学者(Richards 1998;Zhang & Zhan 2014;Evens 2016)从不同角度提出 PCK 研究对外语教师知识研究十分重要。国外对外语教师 PCK 的研究分两条路径展开:一是关于 PCK 的概念内涵研究,二是外语教师 PCK 发展路径研究。以下从研究对象、研究方法、研究内容与研究结果四个方面对国外外语教师 PCK 研究进行梳理。

从研究对象来看,已有研究包含针对某一群体进行研究的单一对象研究,也包含针对不同教师群体开展的多样对象研究。研究对象按其教学经历分为职前教师(如 Hlas & Hildebrandt 2010)与在职教师两类;按其所教授学生的教育水平分为小学、中学、大学、成人教育阶段等四类。在职教师又进一步分为新手教师(如 Watzke 2007)与有经验的教师(如 Johnson & Goettsch 2000;Meijer et al. 1999,2002;Walker 2012)。多样对象研究则同时关注两类教师群体,如新手教师和有经验的教师(Zhang & Zhan 2014)或职前教师与在职教师(Luo 2004;Kissau & Algozzine 2013),亦有研究(Atay et al. 2010)未说明所教授学生的教育水平。

就研究内容而言,埃文斯等(Evens *et al*. 2016)依据三大数据库(ERIC,WoS,PsycInfo)所发表的包含 PCK 和"外语"或"二语"为主题的文献,将已有研究分为对外语教师 PCK 性质、内涵与所包含的子要素的研究及如何建构外语教师 PCK 两类。前者关注教师个人专业素质(如教学经验、受教育程度等)对 PCK 的影响。后者可分为干预研究和具体某一职业生涯阶段教师 PCK 的形成与发展研究。就其性质与内涵而言,多数研究基于舒尔曼(Shulman 1986,1987)提出的 PCK 定义,认为 PCK 是"学科内容知识与教学法知识的特殊综合体,是教师职业所特有的知识",如张和詹(Zhang & Zhan 2014:6&8)将PCK 定义为如何教授某一具体学科的专业化知识,是使一名教师成为好教师的知识。此外,亦有学者(如 Van Driel,Verloop & De Vos 1998;Meijer,Verloop & Beijaard 1999,2002)从不同角度进行定义,提出 PCK 是教师在其教学实践中形成的,并基于其对实践的反思而发展起来的一种特殊的实践性知识。就语言教师所包含的子要素而言,研究者围绕两方面展开,其一,外语教师 PCK 应该包含哪些要素,如安德鲁斯(Andrews 2001,2003)建构了关于 ESL 教师 PCK 的模型,强调教师语言意识(teacher language awareness)的重要性,认为语言意识与学科内容知识同等重要,并将教学法知识、情境知识列为 PCK 的一部分,这与舒尔曼观点相左,即认为这两种知识是与 PCK 并列的教师知识要素,而非 PCK 的一部分;其二,这些要素如何影响教学,如刘(Liu 2013)对一位 ESL 教师教育者的个案研究显示,在 PCK 所包含的子要素中,PK 对于二语教师教学起到更积极的作用。

就研究方法而言,已有研究以质性研究为主,亦有少量研究采取量化研究与质性研究相结合的混合研究法。研究者所使用的数据收集手段主要有六类:文档分析(如分析教学日记、反思日记及教学相关材料等)、半结构式访谈、聚焦团体访谈(focus group interview)或小组讨论、课堂观察或观看课堂录像、教学评价、问卷调查。我们发现,多数研究均采用两到三种数据收集方法,但少量已有研究(如 Weshah & Tomok 2011;Walker 2012)仅使用一种研究方法收集数据。PCK 的测量不能仅依赖于一种研究方法,而应使用数据间的三角佐证来确保数据的准确性,研究者所提出三种数据收集方法为教学观察、教师访谈、学科内容知识的评估,此外,还可以采用上述前人研究已验证有效的手段收集数据(Morrison & Luttenegger 2015)。

综观已有国外外语教师 PCK 的研究结果,可以得出如下结论:第一,根据舒尔曼(Shulman 1986)提出的 PCK 内涵,PCK 不只适用于某一具体学科领域,而应在不同学科具有普适性。已有 PCK 研究也证明 PCK 适用于外语学科,且同其他学科领域一样,PCK对外语教师至关重要。第二,与成熟的科学教育领域相比,外语教师 PCK 的内涵与定义、研究框架及各要素之间的关系仍需进一步整合与统一,以促进外语学科教师 PCK 的研究。第三,目前 PCK 研究的前沿问题是如何采取有效的方法来测量外语教师 PCK 及如何将技术整合为外语教师 PCK 的一部分。

2.4.2 国内外语教师学科教学知识研究

作为教师知识的重要组成部分,学科教学知识研究受到外语界学者的广泛关注。笔者以"外语教师"或"英语教师"并含"PCK"或"学科教学知识"为关键词,查阅中国知网所收录的核心期刊与 CSSCI 期刊文献以及相关著作①,结果发现,国内外语教师学科教学知识研究主要涵盖两个方面内容:一是外语教师学科教学知识的内涵要素,二是外语教师学科教学知识的生成路径。以下将进行梳理:

1. 外语教师学科教学知识的内涵要素

周燕(2005)基于全国高校英语教师发展需求分析,指出 PCK 的界定和发展为教师教学理念及教学课堂行为相结合的重要环节,也是提高高校英语教师教育与发展水平的关键一步。国内外语教师学科教学知识内涵要素涉及的研究对象包括小学、中学、大学英语(职前、在职)教师群体,具体如表 2-4 所示:

表 2-4 国内外语教师 PCK 内涵要素一览

研究者	时间	研究对象	PCK 子要素	定义
徐碧美	2003 年	中学英语教师	教授听、说、读、写技能的知识 关于语言学习策略的知识 关于语言教学策略的知识 学习处理知识 学习资源的管理知识	
朱晓燕	2004 年	新手中学英语教师	学科知识 学生知识 课程知识 教法知识 教学目的和观念知识	
姜美玲	2006 年	小学教师		是教师在面对特定的学科主题或问题时,如何针对学生的不同兴趣与能力,将学科知识组织、调整与呈现,以进行有效教学的知识;是对具体教学内容进行教学法处理的知识和经验
吴一安	2007 年	高校优秀英语教师	学科知识 普通教学知识 课程知识 学科教学知识② 学习者及学习特点知识 教育环境知识 教育目标、目的、价值及其哲学和历史背景知识	融通外语学科知识和外语教学知识的整合性知识
彭元玲	2007 年	外语语言教师	教育学知识 学生知识 信息技术知识 学习情境知识 FLT 所欠缺的四类 PCK 知识	教师关于如何将自己所知道的学科内容以学生易理解的方式加工、转化给学生的知识,是学科知识与一般教学法知识的整合

---

① 检索日期为 2018 年 12 月 10 日。

② 该研究界定了"外语学科教学知识",借鉴并涵盖了舒尔曼(Shulman 1987:8)提出的七类教师知识。

研究者	时间	研究对象	PCK 子要素	定义
孙自挥等	2008 年	中学英语教师	学科本体知识 教育心理知识 课程知识 情境知识等	
邹为诚	2009 年	基础教育阶段外语教师		使外语教师成为"专业人员"的知识，区分外语教师与其他学科教师的知识；区分外语学习与母语习得的知识
吕筠 董晓秋	2010 年	职前外语教师	主题知识 教学表征与策略知识 教学目标与环境知识 学生知识	外语学科教学知识的内涵：外语教师既教"工具"又教"内容"的知识和技能，创造条件引发和识别学习者语言发展机会并促进其发展的知识和能力 特征：技能性、创造性、建构性
韩刚	2011 年	中小学外语教师	学科知识 理论知识 实践知识	
郑志恋 叶志雄	2013 年	职前英语教师	英语学科教学性质的知识 教育专业知识 教师自我知识 学习者知识 课程与教材知识 批判反思知识	
王玉萍	2013 年	ESL 教师	学科知识 关于学生的知识 关于教学情境的知识 外语教学策略知识	
南华 徐学福	2014 年	新手外语教师	外语学科知识 教育教学知识 课程知识 学生知识 情境知识	指外语教师凭借统领于外语学科教学的观念（如外语教师个人的知识观、英语语言观和英语学习观）对外语学科内容的理解与选择
尹静	2015 年	大学英语教师	学科知识 一般教学法知识 课程知识 与具体内容有关的教学法知识 学生及其发展特点的知识 教育背景的知识 有关教育宗旨、目的、价值及其哲学、历史背景的知识	

（续表）

研究者	时间	研究对象	PCK 子要素	定义
赵晓光 马云鹏	2015 年	英语教师	对特定学科内容的表征（语言表征、情境表征和教辅表征）形式知识 对特定学生学习特定内容时的理解（先前语言知识、学习困难、外语学习情感因素）知识	
何丽芬	2016 年	中外英语教师	英语学科知识 教学法知识 英语教学目标与环境知识 学生知识	
汤少冰等	2016 年	中学英语教师	英语学科统领性观念知识 英语课程知识 学习者的知识 外语教学法知识 英语学科内容知识 自我的知识 英语教育环境知识 英语学习评价知识	
张宁	2020 年	非英语外语教师	方法策略 对学生的理解 教学目标 主题内容 教师角色	教师在具体教学环境下对特定学科内容教学方式的个性化、整合性理解和实践是教师盘活多种知识资源开展教学的能力

　　由表 2‐4 可见，我国学者对 PCK 的内涵要素研究视角不尽相同。有些研究因研究问题不同，只给出了定义或分类的一种。对外语教师 PCK 的分类由二分法到十分法不同。朱晓燕（2004）基于新手教师 PCK 的研究，将 PCK 分为学科知识、学生知识、课程知识、教法知识、教学目的和观念知识五类。韩刚（2011：6）将英语教师学科教学知识分为学科知识、理论知识和实践知识。这些知识又进一步被细分为十小类（语言文化知识等），其中每一类知识均与程序性知识、策略性知识和陈述性知识相融合。王玉萍（2013）依据柯克伦（Cochran 1993）的动态学科教学认知（PCKg）和英语学科的特点，提出外语教师的 PCK 结构包括四个基本成分：学科知识、关于学生的知识、关于教学情境的知识和外语教学策略知识。郑志恋等（2013）以具体课程为例，探讨职前英语教师 PCK 所包含的七类内涵要素：英语学科教学性质的知识、学科内容与技能知识、教育专业知识、教师自我知识、学习者知识、课程与教材知识以及批判反思知识。何丽芬（2016）基于中外学生的视角对比研究了中外英语教师学科教学知识的现状，该研究基于 PCK 的动态视角，将英语教师学科教学知识分为英语学科知识、教学法知识、英语教学目标与环境知识和学生知识四类。

　　通过研究分析，笔者认同赵晓光等（2015）的观点，相较于普通教育领域学者对学科教学知识内涵要素的界定,我国学者对外语教师 PCK 要素的界定范围较广,有的甚至涵盖了舒尔曼关于教师知识的所有要素,这已偏离了对 PCK 的最初提议。目前 PCK 内涵探究注重所包含要素的广度,提出的内涵要素未能从实际出发,给人一种可望不可及的感觉。笔者认为,PCK 为教师知识研究领域备受关注的一个分支,但它既不是教学法知识与学科知识的简单叠加,亦不能包含教师知识的全部内容。对其研究应强调从内涵出发,把握其核心要素,即学生理解知识及学科内容表征知识。

相对而言,国内学者对外语教师 TPACK 的研究(张凤娟等 2015)较少。笔者于 2019 年 5 月 10 日在中国知网以"TPACK"为关键词并含"外语"或"英语"对核心期刊及 CSSCI 期刊的模糊检索结果显示,外语类相关论文仅有 16 篇,可见与国外研究相比,外语教师 TPACK 所受的关注度不足,如何将教育技术与外语教学相整合的研究更是有待发展。

总体而言,国内研究中外语教师知识内涵要素涵盖以下几类:学科知识、学科教学知识、一般教学法知识、人文及相关学科知识、信息技术知识、研究能力等。可以看出,尽管分类角度不同,但均强调学科知识、教学知识以及学科教学知识是外语教师知识的重要组成部分,其中对学科教学知识内涵要素的研究比较丰富。近期研究开始关注外语教师知识内涵要素之间的互动关系及其与教师专业发展其他领域的相互联系。

2. 外语教师学科教学知识发展路径研究

就外语教师学科教学知识发展路径而言,已有研究围绕在不同教学情境中教师通过何种方式发展自己的学科教学知识展开,既有思辨型理论研究,也包括基于具体课程教学开展实证研究。前者多从宏观视角对外语教师学科教学知识提出建议,后者则从微观视角提出处于职业生涯发展某一阶段的外语教师学科教学知识建构模型。

彭元玲(2007)提出应从教学经验、实践经验、个案学习与模仿以及信息技术能力等方面促进我国外语教师 PCK 的发展。夏洋、李雪梅(2012)认为个人反思和观察他人的教学活动对发展教师学科教学知识具有深远的意义,而学科专家讲座能帮助教师将专家经验融合到自身的学科教学法知识中。吕筠、董晓秋(2010)对职前外语教师学科教学知识建构提出四点建议:加强理论知识的系统掌握和应用、熟练掌握外语学习规律、建立明确的语言观、加强自主学习和自主建构。王玉萍(2013)从转变教育教学观念、提升学科知识水平和能力、加强教育知识学习、外在培训与内在实践相结合等方面探索外语教师学科教学知识的发展路径。张瑾(2013)提出可在自主学习、合作和行动研究中发展学科教学知识。郑志恋等(2013)则以具体课程为例,提出职前教师 PCKg 养成 3DT 模式,即单元教学设计(designing)、课堂观摩描述(describing)、精彩片段分解(decomposing)、体验反思提升(theorizing)。南华、徐学福(2014)的研究发现专业引领、自我构建、实践与反思、学习共同体等为新手外语教师建构 PCK 的有效路径。张志江等(2015)强调外部指导对教师知识发展的重要性,建议组建一支由高校英语课程与教学论教师、基础教育教科院的培训师和中小学优秀英语教师共同组成的教学导师队伍,定期对顶岗支教生进行理论培训和实践指导。

可以看出,目前外语教师学科教学知识的发展路径分为个体主观及客观两个层面,其中个体主观层面包括教师教育教学信念、教学实践经验及个人反思;客观层面包括所在学校为教师创设的学习及培训环境,如教研共同体、专家指引等。

从已有研究来看,外语教师"学科教学知识"研究既包括"由内而外"视角,从静态角度探讨其所包涵的子要素,也包括"由外而内"视角,目前国内已有外语教师学科教学知识的研究成果以静态视角分类研究最为丰富。

2.5 商务英语教师学科教学知识研究

2.5.1 基本概念界定

作为经济全球化发展的产物,商务英语的内涵不断扩大,对"商务英语"概念的界定,学界尚未达成一致。国内外学者普遍将其视为专门用途英语(English for specific purpose,ESP)的一个分支,属于应用语言学的范畴。ESP 是专门针对某些学科和职业需要而开设的英语课程(Hutchinson & Waters 1987)。目前,学界普遍认可且沿用的分类为哈金斯和沃特斯(Hutchinson & Waters 1987)的三分法(见图 2-1)。

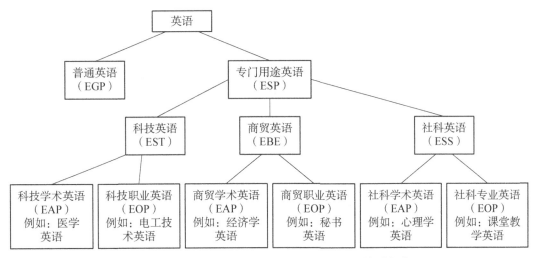

图 2-1 专门用途英语三分法(Hutchinson & Waters 1987,转引自李红 2001:41)

上述分类方法中,商贸英语与科技英语、社科英语并列为 ESP 领域三大分支。它是以英语为媒介、以商务知识和技能为核心的一种 ESP(Dudley-Evans & St. John 1998;Bargiela-Chiappini & Zhang 2013)。随着商务英语专业和学科的发展,它被视为 ESP 领域最重要的分支。因此,要界定何为"商务英语",就需从对 ESP 概念的厘定入手。有关 ESP 的定义,国外比较经典且有影响力的是以下几种版本。

第一,斯特雷文斯(Strevens 1977)认为 ESP 与一般用途英语(English for general purpose,EGP)是一对相对立的概念,其课程有着明确的教学目标、教学内容和交际需要。1988 年,斯特雷文斯进一步定义 ESP:广义上说,专门用途英语教育的主要或全部的目的和内容,不是由普通教育目标来确定的(如它在学校里被当作一门科目一样),而是由学习者对英语的功能需求和实际需要决定的,并指出 ESP 包括四个根本特点(absolute characteristics)和两个可变特点(variable characteristics)。其中,四个根本特点是它的课程设置必须满足学生的特殊需要,它的课程内容(即课程的主题)必须与某些特定的学科、职业和活动有关,它的侧重点应该尽力使句法、词法、篇章结构以及语义结构等诸方面都适用于那些特定场合的语言运用上,它必须与一般用途英语形成鲜明的对照。两个可变特点即它可以只限于某一种语言技能的培养,它可以根据任何一种教学法进行教学(邓海1992:22)。

第二,哈金森和沃特斯(Hutchinson & Waters 1987:19)强调 ESP 最基本的问题是学习者出于何种目的学习(这可能包括出于继续深造的目的,也可能出于商务方面工作的需要),这些目的是探讨教什么的出发点,因此他们认为 ESP 不应该只涉及某一种特定的语言、教材及教学方法。事实上,它是一种探讨各种基于学习者需求的语言教学和语言学习方法。如图 2-1 所示,他们将 ESP 分为三大分支:科技英语、商贸英语和社科英语。

第三,罗宾逊(Robinson 1991)指出 ESP 通常是以目标为指导的,也就是说学生学习英语不是因为他们对英语语言或英语语言文化感兴趣,而是出于学习或工作的需要,故对 ESP 的定义及 ESP 课程设置均应以需求分析为前提,需求分析的目的是尽可能地明确学生通过英语这一媒介(medium)具体要做什么。斯特雷文斯(1988)的定义最为全面但可能会导致理解上的困惑。ESP 教学,尤其是与特定专业或学科相关联的 ESP 教学,应该使用与基础英语教学所不同的方法,其根本特点包括 ESP 是为满足学习者特定目的而设置的;ESP 以适应所属学科活动的语言、技能、语篇和文体为中心。可变特点包括 ESP 可能与特定学科有关或为其设置;ESP 可能根据教学情境的变化选取和普通英语不同的教学方法;ESP 学习对象可能为成人学习者,但也可以为中学水平的学习者;ESP 学习者的水平可以是初学者,也可以是中级或高水平学习者(Dudley-Evans & St. John 1998:2-4)。

以上学者的分类侧重点不同:斯特雷文斯(1977)的定义强调 ESP 与 EGP 的异同;哈金森和沃特斯(1987)从宏观层面对 ESP 的性质作界定,并对其进行分类;罗宾逊(1991)强调需求分析对 ESP 定义及课程设立的重要性。

国内学者对 ESP 的定义多受哈金森和沃特斯(Hutchinson & Waters 1987)定义的影响。秦秀白(2003)指出 ESP 是建立在深入而扎实的学术研究和教学研究基础上的一种教学途径、教学方针或教学理念。高战荣(2012)认为 ESP 是一种语言教学过程而不是教学结果。ESP 具有两个显著的特征:一是学习者有明确的学习目的,即由于特定行业的需要,学习者需要达到在某些学科内使用英语的能力;二是有特殊的内容,即专门化的内容,它属于语言共核之外的部分,不经过专门学习是难以掌握的。诚如都铎(Tudor 1997)指出的,ESP 与 EGP 的重要区别在于专用英语所涉及的知识领域可能以英语为母语者也未必熟悉,其课程内容更加专业化并具有学科或行业特点。

对商务英语的定义与内涵,国内外学者多从 ESP 角度出发进行探讨,如从商务英语使用场景的角度出发将其分为两类:一为普通英语,与日常用语接近;另一类为与公司内部或公司间人员交流使用的英语(Pickett 1986)。再如把商务英语看作是专门用途英语的一个分支,认为商务英语实际上就是商务环境中应用的英语,也就是从事或将要从事商务行业的专业人才所学习或应用的专门用途英语(Ellis & Johnson 1994)。布里格(Brieger 1997)曾指出,商务英语范围主要包括语言知识、交际技能、专业知识、管理技能和文化意识等核心内容,并强调商务英语教学应考虑三方面内容:教学(开展培训活动)、英语(语言和文化知识)和商务(理解特定程序、掌握学科知识)。邹美兰(2004:114)指出,商务英语究其语言本质而言,就是在商务领域内经常使用的反映这一领域专业活动内容的英语词汇、句型、文体等的有机总和,它属于特殊用途英语。商务英语的全称应是 English for business and economics(EBE)。阮绩智(2010)提出,商务英语是一种特定的语体,强调的是在特定环境下的特种交际。它有两个明显特点:一是学习者有明确的目的,应用于特定的职业领域;二是有特殊的内容,即涉及与该职业领域相关的专门化内容。商务英语是国际商务中用于沟通的通用语。它是一个不可拆分的完整概念,商务和英语是两者并重的关系,而不是主次分明,修饰与被修饰的关系。这个概念的核心既不是商务,也不是英语,而是跨学科形成的一种特殊存在的新体系。商务英语包括普通英语、通用商务英语、专业商务英语三个层次,三个层次相互联系,商务和语言彼此融合,形成有机整体,缺少任何一个层次都不能成为商务英语(王立非、张斐瑞 2016)。这一定义突出了商务英语的跨学科性、复合性,笔者认同该定义对商务和英语关系的阐释。一般来讲,商务英语包含三个方面的内容:在跨文化商务交际过程中所使用的英语、商务英语专业、商务英语学科,其中商务英语专业与学科具有内在统一性,两者是一种相互依存、相互发展的关系,需要进行"双轨"建设(翁凤翔 2014:11)。需要说明的是,本书探讨的商务英语侧重为前两层含义。

　　纵观前人对商务英语概念的界定,笔者从商务英语的性质、特点及人才培养目标出发,对商务英语定义如下:商务英语即从事商务交流及沟通所使用的语言,为商务与英语的有机融合,包含商务专业知识、语言运用知识、跨文化交际知识等,具有目的性、建构性、跨学科性、复合性等特点,为 ESP 的重要分支之一。本书所指的商务英语教师为目前在我国高校教授商务英语课程的教师,既包括教育背景中曾主修过英语及商务类课程的教师,有相关商务领域工作经历的教师,也包括以英语语言文学为教学专长,为适应商务英语专业的建设与发展,具有在该专业进行自我发展的内动力,通过教师自我学习、合作教学或校本培训等有效途径,在实践中建构自己的专业知识与能力,目前从事商务英语专业教学,处于转型期的教师。

2.5.2　商务英语教师知识研究回顾

　　随着经济全球化的不断深入发展,各国间经济和贸易往来愈加频繁,对高水平商务英语人才的需求也在不断加大。要培养高水平商务英语人才,高素质的商务英语教师是关键。因此,商务英语教师发展得到了各界的关注(郭桂杭、牛颖:2016)。在教师发展领域,教师知识研究颇受学者关注,是该领域的重要研究问题之一。然而,由于我国商务英语专业成立时间较短,已有商务英语教师知识研究尚处于起步阶段。因此,有必要借鉴国外已有研究成果,结合实际情况,建构我国商务英语教师知识体系。以下对国内外该领域研究进行回顾和总结。

对于商务英语教师应具备的知识结构与专业素质,埃利斯和约翰逊(Ellis & Johnson 1994,2002)指出商务英语教师应该首先是一个语言教师,他不必成为商务方面的专家,但一个好的商务英语培训师应该能够具备与工程师、产品经理或外汇兑换员相同的工作技能与效果,应具备的能力包括学会发现并提出问题及获取资料和信息的能力。

江春等(2008)从学生视角出发,对我国商务英语教师综合素质进行调研,了解学生眼中理想的商务英语教师形象。他们得出的结论是商务英语教师应具备以下素质:优秀的语言沟通能力、课堂教学方法和组织能力以及广博的商务知识和实践经验。

王关富、张海森(2011)较早对商务英语教师应具备的能力要素进行定量研究。该研究采用问卷调查法,通过对国内 13 所院校商务英语教师、学生及从事该领域的在职人士进行调研,分析商务英语教师应具有的学历构成、教学能力构成、知识构成及科研能力构成。研究者把知识构成分为语言知识和商务知识两大类,结果显示:语言知识主要包括语言的准确流畅、广博的知识面及丰富的专业词汇;在问卷所包含的商务知识中,研究对象更多关注商务英语教师的商务专业知识面和商务知识的实践性与可操作性,而非商科领域的学术前沿和精深的理论知识。该研究所搜集的数据对商务英语教师应具备的知识结构有积极的贡献,但该研究仅采用问卷调查这一数据收集方法,如能结合定性研究,其研究结果更具解释性与说服力。

纳兹曼(Gnutzmann 2009:531-532,转引自 Kic-Drgas 2014)认为理想商务英语教师应具备如下专业素质:一是目标语的高熟练度;二是语言概念的理论与解释性知识,尤其是篇章结构中的术语、句法、语用及文化差异等知识;三是所教授语言的学科知识;四是甄别和准备足够的教学材料的能力。这些标准针对专门用途语言(language for specific purposes,LSP)教师提出,同时适用于商务英语教师。

朱和邓(Zhu & Deng 2015)以广东外语外贸大学(以下简称"广外")商务英语教师队伍为例,重点探究三方面问题:第一,实际从事商务英语教学的教师队伍类型;第二,学习者眼中理想的商务英语教师类型;第三,商务英语教师的发展路径。研究结果表明目前广外商务英语师资队伍由三类教师组成:纯语言教师、商务专业教师、语言加商务复合型专业教师。江春等(2008)的问卷调查结果显示,学生认为理想的商务英语教师为"语言+商务"的复合型教师,应具有娴熟的英语语言水平,并熟悉某一商务领域的专业知识,但实际学生评教结果反映出,许多具有单一知识结构的教师更受学生认可。这些教师往往语言熟练度高,在英语教学方面很出色,而评教名次较低的教师往往英语能力不强。该研究选取国内有代表性的大学为案例,对同类院校或专业有现实启示意义,同时研究结果支持了埃利斯和约翰逊(Ellis & Johnson 1994,2002)的观点,即商务英语教师应首先是一个能胜任的语言教师。

在整合前人研究的基础上,郭桂杭、李丹(2015)结合商务英语专业培养目标,提出商务英语教师专业素质结构体系,包括四个模块:专业观念、专业知识、商科知识、专业能力,具体内容如图 2-2 所示。

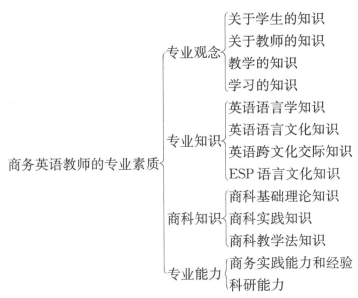

图 2-2　商务英语教师专业素质结构体系（郭桂杭、李丹 2015）

在之后的系列研究中,郭桂杭、牛颖(2016)在王关富、张海森(2011)的研究成果上进行修订,进一步提出商务英语教师的能力要素构成可分为六个维度,具体如下:①学历构成,商务英语教师应具备语言和商科的双学位教育背景。②教学能力,商务英语教师应该创造性地使用商务英语教学方法,以有效激发学生的学习兴趣和积极性。③知识构成,包括语言知识、商科知识、教育学知识、心理学知识等。④科研能力,商务英语教师应熟练运用商务英语理论,加强对商务实践问题的研究。⑤合作能力,商务英语教师应加强与语言类教师以及商科教师的合作,取长补短,提高自身的素质与能力。⑥实践能力,商务英语教师应定期到企业实践,参加商务谈判等商务实践活动,提高自身理论联系实际的能力。王立非、葛海玲(2016)从国家需求、商务英语师资现状、国外商务英语教师要求、国家标准要求、学科教师理论和实践等方面出发,提出我国商务英语教师专业能力由四个维度构成,即语言能力、教学能力、专业知识和实践能力,其中专业知识包括核心知识、相关知识和跨学科知识。可以看出,国内研究中关于商务英语教师应具备的知识结构主要包括英语语言知识、跨学科商务知识、跨文化交际知识及商务实践类知识等。

美国劳工部组织开发的"职业信息网络"(occupational information network)为美国最大的职业信息数据库。2016 年,该网站更新了对从事商务英语教学的教师或研究人员所需具备的 13 种专业知识、18 种专业技巧及 17 种专业能力。其中,13 种专业知识包括:①教育学和教学法知识;②英语语言知识;③行政与管理知识;④经济学与会计学知识;⑤客户和个人服务知识;⑥市场营销知识;⑦沟通与传媒知识;⑧心理学知识;⑨数理知识;⑩社会学与人类学知识;⑪人力资源知识;⑫计算机及电子学知识;⑬法律与政府信息知识。[1]

---

[1] https://www.onetonline.org/link/summary/25-1011.00 [EB/OL]. accessed 09-24-2017。前 10 种译文引自王立非、葛海玲 2016:20。

　　国外商务英语教师实践体系最完善的是美国，其体系构建值得借鉴。美国商务英语教师的从业资格要求从实践层面对我们构建商务英语教师专业教学能力体系提供了依据，特别是明确了商务英语教师的学科知识体系，为学科知识的复合度和知识边界问题的争论提供了解决方法（王立非、葛海玲 2016）。

　　国外相关研究，特别是美国对商务英语教师实践体系的建构值得借鉴，但同时应该注意到，由于英语作为母语与外语的差异，国内外从事商务英语教学的师资队伍的教育背景及学生培养目标不尽相同，我们不能照搬国外研究成果，而应聚焦国家社会经济背景及现有教师队伍的教育背景等实际情况，开展本土化研究。目前国内该领域已有研究主要围绕三方面展开：教师应具有的知识结构与专业素质、所存在的不足或面临的挑战及其培养模式和职业发展。相关论文以探讨商务英语教师应具备的知识结构和专业素质为主，论文多属理论建构型，相关实证研究数量较少。

　　纵观国内外已有研究，结合本书中研究对象的特点，笔者对商务英语教师知识定义如下：商务英语教师依据自己的教学专长，为适应复合型专业的发展，在自己原有知识结构的基础上，通过有效路径，动态建构、持续学习，逐渐发展而形成的知识链。商务英语教师知识分为学科知识和教学法知识两个层面，为这两个层面的有机融合。其中学科知识包括学科内容知识和学科实践知识；学科内容知识又分为英语语言知识和商务专业知识；学科实践知识主要针对该专业所具有的实践性特征，包括真实商务情境商务实践知识及虚拟商务情境语言运用知识。教学法知识包括一般教学法知识和学科教学法知识，前者指教育学、心理学等具有普适意义的教学法知识，后者主要指适用于商务英语专业的 ESP 教学法知识、教学情境知识、教学主体知识、教学策略知识及课程知识等。上述知识的形成建立在以英语语言文学为教学专长的教师认知观念转变的基础上，经历商务知识与英语知识、学科知识与教学法知识、职前所积累的知识与在职阶段建构的知识这三个层面有效融合的过程。具体如图 2－3 所示。

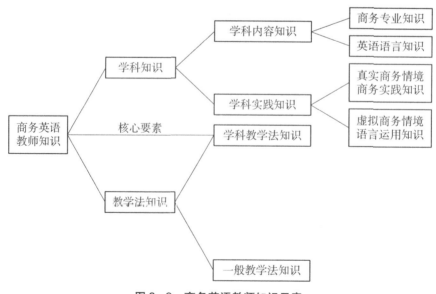

图 2－3　商务英语教师知识示意

2.5.3　商务英语教师学科教学知识研究

商务英语教师学科教学知识（business English teachers' pedagogical content knowledge，BETPCK）为商务英语教师知识的一个分支。笔者以"商务英语"（business English）并含"学科教学知识"或"学科教学法知识"（pedagogical content knowledge 或 PCK）为主题或关键词，在 Google Scholar、web of science 及中国知网等网站检索[①]，期刊文献结果仅为五篇，其中硕博士论文一篇，可见直接针对 BEPCK 的研究甚少，以下对相关文献作一回顾。

吴朋（Wu 2013）的研究借鉴马格努森等（Magnusson *et al*. 1999：99）的 PCK 模型，结合 EFL 环境下商务英语教学情境，提出 PCK 模型图，并表明各要素所包含的子要素。吴朋、秦家慧（2014：20）指出由于学科和国内外教学情境之间的差异，国外已有 PCK 研究框架无法直接移植应用于我国商务英语 PCK 研究领域。他们的研究运用学科教学知识理论，参考格罗斯曼（Grossman 1990）的研究框架，提出商务英语 PCK 研究框架的四个要素：商务英语教学目的和取向、学生对商务英语学科的理解和需求、商务英语学科的教学策略知识和商务英语课程知识，并构建了商务英语学科教学知识的研究框架图（见图 2 - 4），论证了各要素之间的关系。该框架遵循 PCK 研究框架从分割到整合、从静态到动态的发展趋势，凸显了各个要素之间的互动关系，为相关实证研究提供了理论基础。

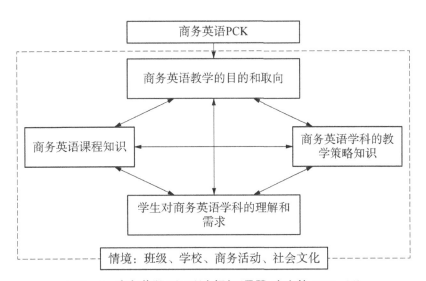

图 2 - 4　商务英语 PCK 研究框架（吴朋，秦家慧 2014：21）

吴朋、于（Wu & Yu 2017）以国内三位大学商务英语教师为研究对象，采用课堂观察、半结构式访谈、教学材料等资料收集手段，探究他们参与教师合作对 PCK 的影响。该研

---

① 检索日期为 2018 年 9 月 30 日。

究重点关注上述框架中商务英语 PCK 的两个关键子要素,即学生理解知识与教学策略知识的发展与变化,结果表明教师合作对不同教师 PCK 的影响存在个体差异,对促进新手教师 PCK 发展效果最为明显。

吴朋等(Wu *et al*. 2018)探究四名高校商务英语教师在实际课堂教学中,如何将 PCK 子要素(商务英语教学目的和取向知识、学生对商务英语学科的理解知识、商务英语学科的教学策略知识和商务英语课程知识)融合起来。该研究的数据收集手段包括课堂观察、半结构式访谈、教学材料等。结果表明:第一,"商务英语学科的教学策略知识"和"学生对商务英语学科的理解知识"为课堂教学中最常用且被融合在一起的要素;第二,"商务英语课程知识"常用于课堂教学中,与"商务英语学科的教学策略知识"融合,但通常不与 PCK 另外两种要素融合;第三,相比其他要素而言,"商务英语教学目的和取向知识"被运用在课堂中的频次最少,且通常不会与其他要素发生融合。该研究在具体商务英语课堂中,对商务英语教师学科教学知识内涵要素之间的关系进行细致描述,发掘各要素之间的互动关系,其研究结果有助于推动该领域研究从宏观向微观的转变,同时,该研究在统计各要素之间互动关系时所采用的研究方法值得借鉴。

除期刊论文外,笔者在中国知网硕博士论文库,以"英语教师"并含 PCK 或"学科教学知识"为题名或关键词进行检索[①],结果为 56 篇。其中,关于"商务英语教师 PCK"的研究仅有一篇,即蔡冬漫(2016)的硕士论文《学生感知商务英语教师 PCK 水平对其学业自我效能感影响的实证研究——以广外商英学院为例》。该论文首先通过问卷调查与文献回顾,指出已有研究对商务英语教师发展的主观认识更多关注学科知识,而忽略了对BETPCK 的研究。研究者编制了商务英语学生感知教师学科教学知识量表,通过统计分析发现,在学生感知商务英语教师 PCK 的四个维度中,最高分为教师的教学目标知识和教学策略知识,最低分为教师对学生的了解知识。该论文丰富了 PCK 的研究视角,弥补了从学生角度出发,采用量化研究与质性研究相结合的混合研究方法,对 BETPCK 开展研究的空白。

目前 ESP 领域 PCK 研究呈碎片状,相关研究只关注单个特定要素对于解决教学困难的作用(Wu & Badger 2009,转引自吴朋、秦家慧 2014)。笔者认为,对 ESP 教师而言,PCK 的形成与建构更加复杂,因为它不仅要融合语言知识与教学法知识,还要将商务专业知识整合到自身的知识结构中。随着"内容与语言整合的教学"[②](content and language integrated learning, CLIL)逐渐受到重视,针对相关交融学科的学科教师教学知识研究也开始受到国外学者的关注,比较有代表性的研究有莫顿(Morton 2016)和特罗安(Troyan *et al*. 2017)。莫顿(Morton 2016)探讨教师为融合内容和语言所需要的知识结构,采用课堂观察、访谈、刺激回忆等数据收集手段,对科学教师课堂教学中所表现出来的知识进行细致分析。该研究所属情境与我国商务英语学科教学情境类似,商务英语教师同样面临

---

① 检索时间为 2019 年 5 月 10 日。
② 亦有学者(如黄雪萍、左璜 2013)将其翻译为"课目与语言整合式学习"。

来自语言与内容的双重挑战,他们不仅要理解所授内容在实际商务场景中的具体意指,还必须能够清晰地用商务英语术语对其及进行描述与讲解,为此商务英语教师在教学中需决定用何种方式解释它们在商务场景中区别于在普通语境中含义(everyday concept)的特殊含义(scientific concept)。特罗安等(Troyan *et al.* 2017)基于 PCK 的基本概念,参考 TPACK 模型,聚焦内容与语言整合学科 PCK,通过个案研究,运用问卷、课堂观察、访谈等数据收集方法,对这些知识进行细致描写,提出"整合学科教学知识模型"(integration pedagogical content knowledge)。总体而言,此领域的研究为商务英语教师知识提供了新的内容与方法视角。

吴朋、秦家慧(2014)提出的框架一方面为国内商务英语 PCK 研究做了有意义的尝试,另一方面,我们也注意到,该框架仅仅将学生需求明确置于其中,忽视了教学的另一主体,即教师的需求。已有部分研究(如刘清华 2004;郑志恋 2013)将"教师自身知识"纳为教师知识或职前教师 PCK 的一部分,笔者认同这一分类观点,对于转型期的教师,由于其知识结构尚处于动态建构过程,教师需要了解自身已有知识结构和尚需掌握的知识结构来满足教学需要,因此,应将其列为商务英语教师 PCK 的要素之一。

2.6　商务英语教师学科教学知识内涵要素

对 PCK 进行研究的前提是厘清商务英语 PCK 的内涵要素及其子要素,并在相关量表中编入这些要素。在研读前人文献的基础上,笔者提出本书中商务英语教师 PCK 的定义如下:商务英语教师 PCK 是指教师在充分理解教育情境、教学目标及商务交际情境(社会经济、文化、人才培养目标、商务交际场景等)的基础上,为促进学生理解,在具体商务英语教学实践中不断建构的融合学科知识与教学法知识的一种特殊的知识变体,是商务英语教师知识的核心内容,具有情境性、个体性、缄默性和主题性的特征。

笔者依据帕克和陈(Park & Chen 2012:925)提出的科学教师 PCK 五角模型图,结合吴朋(Wu 2013)提出的 PCK 模型,将商务英语 PCK 分为五类:学科属性及教学目标知识、教师自我知识、学生理解知识、课程知识、教学策略及表征知识。其中学科属性及教学目标知识可进一步分为教学信念知识和目标定位知识;教师自我知识及学生理解知识均进一步分为已有知识和需求知识;教学策略及表征知识可分为教学法知识和主题表征知识;课程知识可分为纵向课程知识和横向课程知识,具体如图 2-5 所示。

由于商务英语专业所具有的跨学科、复合型特征,教师在开始从事商务英语教学的过程中,有关商务方面的知识仍需不断学习,而这些教学和职后学习过程中产生的新知识将影响到其学科教学知识的建构,因此,图 2-5 中课程知识包含了教师开始教授商务英语类课程后生成的新的学科内容知识体系。这些知识随着教学经验的积累,不断生成,并和教师已有的知识结构发生作用,通过知识间的互动、交融,逐步内化为新的知识结构,这些新的知识影响和决定着教师 PCK 的生成。

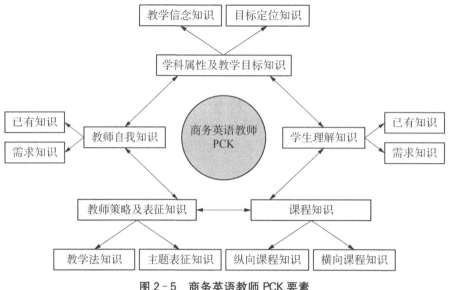

图 2-5　商务英语教师 PCK 要素

2.7　小结

　　本章从教师知识研究入手,遵循教师知识研究、教师学科教学知识研究、商务英语教师学科教学知识研究的思路,由远及近、由宏观到微观展开文献综述。通过回顾与梳理相关国内外研究发现,就所涉及的学科而言,已有研究多针对科学、数学学科,而专门就外语学科教师学科教学知识的研究相对较少,鲜有研究关注商务英语教师学科教学知识。因此,本书聚焦这一领域,对商务英语教师、商务英语教师知识进行了概念界定,并对商务英语教师知识所包含的要素与子要素进行了尝试性分析;最后,本书结合其他学科教师学科教学知识的研究成果及已有商务英语学科教学知识的研究框架,厘定了商务英语教师学科教学知识的工作定义,并归纳出其内涵要素:学科属性及教学目标知识、教师自我知识、学生理解知识、课程知识、教学策略及表征知识。这为后续章节进一步分析奠定了基础。

第3章

理论框架

3.1 引言

第2章回顾与梳理了已有研究现状，并基于文献，提出商务英语教师 PCK 的内涵要素。本章将介绍本书所涉及的相关理论，具体为需求分析理论，社会文化理论中的中介理论、"日常概念"与"科学概念"，以及社会网络理论中的结构洞理论、高密度与低密度、强连接与弱连接等概念，并论述各理论在本书中的应用。最后，结合研究问题尝试提出本书的理论框架。

3.2 需求分析理论

需求分析（needs analysis）为专门用途英语（ESP）领域的一个重要概念，指通过系统、科学、全面的数据收集方法对所涉及主体的需求进行探究的方法，对该领域的课程设置、教学方法、教学内容及教学评估等起着十分重要的作用。目前国外较为经典且运用较多的理论为目标情境分析模型（target situation analysis model）（Munby 1978）、目前情境分析模型（present situation analysis model）（Allwright 1982）、目标需求分析框架（target needs analysis framework，具体包括必学知识、欠缺知识及想学知识）与学习需求分析框架（learning needs analysis framework，具体包括学习环境条件、学习者知识、技能和策略、学习者动机）（Hutchinson & Waters 1987）及基于环境情境的七角度需求分析模型（environmental situation）（Dudley-Evans & St John 1998），具体见图 3-1 所示：

具体到外语教育研究领域，国内学者将上述需求分析理论运用到如下几个方面：课程设置、社会/目标情境需求分析、学习者需求分析、教学设计等。孙翠兰、鲍文（2010）结合前述研究，将"需求"概括为如下四种类型：

图 3-1　需求分析模型（Dudley-Evans & St John 1998：125，转引自陈冰冰 2009）

①"需求"是指学生的学习或工作要求，这是学习的最根本需求；②"需求"是用人单位期望学生通过语言培训或语言课程达到的目的；③"需求"是考虑学生实际获得语言所需做的事，这是过程定位"需求"；④"需求"是学生自己希望从语言课中获得东西，是个人主观上对学习的"期望"和"向往"。该分类较为全面地概括了目标需求与现状需求、主观需求与客观需求等不同种类。

笔者结合本书的研究问题及研究目的，参考上述理论，主要聚焦商务英语专业教学主体——教师与学生的现状情境分析和目标情境分析。具体而言，针对教师的现状分析主要指教师在学习阶段、教学阶段或从事商务领域工作阶段已获得的学科教学知识，如语言与文化知识、跨学科知识、教学法知识等方面；针对教师的目标情境分析则指教师为适应与满足教学目标、人才培养目标及具体课程情境的需要，客观上应具备的学科教学知识与教师主观上想掌握的学科教学知识。上述目标情境与现状情境分析所产生的差距即教师所需求的学科教学知识，涵盖 PCK 内涵的各个维度；针对学生的现状分析主要指学生在进入具体课程学习前已具备的先修知识、学生态度、班级学习情况、班级氛围、对学生学习行之有效的教学方法与策略、课程评估方法、适合的教学材料及作业等；针对学生的目标情境分析既包含学生通过教师教学应内化的相关知识，即学习目标中应掌握的知识，亦包含学生通过充分发挥主观能动性，不断积累与建构的期望掌握的知识，此外还包括学生期待的教学方法与策略、教学材料、评估方法、作业等；两者之间的差距即学生需求知识。需要说明的是，已有文献对"目标情境分析"多基于学习者未来目标情境对其的要求进行分析，本书基于先导访谈发现，参与本研究的商务英语专业在校生对未来的就业去向尚不明确，而毕业生就业去向亦不统一，因此，本书中"目标情境分析"主要基于课程教学目标而考量。

3.3　社会文化理论

社会文化理论（sociocultural theory，SCT）由苏联心理学家维果茨基（Vygotsky）提出，其核心理论为中介理论、最近发展区理论、内化理论以及活动理论。该理论强调人与情境的互动,即个人的学习是在与所处社会文化环境不断对话与协商中发展建构起来的。约翰逊(Johnson 2009)指出社会文化视角改变了我们对语言教学的看法,他的研究很好地将社会文化理论运用到外语教师教育领域。这一理论为解释本书中教师学科教学知识生成的复杂性提供了理论依据。本书主要涉及的理论及核心概念有中介理论、"日常概念"(everyday concepts)与"科学概念"(scientific concepts),以下分别进行论述。

3.3.1　中介理论

"中介"是维果茨基社会文化理论的一个核心概念,既可以是一种物质工具,也可以是一个符号系统,在学习者与情境的对话与互动中起着举足轻重的作用。每位学习者所拥有的中介各不相同,受情境、文化、环境等多种因素的影响,因此,中介具有很强的个体性与情境性。教师为学习者创造可直接参与的学习情境,在这一过程中,学习者调动自我的个体认知方法,与情境互动、协商,产生新的符号体系,进而促进其知识的内化。具体到外语教学领域,我们可以说,社会文化理论引导我们关注教师与学习者之间的教学活动是如何通过不同的中介被内化为学习者自己的知识体系。根据维果茨基的理论,每一种心理机能在发展中会发生两次,首先是以集体的、社会的、人际之间的交往为形式,然后再以个体的、被内化的形式出现,人的中介就在此过程中发挥作用。在这个过程中,作为中介的语言成为学习者思考与认知的工具,学习者凭借语言与他人相互作用,进行文化与思想的交流。学习者在与他人的对话和互动中,不断进行自我调节和反思,从而内化了外在的知识(陆晓红 2012)。也就是说,知识是通过中介在学习者、教师及情境的互动对话中得到提炼并转化的。中介作为一种认知工具,可帮助学习者由外在的社会文化活动转向内在的心理机制。

具体到本书中,教师根据所授课程目标,结合班级学习者具体水平,通过需求分析,在准确把握学生目标情境与现状情境之间差距的基础上,选择合适的教学材料,为学生模拟真实的语境,采用适合学生的教学方法、课堂语言作为中介,帮助学生达成学习目标,培养其适应性学习能力(adaptive learning ability)。同时,在不同的教学阶段,教师通过建构不同的社会网络来满足自己教学的不同需求,并在此过程中产生不同的中介,最终发展并形成自己的学科教学知识。

3.3.2　"日常概念"与"科学概念"

维果茨基(Vygotsky 1994)提出"日常概念"与"科学概念"两个术语,其区别在于前者是在缺乏系统指导下,对于个人日常经验的概括和内化,因而是一种经验性的、人所意识不到的、易出错的概念,是一种由具体到抽象的"自下而上"的知识;而后者是人类经验的科学概括与总结,是一种由抽象到具体的"自上而下"的知识(高艳 2008)。"日常概念"源自个体的日常生活经验,通常为在此基础上积累而形成的对事物的认识,因此往往受限于个人的先见经验,需通过系统学习,将其转化为"科学概念",才能把握事物的本质属性。当"日常概念"与"科学概念"的内涵与本质接近时,前者对后者起积极的作用,反之,则起消极的作用。

在商务英语教学中，"日常概念"类似于词汇在普通语境中的含义，源于学习者基于先前学习、生活经历而不自觉地形成的对词语的认识，而"科学概念"类似于词汇在商务语境中的含义，是需要学习者通过中介帮助其理解并进行内化进而提炼出的超越其普通语境的含义。同时，当词汇在普通语境中的含义越接近其在商务语境中的含义时，学习者越容易理解与掌握。

3.4 社会网络理论

"社会网络"（social network）这一概念首先由英国人类学家拉德克里夫－布朗（Radcliffe-Brown 1940）提出，后广受学者关注，并被不断应用到心理学、数学、统计学、语言学等领域。比较成熟的定义为：社会网络是由某些个体间的社会关系构成的相对稳定的系统（Wellman 1988），是人们根据自己的意愿与需求，为达成某种特定的目标而形成的社会关系结构，根据连接的层级，可分为一层区、二层区、三层区等，所有与中心个体有直接联系的为一层区，以此类推。已有学者将该理论运用于知识的研究中，如简世德等（2018）将该理论运用到对教师知识的研究中，分析隐性知识转移影响因素及其路径；王夏洁、刘红丽（2007）运用该理论分析知识链等问题。本书主要涉及的相关理论与核心概念为高密度与低密度、结构洞理论、强连接与弱连接。

3.4.1 高密度与低密度

社会网络的密度是指网络成员之间的实际联系数与全部可能联系数的比率（祝婉瑾 2013），反映出社会网络体系的结构特征。以某一个体为中心，与其建立不同关系的人产生连接，形成个人社会网络，如果与所处中心个体有连接的其他个体之间产生的连接越多，则该网络的密度就越高，反之则越低。高密度与低密度的社会网络可用图 3－2 和图 3－3 加以表示。

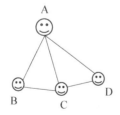

图 3－2　高密度社会网络示意

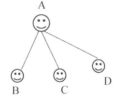

图 3－3　低密度社会网络示意

3.4.2 结构洞理论

美国社会学家伯特（Burt 1992）将"结构洞"（structural holes）这一概念引入学界，并将其定义为"非冗余联系之间的分割即结构洞"。仍以图 3-2 与图 3-3 为例,在图 3-2 中,处于中心位置的个体(A)与其他个体(B、C、D)都发生连接,各个体间关系处于饱和状态,从整个社会网络来看属于"无洞"结构。而在图 3-3 中,处于中心位置的个体(A)与其他个体(B、C、D)发生连接,但三个非中心位置个体(B、C、D)间并未产生联系,即 B-C、C-D 间出现了关系中断,从整个社会网络来看,中断部分如同一个洞穴,因而称作"结构洞"。可以看出,结构洞理论与前面介绍的高、低密度概念相关,结构洞出现在低密度的社会网络中。结构洞能够为中心位置人(A)获取知识或控制知识提供机会,因此比网络中其他位置上的成员更具优势。

具体到本书中,由于商务所包含的课程主题包罗万象,教师在教学过程中常常遇到自己未曾涉及的商务领域知识或情境,因此需要积极发挥主观能动性,努力创造机会建立相应的社会网络,成为结构洞的中心位置人,这有助于其发展自己的学科教学知识。

3.4.3　强连接与弱连接

社会网络的强弱连接是指各成员之间联系的紧密程度,反映出社会网络体系的内容特征。最早提出这一概念的学者为格兰诺维特(Granovetter 1973)。他在《美国社会学杂志》上发表的《弱关系的力量》一文中,将社会网络中的连接按互动频率、情感力量、亲密程度及互惠交换等方面进行区分。通过强连接所获取的信息往往具有较高的重复性,而通过弱连接所获取的信息异质性较强。从知识的角度来看,处于强联结的两个或多个个体间关系相对稳定,空间距离与心理距离接近且彼此信任,具有合作分享的意愿,因而更利于高质量的、复杂的隐性知识的传递与流动;处于弱连接的个体之间需以彼此间的信任为中介,最终获得有效知识的共享与转移(Levin & Cross 2004)。

具体到本书中,商务英语教师作为结构洞的中心位置人,与教学主体的另一方学生的关系相对稳定,教师与学生为达成共同的教学目标,围绕所授课程建立连接,不同学生之间因课堂中的互动、小组合作等也建立起连接,因此属于高密度的社会网络。相对而言,教师因教学或自身职业发展需要,通过社会网络中某一个体,与另一处于非同一层区的不同个体建立联系,而这些个体间并没有产生连接,如果在一个社会网络中多为类似的个体关系,他们所形成的社会网络则属于低密度网络。同时,教师与学生之间的连接属于强连接,而如果教师在获取所需信息后,与该个体之间联系相对较少,则属于弱连接。教师通过弱连接所获取的信息通常为教学中通过强连接无法满足,涉及某一商务领域的"跨学科知识"。

3.5　本书的理论框架

通过对上述理论的分析可见,本书主要依据需求分析理论,探究教师在职业发展不同阶段基于强需求所建构的社会网络,并结合第 2 章所得出的商务英语教师 PCK 内涵要素及各子要素,尝试建构本书的理论框架,具体如图 3-4 所示。

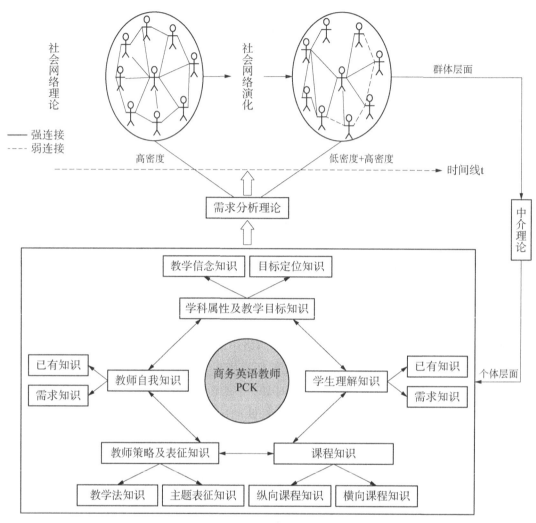

图 3-4　本书的理论框架

　　该理论框架从商务英语教师 PCK 的内涵要素出发,通过需求分析理论,解构教学主体(教师与学生)的具体需求。在教师职业生涯早期,即 PCK 建构初期,形成以高密度为特征的社会网络,随着教学经验及时间的推移,其所在的社会网络不断演化,最终发展为以"高密度与低密度、强连接与弱连接并存"为特征的社会网络,同时进入教师职业发展的成熟期,即 PCK 建构成熟期。这一过程的主要变化由群体层面通过不同的中介转向个体层面。具体而言,教师在这一阶段通过与群体的互动,建构不同的社会网络,并在动态需求分析的指导下,不断演化所处社会网络的关系,进而促进个体层面学科教学知识的转化与内化。

3.6　小结

　　本章主要梳理了本书所涉及的理论,具体包括需求分析理论、社会文化理论及社会网络理论,并就所涉及的核心概念进行分析,重点聚焦理论在本书中的应用;结合第 2 章提出的商务英语教师 PCK 的内涵要素,尝试建构出本书的理论框架图。该理论框架由静态视角的内涵要素出发,在上述各理论的指导下,表明了教师在 PCK 建构的不同时期,所建构的社会网络及其特征及 PCK 的发展过程,厘清了理论与核心概念之间的动态关系,为后续研究提供理论关照。

第 **4** 章

研究设计

4.1 引言

在方法论层面,本书采用混合路径研究[①](mixed methods research)。本章将在厘清研究问题的基础上,介绍具体的研究设计。本章共分为九个部分:4.1 为引言;4.2 介绍研究问题及其类型;4.3 关注研究方法的选择及其理据;4.4 阐述研究对象的抽样原则及基本情况;4.5 和 4.6 分别为先导研究和正式研究的实施过程及发现,包括概念导图、探索性访谈、调查问卷、深度访谈等资料收集情况;4.7 为分析研究结果所采用的方法介绍;4.8 探讨不同研究方法的信度与效度;4.9 介绍了研究者对研究伦理的信念及实施情况。

4.2 研究问题

研究问题是本书所要解决的核心问题,决定着研究的目标与方向,同时也决定着研究方法的选取。本书拟回答如下三个问题:

研究问题一:我国高校商务英语教师学科教学知识包含哪些要素?

研究问题二:影响我国高校商务英语教师学科教学知识的因素有哪些?

研究问题三:我国高校商务英语教师学科教学知识的生成路径如何?

在以上三个问题中,研究问题一旨在探讨本书的核心概念——"商务英语教师学科教学知识"应包含哪些内涵要素,各要素的内涵是什么,各要素包含哪些子要素。这一问题属于描述性问题,即"是什么"的问题,将学科教学知识放置在商务英语专业背景下重新考量,以发现其在这一专业背景中

---

① 已有文献对其翻译有不同版本,本书除引用外,均采用徐文彬等(2016)在《教育研究方法》第六版中的译法,即"混合路径研究"。

的特性。研究问题二探索影响其生成的要素有哪些,即"为什么"的问题,属于解释性问题,对商务英语教师所具备的学科教学知识的原因进行探究。研究问题三关注这一群体学科教学知识如何建构,即"怎么样"的问题,尝试了解研究对象的动态变化过程,属于描述性问题。针对不同研究问题的特点,本书选取相应的研究方法来收集数据,然后将对研究方法的选择进行介绍,并阐明研究问题与研究方法之间的逻辑关系。

4.3 研究方法

4.3.1 混合路径研究的选择理据

混合路径研究被认为是教育研究中与质性研究和量化研究并行的第三种研究范式,它可以结合前两种研究方法的优点,弥补单一研究方法的不足。混合路径研究作为一种研究范式,它的时代已然来临(Johnson & Onwuegbuzie 2004:14-15)。这是一种同时或相继地运用定量的和质性的方法来收集和分析数据,用以解决相同或相关问题,合力推动同一项研究,解决同一个教育问题的研究(Gall *et al.* 2010;徐文彬等 2016:424)。混合路径研究的目的为:拓展对一个复杂问题的理解;通过"三角验证"确证研究发现;拥有更多的目标读者群(Zoltán Dörnyei 2007)。

依据不同的研究范式,学者们(如 Morse 1991;Johnson & Onwuegbuzie 2004;Creswell & Clark 2007;Creswell 2014 等)从不同角度对混合路径研究进行分类,目前使用较为广泛的方法为克瑞斯威尔和克拉克(Creswell & Clark 2007)的分类,他们将混合路径研究分为以下四种基本类型:同时型三角验证式(concurrent-triangulation research design)、嵌入式(embedded research design)、顺序解释型(sequential-explanatory research design)和顺序探究型(sequential-exploratory research design)。同时型三角验证式设计是指量化数据与质性材料几乎同时进行搜集,研究者对两种数据进行比较,确定是否互为验证,两种数据同等重要。嵌入式设计则以某一种研究方法为主,另一种则为辅助研究方法,所得出的数据主要进行支撑与补充前者的数据。按时间顺序分为共时嵌入和顺序嵌入。顺序解释型设计和顺序探究型设计均分为两个主要阶段,其中第二阶段的研究建立在第一阶段的基础上。前者指研究者首先采取量化研究方法收集数据,再对数据结果进行分析。研究者需根据分析结果进一步设计质性研究的方法及内容,如访谈提纲的确立、选取研究对象等;后者在顺序上与前者相反,研究者首先进行质性研究,然后根据质性数据分析结果,为量化研究中调查问卷确立基本维度或描述项,具有探索性的特点。

在上述分类中,本书主要采用顺序解释型设计及顺序探究型设计,同时参考同时型三角验证式设计理据,拟定具体研究路径。总体而言,研究设计的选择主要取决于研究问题,具体理据阐释如下。

针对研究问题一"我国高校商务英语教师学科教学知识包含哪些要素?"和研究问题二"影响我国高校商务英语教师学科教学知识的因素有哪些?",本书通过问卷调查的方式,对问卷结果进行探索性因子分析,厘定商务英语教师学科教学知识的内涵要素及影响因素。编制调查问卷需确定各描述项,然而,由于PCK具有很强的学科性,商务英语专业成立时间相对较短,其所具有的复合型、跨学科性等特点赋予商务英语专业教师特有的学科教学知识,因此已有研究成果很难直接移植到商务英语教师群体。为此,在编制调查问卷前,研究者首先采用质性研究方法,对商务英语专业部分教师及学生进行访谈,探究商务英语教师学科教学知识的"应然"和"实然"状况,并对访谈结果编码分析,初步形成问卷所包含的描述项,作为进一步编制问卷的依据。由上述分析可见,本书根据质性研究结果设计问卷题项,因而采用了顺序探究型设计。此外,在访谈资料收集的过程中,本书还参考了同时型三角验证式的设计理据,随着先导研究访谈对象的不断增加,笔者根据前期访谈发现的内涵要素和影响因素的维度进行补充与修订,将其编制为问卷形式,在访谈结束时请他们当场填写问卷并对其所给出的答案进行解释。这是因为通过先导访谈,笔者发现,由于知识所具有的缄默性及研究对象对核心术语"学科教学知识"的定义感觉抽象,不能很深入地回答研究问题,因此,这一方法很好地弥补了先前仅通过口头描述相关核心术语,在时间有限的情况下无法得到详细解释的缺憾。

针对研究问题三"我国高校商务英语教师学科教学知识的生成路径如何?",本书主要采用个案研究的方法探索教师的学科教学知识是如何发展起来的。由于这一研究问题聚焦研究对象学科教学知识的动态发展变化过程,需要描述代表性案例在建构学科教学知识的过程中,呈现出的特征、事例并解释其原因,因而符合个案研究的特点及要求。具体而言,本书首先基于问卷调查结果,厘定商务英语教师学科教学知识的子维度及其影响因素,并将参与问卷调查的教师群体分为不同类别,为后续个案研究抽样提供依据。在各类别中选取有代表性的案例进行深度访谈,解释问卷调查的发现。由上述分析可见,针对这一研究问题,本书采取先量化后质性的设计,因而采用了顺序解释型设计。

总体而言,根据研究问题与研究方法的匹配度原则,本书采用混合路径研究设计,采用"质性→量化→质性"的研究思路,运用顺序探究型设计和顺序解释型设计,参考同时型三角验证式设计理据,从个体到群体再到个体的描写步骤,来分析和回答三个研究问题。从探索高校商务英语教师PCK的概念入手,厘定其内涵要素,到通过问卷调查分析商务英语教师在课堂实践中,实际呈现出来的知识类别及影响其生成的因素,最后对有代表性的典型个案进行深入描绘,力求呈现商务英语教师PCK的发展路径。

4.3.2 质性研究的选择理据

质性研究是以研究者本人作为研究工具,在自然情境下,采用多种资料收集方法(访谈、观察、实物分析),对研究现象进行深入地整体性探究,从原始资料中形成结论和理论,通过与研究对象互动,对其行为和意义建构获得解释性理解的一种活动(陈向明 2010:2)。本书主要采用的质性研究方法为访谈、课堂观察及概念导图。

访谈法(interview)是访问者通过口头交谈的方式向被访问者了解相关事实情况的方法,访谈的过程主要是访问者和被访问者面对面的互动过程,这个过程决定了这一方法的主要特点,即互动性、灵活性(顾永安 2015:130)。依据不同的分类标准,访谈调查法可以分为多种类型:以人员接触情况划分,可分为面对面访谈、电话访谈和网上访谈;以访谈员对访谈的控制程度划分,可分为结构性访谈、半结构性访谈、非结构性访谈;以调查对象数量划分,可分为个别访谈与集体访谈;以调查次数划分,可分为横向访谈、纵向访谈(徐红 2013:120-121)。已有研究(如阎晓军 2016:131;顾永安 2015:133)强调采用"面对面"的方式进行访谈,认为这一方式属于"直接访谈",可以根据访谈对象的情况和访谈环境,灵活掌握访谈方式和进展,因此质量较高。在信息技术高速发展的背景下,间接访谈(如电话访谈、网上访谈①)逐渐成为使用频率较高的访谈方式。笔者认为两种访谈方式各具优点,前者更易创造融洽和谐的访谈氛围,与被访者建立良性互动关系,并在此基础上,有效沟通,达到深度交流的目的,获取更多言语之外(如微表情、肢体语言等)的信息;后者则可以突破空间的限制,更易与不同地区、不同类型高校研究对象取得联系,整个过程更加高效,且在特定情况下,受访者感觉更加保密,更容易敞开心扉,与研究者交流。

在本书中,主要根据研究对象所处的地理位置选择不同的访谈类型,既包括直接访谈,也包括间接访谈(微信语音通话)。此外,按上述分类,本书所采用的访谈类型还有非结构式访谈、半结构式访谈、个别访谈及纵向访谈。非结构式访谈,也称"自由式访谈",事先并没有完整的调查问卷和详细的访谈提纲,也没有规定的访谈程序,而是由访谈员根据一个粗线条的访谈提纲或某一个主题,与被访者交谈。半结构式访谈是一种介于结构性访谈和非结构性访谈之间的访谈形式。在半结构性访谈中,有调查表或访谈问卷,有结构性访谈的严谨和标准化的题目,因此访谈员对访谈结构有一定的控制,但给被访者也留有较大的表达自己观点和意见的空间。个别访谈是指访谈员对每一个被访者逐一进行的单独访谈。纵向访谈是指多次搜集固定研究对象有关资料的跟踪访谈,即对同一样本进行两次或两次以上的访谈搜集资料的方式,多用于个案研究(徐红 2013:120-121)。本书使用上述访谈类型的情况具体如表4-1所示。

表4-1　访谈类型与研究问题关系矩阵

研究阶段	访谈类型	访谈目的	所对应的研究问题
先导研究	个别访谈	① 从教学主体两个视角对研究问题进行初步探索; ② 提炼调查问卷的维度及因子项。	研究问题一:我国高校商务英语教师学科教学知识包含哪些要素? 研究问题二:影响我国高校商务英语教师学科教学知识的因素有哪些?
	半结构式访谈		
正式研究	非结构式访谈	寻找适合本研究的个案研究对象。	研究问题三:我国高校商务英语教师学科教学知识的生成路径如何?
	纵向访谈	① 对研究对象进行厚实描写; ② 探析不同类别商务英语教师如何建构学科教学知识。	
	半结构式访谈		
	个别访谈		

① 指访谈员与被访者用文字而非语言进行交流的调查方式。

课堂观察(classroom observation)为本书所采用的另一种质性收集手段,课堂观察亦称课堂观摩,是一种重要的课堂研究方法,源于20世纪50年代美国社会心理学家贝尔斯(Bales)提出的"互动过程分析理论"与人际互动行为编码(李长吉,余芳艳 2010:88)。选择这一方法的理据如下:①通过课堂观察,可以走进教师主要工作场所——课堂,在真实的环境下直观地感受教师所展现出来的学科教学知识类别及各类别之间如何整合、互动;这有助于回答第一个研究问题"我国高校商务英语教师学科教学知识包含哪些要素?";②在课堂观察过程中,研究者作为非参与者,可根据课堂观察量表及时反思、记录自己的疑惑,为课后访谈寻找切入点,有助于挖掘素材,拓宽研究视角,进一步形成访谈提纲。本书所使用的课堂观察量表主要依据美国"语言教师效能"(teacher effectiveness for language learning, TELL)研究项目所研制的"完整课堂观察"量表(丁安琪 2014:67 - 68),并结合本书的研究问题与研究目的而改编。本书的课堂观察所包含的版块、观察点及目的如表4-2所示。

表4-2 课堂观察一览

课堂观察版块	课堂观察点	课堂观察目的
课程设置	课堂时间总体安排	探索教师课堂实践所运用的显性知识与隐性知识,发现困惑,及时反思、记录,根据观察点,结合研究问题拟定初步访谈问题及提纲
课程设置	各环节如何导入	
课程设置	各环节如何衔接	
课程目标	是否告知学生教学目标	
课程目标	教学目标呈现时间及方式	
课堂互动	教师以何种方式与学生展开互动	
课堂互动	教师与学生之间互动情境	
课堂互动	学生课堂参与情况	
教学策略	教师提问策略	
教学策略	教师对特定知识点采用的教学策略	
教学策略	课堂管理策略	
教学策略	对课堂语言的选择策略	
课堂材料	所选授课材料是否适合学生	
课堂材料	学生对课堂练习的完成情况	
课堂材料	课后作业的适切性	

概念导图(concept map)是由康乃尔大学学者诺瓦克和高文(Novak & Gowin 1984)基于有意义学习理论提出的一种教学技术。它是指使用节点代表概念,使用连线表示概念间关系的知识组织和表征工具。这种工具的特征包括图示化、突出概念、突出概念之间的关系、突出概念之间的层次(赵国庆 2012:79)。本书所使用的概念导图主要用于先导研究及个案研究阶段,研究对象为参与探索性访谈的商务英语专业教师、在校生和毕业生

以及个案研究中深度访谈对象。教师概念导图问卷主要关注其担任商务英语教师以来的经历,目的是鼓励教师反思自己职业生涯发展历程中的重要他人及关键事件,以此来探析其PCK生成的影响因素及所建立社会网络的成员;学生概念导图问卷的主要目的在于捕捉对商务英语教学的期待及对商务英语教师"应然"和"实然"状况所持的观念,以帮助研究者从学生视角理解研究主题。同时,由于本书所涉及的核心概念较为抽象,为避免学生对教师学科教学知识的感知难以准确地描述,在访谈的基础上,研究者请他们以商务英语相关课程课堂实践为依据,以"商务英语教师PCK"为主题词画一幅概念导图,形式不限。研究者根据学生绘制的概念导图提取关键概念及描述项,进一步归类,用于编制调查问卷,辅助回答"研究问题一:我国高校商务英语教师学科教学知识包含哪些要素?"及"研究问题二:影响我国高校商务英语教师学科教学知识的因素有哪些?"。

4.3.3 量化研究的选择理据

本书所采用的量化研究方法为问卷调查法,本节将介绍这一方法的选择理据。

问卷调查法通常是指对较大人群样本,采取提问的方式获取数据资料,从而对所关心问题的现状进行统计性的描述、评价、揭示和预测的一种研究方法(顾永安 2015:117)。问卷调查研究具有实施方便、数据易于统计和分析、准确反映受试者的真实情况等特点,因而受到外语工作者的普遍欢迎(秦晓晴 2008:15)。问卷调查可用于收集以下三类数据:事实类、行为类及态度类。事实类问题包含受试的基本信息(如性别、年龄、受教育水平、地区等);行为类问题关注受试的实际经历,如生活经历、学习策略的使用情况等;态度类问题用于了解受试所思所想,包括观点、信念、兴趣及价值观等(Dornyei & Taguchi 2010:5)。本书之所以选用调查问卷作为数据收集手段,原因如下:①研究问题的诉求。本书的研究问题一和研究问题二拟考察高校商务英语教师学科教学知识的内涵要素及影响因素,这需要通过大样本调研研究对象在教学实践过程中所持有的信念及实践的具体情况;②研究对象的确定。本书调查问卷末设计了开放式问题,询问受试是否愿意进一步接受访谈,并请他们留下方便的联系方式。通过大样本调研有助于进一步寻找符合研究目的且有较强参与意愿的个案研究对象。总体而言,使用问卷调查有助于将抽象的研究问题、核心概念转化为具有可理解性的教育实践问题,从而使对教师知识进行量化研究成为可能。

4.4 研究对象的抽样

抽样就是从调查对象总体(population)中有原则地选择一小部分人(即样本),来代表这个总体接受调查。抽样可分为两大类:概率抽样和非概率抽样(刘润清 2015:282)。如果所抽样本中每个个体都有同样的概率被抽中,遵循随机化原则,就属于概率抽样,反之则属于非概率抽样。根据第2章对研究对象"高校商务英语教师"的界定,本书中的调查对象总体为正在教授"商务+英语"类复合型课程的教师。研究对象的抽样主要考虑以下四个方面:①自愿参与,所有参与质性研究的对象均在阅读"研究邀请信"的基础上自愿参与。②地域分布,兼顾东西部地区、经济发达区域与相对欠发达的区域。③教师职业发展所处的阶段,如新手教师、有经验的教师、专家型教师梯型。④学校类别包含不同类型的高校,如综合类、外语外贸类、师范类、理工类、财经类。以下将具体介绍本书质性研究与量化研究中研究对象的抽样原则。

质性研究主要采用非概率抽样中的目的性抽样原则(purposeful sampling)来选择研究对象。根据杨鲁新等(2013)的分类,常见的目的性抽样方式包括典型抽样(typical sampling)、个案抽样(unique sampling)、最大差异抽样(maximum variation sampling)、方便抽样(convenience sampling)、滚雪球抽样(snowball sampling)、密度抽样(intensity sampling)和理论式抽样(theoretical sampling)。本书中参与质性研究的研究对象,除方便抽样外,选择主要采取典型抽样、滚雪球抽样、最大差异抽样及理论式抽样。典型抽样指的是选取具有大众性特点的案例,而不是极端案例,这些案例能够反映研究对象群体或研究现象的普遍性;滚雪球抽样指研究人员请已有的研究对象给自己介绍其他符合条件的研究对象;最大差异抽样指尽量选取差异大的研究对象,从而能比较全面地反映研究对象或研究群体的多样性和全貌;理论式抽样指在研究过程中,研究人员根据实地调查的情况,不断选取有助于回答研究问题或有助于演绎理论的研究对象(杨鲁新等 2013:26 - 27)。本书中质性研究对象的抽样涉及两个阶段:一为先导研究阶段,二为个案研究阶段。

在先导研究中,研究对象的抽样依据主要基于前人研究结果。根据第 2 章的文献综述,已有研究(边立志 2018;郭桂杭、李丹 2015)发现目前我国从事商务英语教学的主力军以英语语言文学为教育背景。因此,在先导研究阶段,本书教师访谈对象均符合这一背景,这一阶段主要采用方便抽样原则,同时为尽可能地了解这一群体的全貌,抽样还考虑差异最大化原则,最终选取不同类别高校八名商务英语专业教师为先导研究对象,访谈实施时间段为 2018 年 3 月 16 日至 2018 年 3 月 31 日。参与访谈的教师具体情况见表 4 - 3。

表 4 - 3 先导研究教师访谈对象情况

访谈对象	性别	职称	教龄	学校类型	访谈时攻读学位情况	所授课型
教师 A	女	副教授	21	外语外贸类	博士 (教育学方向)	跨文化商务交际
教师 B	男	副教授	15	师范类	博士 (语言学方向)	商务英语视听说 综合商务英语
教师 C	女	副教授	12	财经类	博士 (文学方向)	商务英语视听说
教师 D	女	副教授	18	师范类	博士在职攻读 (应用语言学方向)	综合商务英语 剑桥商务英语
教师 E	女	讲师	9	综合类	博士在职攻读 (教育学方向)	商务英语口译 外贸函电
教师 F	男	讲师	8	外语类	博士 (翻译学方向)	商务英语口译

（续表）

访谈对象	性别	职称	教龄	学校类型	访谈时 攻读学位情况	所授课型
教师 G	男	讲师	16	外语类	博士 （翻译学方向）	商务英语礼仪 商务英语笔译
教师 H	女	讲师	16	外语类	硕士 （语言学方向）	综合商务英语

参与先导研究的学生访谈对象为12名，均为某211外国语大学商务英语专业不同年级的在校生及毕业生，该高校为一流学科建设高校。由于该大学"商务＋英语"类复合型专业课程从二年级开始开设，因此选取的在校生为二年级至四年级的学生。其中男生五名，女生七名；年龄在19—24岁之间。抽样主要考虑选取不同性别，不同年级及学习水平的学生，其中对二、三年级在读学生学习水平判断的主要依据为他们在二年级下学期所修综合商务英语课程Ⅱ的期末总评成绩，同时询问任课教师意见，包含成绩为优秀（90分及以上）、良好（70分至89分）、合格（60分至69分）三类学生。考虑到本书重点关注任课教师知识，故首先选取担任班长或课代表的学生，因为这类学生往往与教师互动较多，对教师、班级情况及课程的理解较为深入。访谈实施时间为2018年3月17日至2018年3月29日，参与先导研究学生的具体情况及抽样考虑因素如表4-4所示：

表4-4 先导研究学生访谈对象情况

访谈对象	年龄	性别	访谈时就读及就业情况	抽样考虑因素
同学 A	24	男	已毕业一年（国企）	① 学习水平不同 ② 就业去向不同 ③ 曾担任班长或课代表
同学 B	23	男	已毕业一年（国外在读研究生）	
同学 C	23	女	已毕业一年（外企）	
同学 D	22	女	在读四年级（已签约国企）	① 学习水平不同 ② 签约公司类型不同 ③ 担任班长或课代表
同学 E	22	男	在读四年级（已签约国企）	
同学 F	22	男	在读四年级（已签约外企）	
同学 G	21	女	在读三年级	① 学习水平不同 ② 不同性别 ③ 担任班长或课代表
同学 H	21	女	在读三年级	
同学 I	20	女	在读三年级	
同学 J	19	女	在读二年级	
同学 K	20	男	在读二年级	
同学 L	20	女	在读二年级	

通过先导访谈，研究者发现，目前在财经类、综合类、外贸类大学从事商务英语教学的教研组中，已有许多教师具有跨学科的教育背景或相关商务领域工作经历，部分教师有着较丰富的一线工作经验与人力资源，这可能与各高校商务英语专业的不断建设与发展有关。因而在后续问卷调查及个案研究中，研究对象不断扩大到其他类别高校的商务英语

专业教师。与先导研究中研究对象相比,增加了三种类型的教师:一为具有跨学科教育背景的教师,即其本科、硕士或博士阶段的教育背景中,包含英语语言文学和相关商科专业(如经济学、国际贸易、金融学、管理学等)的教育经历;二为具有商务领域工作经验的教师,这类教师虽然教育背景为英语语言文学,但具有相关工作经历,积累了宝贵的实践性经验和相关业务知识;三为既有相关跨学科教育背景,又有一定的商务领域工作经历的教师。

参与量化研究的研究对象主要采用非概率抽样中的方便抽样及滚雪球抽样,同时亦考虑研究目的,尽可能涵盖不同类型、不同地区的高校及不同职称、教育背景、工作经历、教龄的商务英语教师。预试与正式问卷收集时间为 2018 年 4 月 13 日至 2018 年 4 月 27日,研究者通过领导协助、学研共同体成员的共同努力,与北京、上海、广东、山东、湖北、浙江、广西、吉林、河南等 22 个地区的高校商务英语教师取得联系,并与主管教学的副院长或商务英语教研室负责人沟通,向他们说明问卷调查的目的、注意事项等,并就问卷发放形式征求他们的意见,除一所高校外,其余负责老师均选择在线的形式发放,因此本书最终采用纸质版与电子版两种问卷形式。纸质版共计 12 人完成,回收的问卷数据输入 SPSS 24.0 软件,电子版问卷数据通过软件"问卷星"生成,通过微信转发问卷链接给上述负责人,由他们将问卷注意事项向所在单位商务英语教师说明,最终参与问卷调查的教师为 214 名。

个案研究的抽样从以下三类教师中选取:①研究者本人所认识的,有一定信任基础的商务英语教师;②在调查问卷中接受访谈,留下联系方式的教师;③满足问卷调查所得出的类别条件,由研究者所在学研共同体成员介绍的教师。研究者从中选取满足研究目的需要的有代表性的案例为拟研究对象。然而,选取适合的研究对象进行深度访谈,需要考量多种因素。首先,深度访谈只有建立在互相信任的基础上,受访者才能敞开心扉,与研究者分享真正有价值的信息;其次,深度访谈需要双方时间、精力上的投入,研究者应事先与受访者就访谈目的、次数、时长等沟通,以确定对方是否愿意参与研究,接受访谈。因此,为选取适合个案研究的访谈对象,研究者首先对 12 名拟访谈对象进行"联系性访问"(非结构式访谈),其目的是为使访谈者在进行访谈之前,对潜在受访者工作或学习的环境比较熟悉并确定受访者是否真正有兴趣投入这一活动(Seidman 2009:53)。最终确定的个案研究对象为八名,其中一名教师为某全国外语教学大赛商务英语组获奖教师,一名为某"双一流"外国语大学获"优秀教学奖"的教师;三名教师曾担任所在院校商务英语系主任。具体情况如表 4-5 所示。

表 4-5　个案研究对象一览

访谈对象	从事商务英语教学时间	职称	高校类别	授课类型	教育及实践背景
教师 A1	2	助教	师范类	跨文化商务交际	有商务教育背景 入职前后均有商务实践经历
教师 A2	6	助教	综合类	综合商务英语 商务沟通等	

（续表）

访谈对象	从事商务英语教学时间	职称	高校类别	授课类型	教育及实践背景
教师 B1	8	副教授	理工类	实用商务英语 商务案例分析	无商务教育背景 入职前后均无商务实践经历
教师 B2	2	讲师	外语类	综合商务英语	
教师 C1	8	副教授	财经类	商务英语视听说 公共演讲	无商务教育背景 入职前后均无商务实践经历
教师 C2	14	副教授	综合类	综合商务英语	
教师 D1	9	讲师	综合类	商务英语口译 外贸函电	无商务教育背景 入职前有商务实践经历
教师 D2	5	讲师	外语类	商务英语口译	

4.5 先导研究

本书采用课堂观察、访谈及概念导图作为先导研究，旨在从不同教学主体（教师与学生）的视角出发，了解高校商务英语教师学科教学知识现状、内涵及影响因素，为后续正式研究编制调查问卷及访谈提纲收集资料及依据。以下将分别介绍探索性访谈及概念导图的数据收集过程及结果。

探索性访谈的类型为个别访谈及半结构式访谈（见表 4.1）。研究者分别对八名来自不同高校的商务英语教师及 12 名该专业学生进行一对一访谈，每人访谈一次。因先导研究主要采用方便抽样，研究者与访谈对象之间较为熟悉，有一定的信任基础，访谈氛围融洽，双方交流顺畅。研究者在访谈开始前，首先将研究目的、研究背景等情况向被访者做介绍。介绍过程中，尽量避免使用受访者不熟悉的专业术语，而将其转换为通俗的语言表达，并尽量与教学实践结合起来，以引导被访者提供更多的信息。此外，访谈前还就研究伦理、研究数据的保密情况进行沟通，并在征得对方同意的情况下对访谈全程录音，以方便后期转写及分析。访谈地点选在较为安静的教师办公室或休息室进行，以保证录音的清晰度。

半结构式访谈提纲基于前人文献、研究问题及目的设计。随着访谈的进行，研究者所获得的信息也随之增加，在后续访谈中，对于概念框架中未涉及但访谈对象提及的信息点，研究者在访谈当天及时整理"接触摘要单"，并在访谈结束后对后续受访者进行追加访谈，以此不断扩大数据收集范围，获得更为全面的信息。

教师访谈提纲包含宏观问题和重点问题两部分，共八个问题，其中宏观问题共三个，主要关注教师最初教授商务英语课程的动机、所面临的困难及采取的办法、对自我教学情况的介绍及评价等；重点问题主要针对本书的研究问题一和研究问题二设定，包括商务英语教师学科教学知识包含的内涵要素、教师掌握各类别知识的情况及促进和阻碍这些知识生成与发展的因素、各知识类别间的联系、职业生涯发展中的重要他人与关键事件等。学生访谈提纲包含导入性问题、宏观类问题及重点问题三个部分,在校生回答 10 个问题,毕业生回答 12 个问题。导入性问题针对在校生与毕业生分别设置,共两题。在校生的导入性问题邀请受访者回顾自己报考该专业的动机,大一和大二在学习和课程设置上所存在的不同、对所增加的"商务 + 英语"类复合型课程的总体评价;毕业生的导入性问题则关注其目前的工作性质、工作满意度及刚开始工作时遇到哪些困难,宏观类问题聚焦学生的学习需求在多大程度上能得到满足及商务英语教师与纯语言类教师的异同点,共三题。重点问题为五题,围绕教学目标、学习困难、教学方法与策略、各门课程间的联系及商务英语教师"应然"与"实然"状态下,学科教学知识应包含哪些要素等展开。此外,对毕业生设置了两个补充问题,请他们谈谈在工作中需要用到哪些商务英语知识并从毕业生角度为教师的知识结构提出建议。

探索性访谈结束后,研究者邀请受访者完成概念导图问卷,以更加深入地了解他们对这一概念的认识和理解,作为对访谈数据的补充和佐证。随着探索性访谈的进行,研究者与研究对象不断加深对本书核心概念 PCK 的理解,在访谈结束后随即请受访者绘制概念导图,书面表达与口头表达相结合,既能激发他们的发散性思维,鼓励他们尽可能将想到但未在访谈中表达出来的观点浮于图中,也能帮助他们整理思路,将自己的想法以更加系统和具体的形式展示出来。然而,由于对概念导图的熟悉度及个人表达习惯的不同,三名教师和两名学生提及不擅长以画图的方式表达自己的想法,故而转为用文字描述自己的观点。因此最终收回概念导图 15 份,其中教师五份,学生 10 份。

访谈结束后,笔者将录音文件转入"录音宝"软件中,并对所有文字首先进行机器转写,然后进行内容核对,整理好的文稿全部交由访谈对象确认(member check),请他们来确定所记录的内容是否为他们的真实想法。所有转写核对稿均得到反馈。其中,两名教师和一名学生还对访谈中未提及的信息进行了补充。这样可以更加真实地反映研究对象的实际想法,从而能够提高所收集数据及其分析的效度(杨鲁新等 2013:178)。先导研究数据收集情况如表 4-6 和表 4-7 所示,表中"√"代表已收回。

表 4-6　教师参与先导研究情况一览

访谈对象	访谈时间	访谈时长	转写字数 (单位:万字)	概念导图
教师 A	2018/03/16	55 min 40 s	1.3084	√
教师 B	2018/03/17	64 min 04 s	1.7567	√
教师 C	2018/03/18	71 min 39 s	1.8443	访谈中文字表述
教师 D	2018/03/21	52 min 07 s	1.4858	√
教师 E	2018/03/23	47 min 41 s	0.9226	√

（续表）

访谈对象	访谈时间	访谈时长	转写字数 （单位：万字）	概念导图
教师 F	2018/03/24	78 min 01 s	2.0871	访谈中文字表述
教师 G	2018/03/26	65 min 44 s	1.7743	访谈中文字表述
教师 H	2018/03/31	66 min 12 s	1.7428	√

表4-7 学生参与先导研究情况一览

访谈对象	访谈时间	访谈时长	转写字数 （单位：万字）	概念导图
同学 A	2018/3/29	30 min 58 s	0.7442	√
同学 B	2018/03/28	31 min 22 s	0.8457	访谈中文字表述
同学 C	2018/03/24	27 min 44 s	0.6577	√
同学 D	2018/03/14	31 min 58 s	0.8824	√
同学 E	2018/03/14	41 min 52 s	1.2685	√
同学 F	2018/03/22	22 min 46 s	0.6843	√
同学 G	2018/03/21	33 min 09 s	0.6152	√
同学 H	2018/03/22	29 min 54 s	0.5781	√
同学 I	2018/03/14	42 min 27 s	1.3227	√
同学 J	2018/03/13	57 min 52 s	1.7012	访谈中文字表述
同学 K	2018/03/14	28 min 23 s	0.8133	√
同学 L	2018/03/16	40 min 3 s	1.1541	√

　　随后,笔者将所有访谈核对稿打印,在反复研读的基础上,对文本进行标注,并采用"类属分析法"对所搜集数据进行分析。类属分析法（categorization）是指在初步整理材料和确定意义单位之后,寻找反复出现的现象以及可以解释这些现象的重要概念的过程,即把具有相同属性的编码单位归入同一类别,并且以一定的概念命名（陈向明 2000：290）。由于先导研究的主要目的是为了解商务英语教师 PCK 内涵要素及影响因素,因此,研究者重点关注访谈对象所提及的与上述核心类属相关的材料,并对它们进行编码。先导研究数据的归纳结果显示八名受访教师及 12 名学生对商务英语教师 PCK 内涵要素的理解呈现出多元视角,可聚类为教学目标知识、教学情境知识、学生知识、教师自我认知、教学策略知识和课程知识六个节点（包含 15 个子节点）,具体如图 4-1 所示。

　　影响先导研究对象 PCK 的要素主要分为客观因素和主观因素两大类,其中客观因素包括家庭环境、工作经历、学习环境、学术发展环境、教学环境及教育环境,主观因素包括实践层面和心理层面,具体如表 4-8 所示。

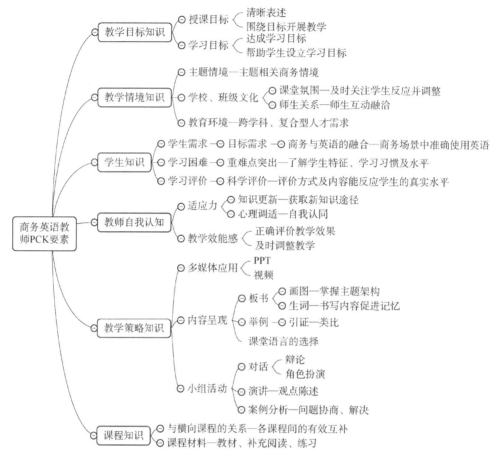

图 4-1　先导研究对象对商务英语教师 PCK 要素的理解

表 4-8　先导研究对象 PCK 的影响因素

客观因素												主观因素			
家庭环境		工作经历		学习环境		学术发展环境		教学环境		教育环境		实践层面	心理层面		
支持	促发	职前	职后	国外	国内	科研	指导学生	同行	师生	微观	宏观		信念		动机
家庭成员从事商务领域的工作	家庭环境的改变	职前从事商务领域工作	职后为企业进行员工培训	职后企业挂职锻炼	出国进修	学校组织师资培训	国内访学	商务英语教学研究	担任学生商务实践类大赛指导教师	指导商务领域学生毕业论文	教学观摩	教学共同体	与学生互动度	学校教学任务的要求	国家、地方对商务英语专业师资的需求	自我学习与提升	跨学科学习的意识	职业归属感	对 PCK 及其要素的认知	自我认同	个人兴趣	职业发展的内在驱动力

4.6 调查问卷的编制与实施

本书中问卷编制主要依据为前人文献中关于学科教学知识内涵要素及影响因素的研究成果、先导研究结果以及本研究的核心概念、研究问题及目的。问卷编写经历了准备、实施、分析和总结四个阶段,问卷准备阶段主要为预试问卷的编制,信度、效度检验及正式问卷的确定;问卷实施阶段分为研究对象的抽样、发放及回收;问卷分析阶段主要包括对有效问卷的筛选及统计分析;问卷总结阶段主要包括针对研究问题、撰写调查分析报告,主要步骤如图 4-2 所示。本小节将重点阐述问卷编制,预调查过程以及问卷的信度、效度分析。

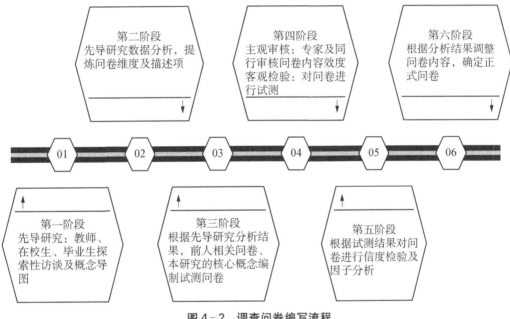

图 4-2 调查问卷编写流程

4.6.1 调查问卷的编制及预试

首先,确定问卷的基本类型、标题及包含哪些主要部分。问卷主要有两种类型,即自填式问卷和访问式问卷。自填式问卷是通过邮寄或分发的方式由被调查者自己填答的问卷;访问式问卷则是由访问员根据被调查对象的口头回答来填写的问卷(徐红 2013:96)。本书中的调查问卷属于自填式问卷,分为纸质版和在线版两种。参考秦晓晴(2009:14)所述,问卷格式一般由问卷标题、问卷说明、个人信息、答题方法说明、问卷项目和答案以及结束语组成。本书中问卷由四个部分组成:核心概念说明、问卷填写说明、基本信息、问卷项目(包含内涵要素、影响因素及开放式问答)。问卷标题为《中国高校商务英语教师学科教学知识调查问卷》,包括开放式问题和封闭式问题两种形式,其中开放式问题为简单题形式,封闭式问题为李克特五级量表形式,问卷答案的数据类型为定距(interval)数据。

其次,编写"核心概念说明""问卷填写说明"及"基本信息"部分。考虑到问卷的发放包含在线填写,缺乏研究者与受访者沟通交流的机会,在正式开始阅读问卷内容之前,研究者将"核心概念说明"列出,主要包含对本书核心概念"学科教学知识"的操作性定义(operational definition)和对研究对象"商务英语教师"的抽样要求说明。这有助于填写问卷的教师准确理解研究目的,了解问卷的背景知识,并能有效避免受试对同一概念的不同理解和解读。"问卷填写说明"中阐明研究目的、问卷的保密承诺,填写大致时长并向参加问卷调查的教师表示感谢等。这样做的目的是希望填写问卷的教师事先在时间和心理上做好准备,引导他们进入问卷填写状态。"基本信息"部分主要包括性别、年龄、教龄、职称、任职学校类别与层次、教育背景、工作经历及任教课型。

再次,编写问卷项目,包含"内涵要素""影响因素"及"开放式问题"等。问卷项目是问卷的主体部分,也是问卷调查的核心部分。问卷项目是对研究问题中包括的重要结构和概念进行操作化的结果,即将抽象的事物进行具体化的结果,确定测量指标的方法主要有三种:其一,基于文献确认概念的测量指标;其二,通过探索性研究确认概念的测量指标;其三,根据前人的研究成果结合自己的探索结果开发概念的测量指标(秦晓晴 2009:90;92-99)。本书依据第三种方法确定"内涵要素"及"影响因素"的测量指标,形成预试问卷的两个分量表,具体依据为:①前人研究所确认的描述项;②本研究的先导研究结果(见图4-2和表4-9)。编制过程中尽可能穷尽先导研究中出现的内涵要素及影响因素,最终形成备选题目库(item pool),然后从中选取适合本研究目的的描述项,形成原始问卷(其中内涵要素为33项、影响因素为34项);最后依据先易后难、先事实后态度、从封闭式到开放式问题的原则对各描述项进行排序。具体而言,本量表将受试易感知、可迅速作答的题目排在前面,而将需要更多的时间思考和回答的开放式问题放在问卷的最后;此外,首先请受试按课堂教学实践回答行为事实类问题,之后再关注受试思想上或内心深处的价值态度问题。这样排序的理由如下:其一,可以让受试以轻松的心态完成问题的填写;其二,先简单后复杂的排列可以避免受试产生畏难或反感情绪。如行为事实问题是已经发生或正在发生的事情,或者是一种客观存在的事实,因此是被调查者比较熟悉或比较容易作答的题目,将它们置于前面有利于提升被调查者答题的信心(顾永安 2015:123)。此外,虽然检测受试是否认真作答的常用方法为使用反向问题,然而,在问卷题目数量较多的情况下,使用此类问卷可能会引起受试的反感。为避免这一情况,研究者采用同向问题,即设计两个同类问题,通过变换题干中词语的表达,就同一问题变换角度进行测试,来辅助甄别受试的回答是否前后一致。本问卷主体分为两个部分,研究者将同向问题设置在不同部分,间隔较远,不易被感知,以此来作为保证问卷信度的方法之一。

最后,请同行及相关专家审核问卷项目,并根据他们的建议修改问卷。调查问卷初稿设计好以后,不能马上用于正式调查,必须对问卷初稿进行试用和修改,可采用客观检验法和主观评价法(徐红 2013:116)。本书的客观检验操作方法是邀请三名商务英语教师填写问卷(纸质版),并在完成后马上请他们接受访谈,以了解答卷时间、难易度,是否存在超过受访者知识范围的题项,收集他们对问卷措辞、排列、内容等方面的建议。主观评价法的操作办法为请同一研究共同体的专家和同行(包括一名教授、一名副教授和六名高校相关领域的英语教师)进行阅读,请他们根据专业知识与经验,对问卷进行评价和检查,提出修改意见。最终研究者根据主、客观两种检验法得出的结论进行反思,对问卷项目的措辞、结构及顺序进行调整,具体如下:①将概况性强、含义模糊的词语改为具有具体语义特征的表述,如原始问卷中"我制定的教学目标突出了课程的复合性",专家指出这里的"复合性"表述不清晰,容易引起理解上的偏差,因此将其修改为"我制定的教学目标突出了商务知识与英语知识的融合";②修改措辞中有歧义的题项,如受访者提出原始问卷中"碰到专业知识不理解的地方,我能及时找到合适的方法解答",存在是学生不理解还是教师不理解的歧义,由于这一题项的目的是为了解"教师自我知识"这一维度的内容,因此将此题修改为"我能找到合适的方法解决商务专业知识不理解的地方";③修改使用双重或多重含义的表达,将问卷中包含两个层面的项目拆分开来,以保证每个项目仅考察一层含义,如"我为学生创造了良好的学习氛围以激起他们的学习兴趣",这一项目包含了两个层面的内容,即学习氛围和学习兴趣,因此将其修改,仅保留学习氛围这一层面,"我为学生创造了良好的学习氛围",同理,将"我能把握学生的学习需求并及时调整教学方法或内容"改为"我根据学生需求调整教学方法";④删除教师认为明显重复的题项21、26、62、79及作答有困难的题项28、31、37、41、61、74,修改后最终确定的预试问卷各部分所包含的项目数如表4-9所示。

表4-9 预试问卷项目类别、项目数及内容举例一览

	项目类别	内容举例	项目数
第一部分	基本信息	性别、职称、教龄、所授课型、学校类别、教育背景等	10
第二部分	商务英语教师 PCK 内涵要素	教学目标、教师自我、学生理解、教学策略、课程知识等维度	27
第三部分	商务英语教师 PCK 影响因素	主观因素及客观因素	30
第四部分	问题与建议	授受访谈及自身知识学习的意愿	2
	总计		69

由于预试问卷的目的之一是为了编制规范且合乎逻辑的调查问卷,因此后续要分析问卷的信度及对问卷进行因素分析。预试样本应该多少才能使结果最为可靠,学者间没有一致的结论,然而多数学者均赞同因素分析要有可靠的结果需要受试样本数量比量表题项还多(吴明隆 2010:207)。本书的预试问卷中,分量表题项分别为 27 项和 30 项,因此,笔者在问卷修改完成后,首先联系五所不同类别高校(外语类、理工类、综合类、农业类及师范类)的商务英语教研室负责人,向他们说明问卷调查的注意事项、大致完成时间等基本情况,取得他们的理解和支持,请他们帮忙联系所在教研室的同事发送纸质版问卷或问卷星链接,以完成问卷。最终回收问卷 38 份,其中纸质版问卷 12 份,网络版问卷 26 份,

全部为有效问卷,有效回收率为 100%。接着将纸质版问卷答卷输入 Excel 文档中,与网络版问卷答案合并输入 SPSS 24.0 中进行分析。结果显示总量表的 Cronbach's α 系数为 0.966,KMO 值为 0.678,表明可以进行因子分析,但旋转矩阵结果显示"旋转在 25 次迭代之后无法收敛",这可能与样本量不够大有关系,因此笔者进一步联系另外两所大学(外语类和师范类),请他们帮忙联系所在单位的商务英语教师,最后获得问卷(均为电子版)16 份,但其中 3 份问卷存在答案项为有规律的重复现象,笔者将其列为无效问卷,因此本次有效问卷为 13 份,有效回收率为 81.2%。最终收回的预试问卷共 54 份,其中有效问卷为 51 份。

需要说明的是,虽然参加先导研究的教师均无商务领域的教育背景,在他们提及的影响因素中,尚不包括职前教育经历,但通过与有相关教育背景的同事间合作教学及日常交流,多数受访教师提及职前教育经历与提升教师从事商务英语的教学自信心及获取知识的能力相关,因此在编制调查问卷时,将职前教育背景这一因素也包括在内。此外,基于先导访谈发现,参与调查问卷的教师也包括拥有商科教育背景的教师。以下将详细介绍预试问卷的信度与效度分析。

4.6.2 预试问卷的信度与效度

信度和效度直接影响到研究的质量,因而成为所有研究的重要议题之一。问卷的质量直接影响研究的质量,因此在正式调查之前,通常要对问卷进行信度和效度检验。信度和效度有内部和外部之分,但内部信度和内部效度尤为重要。Cronbach's α 系数是内部信度的重要指标之一(韩宝成、许宏晨 2010:69)。笔者首先通过 SPSS 24.0 计算总量表的 Cronbach's α 系数,结果为 0.969。分量表一(包含 27 个题项)和分量表二(包含 30 个题项)的 Cronbach's α 系数分别为 0.945 和 0.944。说明问卷内部一致性很好,可信度很高。

就问卷的效度而言,一般情况下,外语教学问卷调查研究只需要做内容效度和结构效度检验。评价内容效度主要是一种定性分析,即分析问卷项目与研究目的之间的联系,以及检验它们对所测对象的覆盖程度,通常应在问卷初稿设计完成以后立即进行,可采用研究者自评、专家评价及受访者评价等方式进行(秦晓晴 2009:224)。如 4.6.1 小节所述,本书的内容效度主要通过专家评价及受访者评价的方法来达成。

结构效度是指问卷项目对所要测量结构的实际测量程度,通常通过因子分析来检验,进行因子分析的前提是问卷 KMO 值应大于 0.6(秦晓晴 2009:225)。因此笔者首先通过 SPSS 24.0 软件进行 KMO 值和 Bartlett 球形检验,计算分量表的 KMO 值,结果显示分量表一的 KMO 值为 0.739,分量表二的 KMO 值为 0.708,满足大于 0.6 的最低要求值。Bartlett 球体检验的近似卡方值分别为 1 854.703 和 1 404.641(自由度为 595 和 561)达到显著水平,且分量表的显著性概率值 $p < 0.05$,表明总体的相关矩阵间有共同因素存在,可以进行因子分析(common factor analysis, CFA)。因子分析的目的为找出量表潜在的结构,减少题项的项目,使之变为一组较少而彼此相关较大的变量,也就是说,采用因素分析可以抽取变量间的共同因素,以较少的构念代表原来较复杂的数据结构(吴明隆 2010:194,196)。以下将一一介绍各分量表探索性因子分析的结果。

1. 预试问卷分量表一探索性因子分析及信度检验结果

笔者首先对分量表一《商务英语教师学科教学知识内涵要素》的 27 个项目进行探索性因子分析。通过 SPSS24.0 软件,采用正交转轴主成分分析法(principal component)中"最大方差法"(varimax)进行因子抽取,指定因子分析收敛的默认最大迭代次数为 25,同时指定输出结果根据因子负荷量大小排序。对于因子负荷量的大小,笔者依据吴明隆(2010:216)所提出的标准,一般在选取题项时因素负荷量最好在 0.45 以上,此时共同因素解释题项的变异量为 20%。因此在因子分析输出结果选项中选取不输出负荷值低于0.45 的因子项。最后输出的旋转成份矩阵结果显示,全部 27 个题项共进入七个维度。根据因子分析结果,笔者依据如下原则调整部分因子项目:①如果维度所包含的因子项太少,无法显示共同因素所代表的意义,可结合具体内容考虑是否删除。维度 6 和维度 7 所包含的因子项目分别只有 1 个,即 C29 和 C51 两个因子项,但由于 C29 项"我常常将学生不理解的地方写下来给他们看"这一因子项在先导研究学生访谈中出现频次较高(有七名同学提及这一要素,占 58.3%),故笔者决定暂时保留此项,再根据第二次因子分析结果决定是否删除;②考虑到 C33 项同时进入维度 2(负荷值为 0.515)和维度 3(负荷值为0.599),负荷值均大于 0.5,且相差仅为 0.084,结合其内容分析,这一题项虽然归为维度3,但与维度 2 关系密切,故考虑删除此项。逐一删除上述两个题项后,笔者再用同样的方法进行因子分析发现,尽管此时所有 25 个题项都被归为五个维度,但部分维度因包含不同测量内容的题项,无法对因子项进行很好地命名。为此,笔者参考吴明隆(2010:208)提出的建议,出现共同因素无法命名的情形,可能要经过多次的探索,逐一删除较不适切的题项,进行多次探索性因素分析,以求出最佳的建构效度。同时,考虑到本书的目的之一是通过探索性因子分析提炼商务英语教师学科教学知识的内涵要素及影响因素各维度,对问卷的结构效度要求较高。根据学者史蒂文斯(Stevens 2002)对因素分析程序的样本大小与因素可靠性间关系描述,要想获得可靠的因素结构,每个变量最少的样本观察值要有五位。在请教相关专家后,为满足研究目的,笔者考虑扩大样本为题项数的五倍,再次进行因子分析。基于上述分析,笔者将在扩大样本后,逐一尝试删除维度包含因子数较多且导致无法命名的题项进行因素分析。

为此,笔者通过学研共同体各成员联系所熟悉的不同高校教师,采用滚雪球的方式,请他们帮忙寻找合适的受访者完成问卷。最终收回问卷 91 份,其中有效问卷 83 份,有效回收率为 91.2%。至此,预试共经历了三次问卷发放及回收,发放时间段为 2018 年 4 月13 日至 4 月 20 日。

接下来笔者将所有预试问卷归入同一文档,共得到有效问卷 134 份,并对调整后的 25个项目进行因素分析,结果显示 KMO 值为 0.913,Bartlett 球体检验的近似卡方值分别为2 264.785(自由度为 300),显著性概率值 p<0.05。此时的 KMO 值大于 0.9,说明题项变量间的关系是极佳的,非常适合因素分析(吴明隆 2010:208)。

因素分析结果显示,有 1 个题项(C43)因为因子负荷值低于 0.45,未被输出,其余 24个题项分别进入四个维度,但仍有个别题项(C15 和 C55)导致与所在维度(维度 4)其他项目同质性不高而无法较好地命名,考虑到将其删除后维度仅剩下三个,因此决定暂时保留,在正式问卷分析时再对其进行探索性因子分析,以最终确定商务英语教师内涵要素的维度。25 个题项(实际输出 24 个)的旋转矩阵结果如表 4-10 所示。

表 4-10 预试问卷分量表一因素分析结果

旋转成份矩阵[a]				
题项	成分			
	1	2	3	4
我的知识结构能满足教学需求。	.728			
我知道如何为学生选择合适的课外阅读材料。	.707			
我的授课能达到我预期的教学效果。	.705			
我了解自己教学所需的跨学科知识。	.662			
我选择的教科书和课程资料适合学生学习。	.626			
我对课程的考核方式能反映学生的实际学习水平。	.613			
我了解学生商务英语方面的学习需求。	.565			
教学中,我根据学生的反应做出及时调整。		.797		
在制定教学目标时,我充分考虑学生的需求。		.767		
我为学生创造了良好的学习氛围。		.705		
我严格按照教学目标来制定教学计划。		.690		
我了解班级学生的学习水平。		.474		
我会按学生需求选择合适的授课语言。			.726	
我根据学生需求调整教学方法。			.686	
我采用多样化的教学方法促进学生理解教学内容。			.604	
我常常运用举例的方法帮助学生理解课程内容。			.547	
我常常将学生不理解的地方写下来给他们看。			.546	
我在课堂上合理地使用多媒体(如 PPT、视频等),以促进学生的理解。			.501	
我了解所授课程与其他相关课程之间的关系。			.497	
我具有课程所需的跨学科知识。				.829
我可以用英语清晰地讲授商务知识。				.802
我教会了学生如何在商务场景中正确地使用英语。				.672
我制定的教学目标突出了商务知识与英语知识的融合。				.582
我通常会根据问题的难度选择学生回答课堂提问。				.462
提取方法:主成分。 旋转法:具有 Kaiser 标准化的正交旋转法。				
a. 旋转在 7 次迭代后收敛。				

因素分析完后,要继续进行的是量表各层面与总量表的信度检验(吴明隆 2010)。笔者对修改后的量表进行信度检验,分量表一的 Cronbach's α 系数为 0.949,表明修改后的预试量表具有较高的信度,可靠性高。

修改后的调查问卷分量表一包含 24 个维度,大致可进入四个维度。通过探索性因子分析,正式问卷中分量表一比原始问卷减少了九个因子项,比预试问卷减少了三个因子项,问卷信、效度均达到满意水平。研究者将保留这些维度的数值,其分析结果将在第 5 章与正式问卷结果一起呈现。

2. 预试问卷分量表二的探索性因子分析结果及信度检验

如上一小节所述,问卷份数会影响因子分析结果,笔者对分量表二进行因子分析过程中,不断扩大样本尝试进行探索性因子分析。这一小节将重点汇报按前述步骤获得的 134 份预试问卷的因子分析结果。预试问卷 30 个题项因子分析前,首先进行 KMO 和 Bartlett 的检验,结果显示 KMO 值为 0.910,大于 0.9,且 df 值为 453,p<0.05,说明因子项的共同性很强,很适合进行因子分析。笔者采用主成分分析法,输出因子负荷值大于 0.45 的因子项,结果显示所有 30 个因子项共进入四个维度,因子负荷值在 0.451 至 0.838 之间,符合吴明隆(2010:201)提出的大于 0.45 的标准。考虑到 Y69 项同时进入三个维度,因此将其删除后再进行二次因子分析。此时 KMO 值为 0.907。

笔者采用同样的方法进行二次因子分析,结果显示:所有 29 个因子项进入四个维度,因子负荷值 0.501 到 0.837 之间。进一步对各维度的内容进行分析发现,维度 3 包含不同内容,既包含个体内部因素,如教师对教学的信念,也包含外部因素,如学术发展环境与路径等,因此,参考吴明隆(2010)探索性因子分析所建议的方法,尝试将该维度中因子负荷值最大的题项(Y80)删除后再次进行因子分析。此时 KMO 检验值为 0.910,28 个题项探索性因子分析结果如表 4-11 所示。

表 4-11　预试问卷分量表二因素分析结果

题项	成分			
	1	2	3	4
经常反思自己的教学能促进商务英语教师学科教学知识的提升。	.777			
教师应掌握能促进学生理解的商务英语教学策略。	.776			
教师在商务英语教学中应尽量为学生创造实际商务场景。	.766			
教师上课时应根据商务场景,注意自己的言谈举止。	.731			
教师应注意把握学生的兴趣点并及时加以引导。	.729			
教师备课时,有必要了解学生已具备哪些相关知识。	.709			
广泛阅读与所教课程相关的商务英语原版经典教材能促进商务英语教师学科教学知识的提升。	.688			
相关商务领域的工作经历能促进商务英语教师学科教学知识的提升。	.678			

（续表）

题项	成分			
	1	2	3	4
合作教学能促进商务英语教师学科教学知识的提升。	.625			
相关企业的挂职锻炼能促进商务英语教师学科教学知识的提升。	.533			
我希望能得到国内访学的机会，进修相关商科专业。	.510			
了解学生的班级文化有助于商务英语教学。	.453			
指导学生参加与专业相关的比赛能促进商务英语教师学科教学知识的提升。		.750		
指导与商务英语主题相关的毕业论文能促进商务英语教师学科教学知识的提升。		.741		
参编与商务英语相关的教材能促进商务英语教师学科教学知识的提升。		.707		
参加商务英语相关学术会议能促进商务英语教师学科教学知识的提升。		.701		
与学生课外交流能促进商务英语教师学科教学知识的提升。		.588		
家庭成员从事相关商务工作有助于我积累跨学科知识。		.567		
参加商务英语师资培训项目能促进商务英语教师学科教学知识的提升。	.452	.555		
我对商务英语课程教学具有浓厚的兴趣。			.814	
教授商务英语课程让我找到了职业归属感。			.781	
我能从教授商务英语课程中得到更多的成就感。			.773	
我喜欢所教授的商务英语类课程。			.712	
我常与毕业生交流，了解最新的商务信息。				.723
我与学生建立了有效的沟通渠道。				.670
我会首先考虑查阅和专业相关的英文资料来解决遇到的教学问题。				.640
我能找到合适的方法解决商务专业知识不理解的地方。				.599
我了解自己教学所需的跨学科知识。			.520	.581

提取方法：主成份。旋转法：具有 Kaiser 标准化的正交旋转法。

a. 旋转在 8 次迭代后收敛。

由表 4 - 11 可知，所有 28 个题项分别进入四个维度，因子负荷值在 0.452 至 0.814 之间，解释的总方差结果显示（见表 4 - 12），统计栏中有四个成分的特征值超过了 1，各成分所解释的方差占总方差的 64.413%，即各因子特征值占总特征值的 64.413%，大于 60%，说明量表的建构效度很好，但仍有部分维度因所包含的内容不同而无法准确命名，为此，笔者将在正式问卷中，在扩大样本的基础上，继续尝试探索性因子分析。

表 4 - 12　解释的总方差

成分	初始特征值			提取平方和载入			旋转平方和载入		
	合计	方差的%	累积%	合计	方差的%	累积%	合计	方差的%	累积%
1	9.702	40.425	40.425	9.702	40.425	40.425	6.340	26.415	26.415
2	3.196	13.317	53.741	3.196	13.317	53.741	3.339	13.913	40.328
3	1.333	5.556	59.297	1.333	5.556	59.297	2.969	12.370	52.698
4	1.228	5.115	64.413	1.228	5.115	64.413	2.811	11.714	64.413

提取方法：主成分分析。

此时，问卷的 Cronbach's α 系数为 0.939，说明问卷内部一致性较好，可信度高。根据上述对分量表分别进行预试，对问卷内容进行调整，形成正式问卷。正式问卷共分为四个部分，各维度所含题项如表 4 - 13 所示：

表 4 - 13　正式问卷各维度一览

	项目类别	内容举例	项目数
第一部分	基本信息	性别、职称、教龄、所授课型、学校类别、教育背景等	10
第二部分	商务英语教师 PCK 内涵要素	教学目标、教师自我、学生理解、教学策略等维度	24
第三部分	商务英语教师 PCK 影响因素	主观因素及客观因素	28
第四部分	问题与建议	授受访谈及自身知识学习的意愿	2
总计			64

在经历了问卷调查预试阶段后，研究者已获得问卷 144 份，其中有效问卷 134 份，考虑到对初始问卷的修改仅为删除相关选项，未影响问卷其他答案的选择，因此笔者保留其在正式问卷中题项的答案，形成新文档并予以保存，以备分析。预试问卷及正式问卷 Cronbach's α 系数值如表 4 - 14 所示。

表 4 - 14　预试问卷及正式问卷 Cronbach α 系数一览

维度		题数	各维度 Cronbach's α 系数	总量表 Cronbach's α 系数
预试问卷	商务英语教师 PCK 内涵要素	27	0.945	0.969
	商务英语教师 PCK 影响因素	30	0.944	
正式问卷	商务英语教师 PCK 内涵要素	24	0.949	0.963
	商务英语教师 PCK 影响因素	28	0.939	

4.7 正式研究

通过上述先导访谈及问卷预试,笔者确立了正式问卷的各个维度,并基于预试问卷的分析结果,形成正式问卷。此外,先导访谈所获得的数据为后续正式研究方法的确立及提纲的拟定提供了依据。正式研究主要采用问卷调查与个案研究的方法进行,主要采用的数据收集方法为:问卷调查、深度访谈及思维导图。以下将一一介绍正式研究中涉及的数据收集方法。

4.7.1 问卷调查

正式问卷主要采用滚雪球抽样,通过笔者所在学院领导、学研共同体成员及部分在预试问卷中提供联系方式的教师的帮助,向符合要求的研究对象发送正式问卷的"问卷星"链接。数据收集步骤与预试问卷相同。此次搜集的问卷全部为电子版,时间段为 2018 年 4 月 23 日至 4 月 30 日。由于笔者可联系的商务英语教师群体有限,且大部分教师已在预试中完成问卷,本轮最终回收正式问卷 70 份,其中有效问卷数为 67 份,有效回收率为 95.7%。由于"问卷星"会自动检测漏答题项并在提交时提醒受试,因此所有电子版有效问卷均无漏答题项。对有效问卷的筛选主要依据如下两条原则:①答案均为某一选项的问卷,如全部选择 1 至 5 中某一选项;②存在有规律的重复的问卷,如按"1,1,1,1,1,2,2,2,2,2……"或"3,4,3,4,3,4……"等形式出现的问卷。

笔者将本轮问卷与前述问卷所获得的题项结果合并为同一文档,最终用于分析的问卷为 214 份,其中有效问卷 201 份,有效回收率为 93.9%;其中 985 高校教师为 6 名,211 高校教师 44 名,普通本科院校教师 145 名,高职高专教师 6 名。在这些教师中,本、硕、博学位中有相关商务学科教育背景的有 86 名(占 42.79%);无相关商务学科背景的为 115 名(占 57.21%)。有相关商务工作经历的有 60 名(29.85%),无相关工作经历的为 141 名(70.15%)。正式问卷的分析结果将在第 5 章呈现。

4.7.2 深度访谈

本书采用深度访谈主要是为了回答第三个研究问题"我国高校商务英语教师学科教学知识的生成路径如何?"。这一问题需要细致考量教师在成为高校商务英语教师的不同职业生涯阶段,其 PCK 是如何发展起来的。研究具体思路如下:就样本选择而言,首先基于问卷调查及先导研究,将我国高校商务英语教师分为若干群体,然后在各个群体中选取有代表性的个案作为典型抽样,尽可能穷尽所有类别,使样本趋于饱和,这样可以保证对该问题回答的全面性;就研究方法的选取而言,个案研究可以揭示事物的复杂性,透过现象挖掘其隐藏的本质,从而弥补量化研究所不能回答的方面,在选定好个案研究对象后,对这些教师进行深度访谈,参考通过量化研究所得出的 PCK 内涵要素,解析不同类别教师在不同的职业发展期,经历了哪些社会网络来促进其 PCK 的生成。采用这一方法,有助于揭示学科教学知识的缄默性及其生成的复杂性。基于本书的理论框架,访谈的关键词为需求、社会网络、中介,重点访谈问题可分为三个维度:

(1)教师 PCK 建构经历了哪些主要阶段?各阶段的主要需求是什么?

(2)教师在教授商务英语初期(即建构 PCK 早期)所处的社会网络与 PCK 建构成熟期有何区别?

(3)在 PCK 建构各个阶段,随着教师所处的社会网络不断演化,产生了怎样的中介?这些中介是如何帮助教师转化与内化其 PCK 要素的?

4.7.3 思维导图

正式研究中的思维导图旨在了解个案研究对象在职业发展的不同阶段,为促进其 PCK 的发展所建构的社会网络。笔者之所以采用这一方法,一是因为在先导研究中,受访者表示概念导图可有效帮助他们整理思路,特别是面对零散而不够清晰的概念时,运用这类数据收集方法,方便其呈现与归纳自己的想法,是一种简单有效的工具;二是由于访谈需了解教师开始教授商务英语课程时的情境,对部分教师来说,时间比较久远,思维导图可以有效降低受访者回答问题的压力,激发受访者不同的记忆连接。此外,为避免教师无从下手,笔者设计了半结构式思维导图,即从中心词出发,按思维导图的形式画出离中心点最近一层,将教师职业生涯发展的不同阶段标注,并用线条向外发散,以帮助教师建构思维网络,回忆自己职业发展各个阶段所处的不同社会网络。

4.8 研究质量及研究伦理

4.8.1 研究质量

三角验证法(triangulation),即对多角度收集的数据进行对比和研究,是最常用的保证效度的方法(杨鲁新等 2013:178)。具体到本书而言,质性研究的效度主要通过以下方式保证:研究者反思日记、研究对象检验法、编码内部一致性检验及不同数据间的相互检验。

研究者反思是自然衍生出的内容,也被称作是质性研究重要的"溢出性"成果(陈向明 2011)。研究者在课题中以及课题即将结束之时,撰写自我反思日记也是提高研究效度的重要手段(陈向明 2011;杨鲁新等 2013)。本书中,在第一轮先导访谈结束后,笔者开始撰写研究日记。这源于笔者原先养成的记录生活日记的习惯,把日常的所思、所感、所悟用文字的形式记录下来。随着研究的进行,笔者不断解决已有问题,发现新的问题与困惑,再进行下一轮的探究。在这一过程中,研究反思日记本身有质性研究的特点,在撰写过程中,不断反思,及时记录对回答研究问题有帮助的线索,整理浮现出来的新问题,在此基础上,逐渐厘清研究思路,并不断步入自己作为"研究者"的角色。本书的反思日记始于先导研究,之后贯穿整个量、质性研究过程,记录了笔者成长的心路历程。

如4.5小节所述,本书亦采用研究对象检验法(member check)来保证访谈数据的效度。将对研究对象的具体描述、访谈内容及最终分析报告反馈给相关受访者,由他们来决定这些文本是否准确,可以在一定程度上保证数据真实客观地反映研究对象的想法。同时,通过进一步的协商对话,研究双方更加了解彼此对研究问题的理解,从而提高研究效度。

编码内部一致性检验指研究者在不同时间为同一批原始数据编码,并对编码结果的内部一致性进行计算。本书中,笔者在第一轮编码结束六天后,再次对原始数据进行编码,第二次编码出现不一致的地方,再与一位专家进行讨论,最终达成一致看法,以保证编码效度。

先导研究中,笔者采取访谈、概念导图及课堂观察的数据收集方法对资料进行三角验证;后续正式研究中,调查问卷、深度访谈及思维导图所收集的数据之间相互检验、印证。此外,对于受访者所提出的与他人不一样的观点,笔者通过询问不同研究对象对同一问题的看法来求证研究数据的有效性。

4.8.2 研究伦理

无论是质性研究还是量化研究,均要求研究者严格遵守研究伦理。本书调查问卷采用匿名原则,所有结果只为研究所用,不作他用。相比量化研究而言,质性研究的一个重要特点就是以人本身为基本的研究工具,要去观察、倾听、理解、诠释研究对象。因此,在这个过程中,关于对研究者、研究对象的保护、关心等伦理问题就显得格外重要,以确保研究者与研究对象之间建立信任、和谐的人际关系。笔者参考弗林德斯(Flinders 1992)制定的研究伦理框架以及陈向明(2000:426-443)关于质性研究伦理的原则,从以下四个方面论证质性研究所遵守的原则。

首先,遵守"自愿原则"。本书中参与质性研究的研究对象分为三个部分,其一来自调查问卷中填写愿意接受访谈并提供联系方式的教师;其二来自笔者所在单位同事或学生朋友;其三来自朋友介绍间接认识的研究对象。对于前两类研究对象,考虑到他们对本研究有一定的兴趣或事先已建立信任关系,笔者在第一次与对方联系时,均直接向他们说明研究目的,并发送《研究邀请信》,包含笔者自我介绍、研究问题、研究背景、数据收集手段等需要请研究对象协助完成的事项,再次征询被研究者的意愿。在获得他们口头或书面(邮件或信息)的知情同意后,再将其确定为本研究的研究对象。对于间接认识的研究对象,由于事先互不熟悉,笔者首先尝试从日常生活琐事开始与被研究者进行交流,在双方建立一定熟悉度的基础上,再向其发送《研究邀请信》,此时对方在对笔者和研究本身有了一定了解后,可以更好地做出选择,以决定是否参与本研究,为后续研究的顺利开展奠定基础。

其次,遵守"个人隐私与保密原则"。质性研究中,研究者与研究对象在多次接触后,很可能建立十分信任的关系,进而收集到许多超过研究问题范围的个人信息,因此,尊重其个人隐私及保密原则就显得尤为重要。本书中,笔者始终把握两点原则,其一,不主动提问涉及对方隐私的问题，了解研究对象的个人生活史虽然有可能获得更多的数据，但由于可能涉及对方的个人隐私，笔者不会主动提问此类问题；其二，对方主动提及关于个人生活或家庭等方面的问题时，笔者严格为其保守秘密。此外，在本书中，所有研究对象都以匿名形式出现。

再次，遵守"知情原则"。研究对象有权了解研究者通过分析所搜集的数据内容及最终得出的分析结论。在与研究对象进行访谈后，笔者对访谈资料进行转写，并将转写材料分享给访谈对象，请他们进行"参与者检验"；在正文中涉及这部分资料的分析时，笔者尊重研究对象意见，与他们保持交流与沟通，以确保真实地反映了被访对象的想法。

最后，遵守"公正合理原则"，即研究者按照一定的道德原则，"公正地"对待被研究者以及搜集的资料，"合理地"处理自己与被研究者的关系以及研究的结果（陈向明 2000）。在访谈及课堂观察过程中，笔者始终以尊重的态度对待研究，在访谈时间、地点及方式的选择上，尽可能按对方的意愿来实行。此外，公正合理还包含研究主体双方"互惠"。在本书中，笔者尽可能在精神上分享自己的研究结果，共同探讨分析研究结果对商务英语教学的促进作用，受访者表示通过与研究者的交流，促进了"个人反思教学，并进一步将教学实践提升为理论，激发了自己进行课堂行动研究的兴趣"（教师 H）。

4.9　小结

本章首先围绕本书的研究问题，重点介绍研究方法及其选择理据、研究对象的抽样原则及基本情况，并详细论述了先导研究（包括概念导图、探索性访谈、调查问卷、课堂观察）的实施过程和正式研究（包括问卷调查、思维导图、深度访谈）的研究方法及其考察维度；此外，对不同研究方法的信度与效度进行汇报；最后，笔者阐述了本书中质性研究所遵守的四个原则。

第5章

调查问卷数据分析

5.1 引言

本章主要围绕本书调查问卷的分析而展开。全章共分为八个小节,首先重点介绍调查问卷探索性因子分析及结果,尝试对因子分析后各分量表进行命名;然后对数据进行项目分析,以判断所有用于后续分析的题项是否有区分度,并对数据进行正态性分布检验和线性检验。在此基础上,对商务英语教师 PCK 的现状进行分析,包括内涵要素、职业认同感等现状汇报及学校类别、职称、教育背景、工作经历对教师 PCK 所产生的影响;接着通过相关性分析探讨 PCK 内涵要素各维度及影响因素与内涵要素之间的关系;最后,汇报多元线性回归分析及结果,以探讨影响因素与内涵要素之间的因果关系。

5.2 探索性因子分析及结果

5.2.1 分量表一因子分析及命名结果

如 4.6 小节所述,在对预试问卷进行多次因子分析后,分量表一最终保留 24 个题项构成正式问卷,本小节将对 201 份有效正式问卷进行因子分析,并尝试对降维后的各个维度命名。

对 24 个题项进行因子分析前,首先计算其 KMO 值,以确定是否适合因子分析。结果显示此时 KMO 值为 0.932,自由度为 276,显著性概率值 $p < 0.05$,达到显著水平,表示非常适合进行因子分析。

在因素分析程序中,因素负荷量的挑选准则最好在 0.4 以上,因此,选择输出大于 0.4 负荷的因子项,结果显示,所有因子项进入五个维度,其中

C55 题、C15 题及 C16 题同时进入两个维度。由于每删除一个题项,整个因子结构均会发生变化,为此在进行调整时,不能将有疑惑的因子项一次全部删除,而应该逐题删除,来观察因子项的变化(吴明隆 2010)。考虑到最后一个维度仅有三个因子项且 C55 项同时进入两个维度,故先尝试删除该项,进而对剩余 23 个题项再次进行因子分析。此时因素分析的 KMO 值为 0.929,自由度为 231,显著性概率值 $p < 0.05$,达到显著水平,表示非常适合进行因子分析。

探索性因子分析结果如表 5-1 所示。

表 5-1　正式问卷分量表一因素分析结果(1)

题项	成分			
	1	2	3	4
我认为自己的知识结构能满足教学需求。	.733			
我知道如何为学生选择合适的课外阅读材料。	.703			
我的授课能达到我预期的教学效果。	.694			
我了解自己教学所需的跨学科知识。	.692			
我了解所授课程与其他相关课程之间的关系。	.666			
我对课程的考核方式能反应学生的实际学习水平。	.652			
我选择的教科书和课程资料适合学生学习。	.645			
我了解学生商务英语方面的学习需求。	.609			
教学中,我根据学生的反应做出及时调整。		.802		
在制定教学目标时,我充分考虑学生的需求。		.767		
我为学生创造了良好的学习氛围。		.702		
我严格按照教学目标来制定教学计划。		.671		
我了解班级学生的学习水平。		.512		
我在课堂上合理地使用多媒体(如 PPT、视频等),以促进学生的理解。		.457		
我具有课程所需的跨学科知识。			.824	
我可以用英语清晰地讲授商务知识。			.795	
我教会了学生如何在商务场景中正确地使用英语。			.670	
我制定的教学目标突出了商务知识与英语知识的融合。			.598	
我会按学生需求选择合适的授课语言。				.779
我根据学生需求调整教学方法。				.633
我常常将学生不理解的地方写下来给他们看。				.609
我采用多样化的教学方法促进学生理解教学内容。				.555

（续表）

题项	成分			
	1	2	3	4
我常常运用举例的方法帮助学生理解课程内容。				.460
提取方法：主成分。旋转法：具有 Kaiser 标准化的正交旋转法。				
a. 旋转在 7 次迭代后收敛。				

由表 5-1 可见，所有因子项进入四个维度，且每个维度的因子负荷值都大于 0.457，符合吴明隆（2010：201）提出的因子负荷量的挑选最好在 0.4 以上的原则。各个维度分别包含四到八个因子项不等，但从各维度的共同性来看，维度 1 中因子项"我了解所授课程与其他相关课程之间的关系"与其他因子项所涉及的内容不同，因此考虑将其删除后再次进行因子分析。此时计算出的 KMO 值为 0.929，Bartlett 球形检验的近似卡方分布为 2707.156，自由度为 231，显著性概率值 $p < 0.05$，拒绝相关矩阵不是单元矩阵的假设，表明分量表 22 个题项变量有共同因素存在，数据非常适合进行因子分析。

采用主成分分析法，因子分析结果显示，22 个题项分别进入四个维度，如表 5-2 所示：

表 5-2　正式问卷分量表—因素分析结果（2）

题项	成分			
	1	2	3	4
我认为自己的知识结构能满足教学需求。	.733			
我知道如何为学生选择合适的课外阅读材料。	.712			
我的授课能达到我预期的教学效果。	.705			
我了解自己教学所需的跨学科知识。	.672			
我选择的教科书和课程资料适合学生学习。	.634			
我对课程的考核方式能反应学生的实际学习水平。	.620			
我了解学生商务英语方面的学习需求。	.575			
教学中，我根据学生的反应做出及时调整。		.799		
在制定教学目标时，我充分考虑学生的需求。		.767		
我为学生创造了良好的学习氛围。		.705		
我严格按照教学目标来制定教学计划。		.683		
我了解班级学生的学习水平。		.499		
我具有课程所需的跨学科知识。			.829	

（续表）

题项	成分			
	1	2	3	4
我可以用英语清晰地讲授商务知识。			.798	
我教会了学生如何在商务场景中正确地使用英语。			.671	
我制定的教学目标突出了商务知识与英语知识的融合。			.599	
我会按学生需求选择合适的授课语言。				.756
我根据学生需求调整教学方法。				.670
我采用多样化的教学方法促进学生理解教学内容。				.604
我常常将学生不理解的地方写下来给他们看。				.554
我常常运用举例的方法帮助学生理解课程内容。				.516
我在课堂上合理地使用多媒体（如 PPT、视频等），以促进学生的理解。				.493

提取方法：主成分。旋转法：具有 Kaiser 标准化的正交旋转法。
a. 旋转在 7 次迭代后收敛。

　　笔者进一步观察各维度因子项的共同性，在征询相关专家意见的基础上，尝试对各维度进行命名。第一个维度共包含七个因子项，因子负荷值在 0.575 至 0.733 之间，分别考察了教师对自我知识结构的认知、教师教学效能感及教师对学生学习水平在教学材料及考核方式上的把握，突出了教师对自身及学生的认识，因此可命名为"教学主体知识"（knowledge of teachers and students）；第二个维度共包含五个因子项，因子负荷值为 0.499 到 0.799 之间，主要考察教师对所教授班级情境、学习氛围、学生情况的了解程度及这些因素对教师授课目标的作用，突出了教师教学目标与情境的互动性，因此，该维度可命名为"情境化目标知识"（knowledge of contextualized objectives）；第三个维度共包含四个因子项，因子负荷值在 0.599 到 0.829 之间，这一维度的因子项突出商务与英语的融合，强调商务英语的学科特性，类似于前人对"课目语言整合知识"（content and language integrated learning，CLIL）的定义，参考其翻译，笔者将这一维度定义为"课语整合知识"（knowledge of the integration of content and language）；最后一个维度包含六个因子项，因子负荷值在 0.493 至 0.756 之间，侧重考察教师为促进学生理解，对教学方法（如多媒体的使用、板书、举例等）、授课语言的选择与应用，可命名为"教学策略知识"（knowledge of teaching strategies），具体如图 5-1 所示。

　　表 5-3 为解释的总方差图，旋转后所提取的四个维度转轴后的特征值分别为 4.057、3.903、3.099 和 3.083，四个维度的解释变异量分别为 18.439%、17.742%、14.088% 和 14.013%，累计解释该量表 64.281% 的变异，大于 60%，这表明这四个维度的建构效度很好。

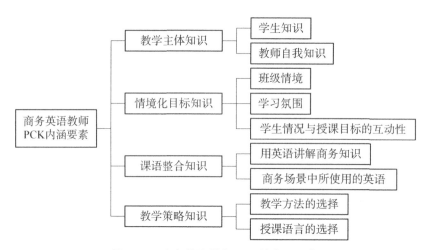

图 5-1　商务英语教师 PCK 的内涵要素

表 5-3　解释的总方差

成分	初始特征值			提取平方和载入			旋转平方和载入		
	合计	方差的%	累积%	合计	方差的%	累积%	合计	方差的%	累积%
1	10.239	46.540	46.540	10.239	46.540	46.540	4.057	18.439	18.439
2	1.471	6.688	53.228	1.471	6.688	53.228	3.903	17.742	36.181
3	1.293	5.877	59.105	1.293	5.877	59.105	3.099	14.088	50.269
4	1.139	5.176	64.281	1.139	5.176	64.281	3.083	14.013	64.281
提取方法：主成分分析。									

由此可见,分量表一《商务英语教师 PCK 内涵要素》共进行了四次探索性因子分析,最终确定问卷题项为 22 个,具体过程如表 5-4 所示。

表 5-4　分量表一因素分析过程一览

	题项数	删除个数	考虑因素
原始问卷	33	6	内容效度
预试问卷第一次因子分析(51 份)	27	2	维度仅包含 1 个因子项;同时进入两个维度
预试问卷第二次因子分析(134 份)	25	1	因子负荷值低于 0.4
正式问卷(201 份) 第一次因子分析	24	1	同时进入两个维度
正式问卷(201 份) 第二次因子分析	23	1	内容导致所在维度 无法命名
最终问卷	22		

在确定题项后,笔者对分量表及各维度的信度系数进行检验,结果如表 5-5 所示。

表 5-5　分量表一信度系数检验

维度	Cronbach's α	项数
教学主体知识	0.902	7
情境化目标知识	0.841	5
课语整合知识	0.859	4
教学策略知识	0.830	6
总量表	0.942	22

分量表一 Cronbach's α 系数为 0.942,且各维度信度检验系数在 0.830 到 0.902 之间,说明量表内在一致性高、可靠性强。项目与量表总分的相关系数在 0.447 到 0.775 之间,且"项已删除的 Cronbach's α 系数"变化不大(见表 5-6),故从信度检验表来看,可以保留所有题项。

表 5-6　分量表一信度分析结果

题项	项已删除的刻度均值	项已删除的刻度方差	校正的项总计相关性	项已删除的 Cronbach's α 系数
我常常运用举例的方法帮助学生理解课程内容。	82.64	140.721	.646	.940
我在课堂上合理地使用多媒体(如 PPT、视频等),以促进学生的理解。	82.48	142.171	.604	.940
我常常将学生不理解的地方写下来给他们看。	83.49	142.961	.447	.943
我会按学生需求选择合适的授课语言。	82.97	143.129	.484	.942
我根据学生需求调整教学方法。	82.87	138.517	.775	.938
我采用多样化的教学方法促进学生理解教学内容。	82.79	140.539	.681	.939
我制定的教学目标突出了商务知识与英语知识的融合。	82.82	139.591	.628	.940
我具有课程所需的跨学科知识。	83.30	138.360	.590	.941
我可以用英语清晰地讲授商务知识。	83.12	135.679	.710	.939
我教会了学生如何在商务场景中正确地使用英语。	83.07	140.229	.645	.940
我严格按照教学目标来制定教学计划。	82.90	142.410	.477	.942
在制定教学目标时,我充分考虑学生的需求。	82.71	139.468	.707	.939
教学中,我根据学生的反应做出及时调整。	82.56	141.288	.667	.939
我为学生创造了良好的学习氛围。	82.73	141.387	.651	.940
我了解班级学生的学习水平。	82.76	143.205	.534	.941

（续表）

题项	项已删除的刻度均值	项已删除的刻度方差	校正的项总计相关性	项已删除的Cronbach's α系数
我对课程的考核方式能反应学生的实际学习水平。	82.98	140.080	.693	.939
我了解学生商务英语方面的学习需求。	83.04	138.293	.732	.938
我选择的教科书和课程资料适合学生学习。	82.91	141.006	.646	.940
我认为自己的知识结构能满足教学需求。	83.26	139.225	.610	.940
我知道如何为学生选择合适的课外阅读材料。	83.24	138.935	.713	.939
我的授课能达到我预期的教学效果。	83.25	141.108	.676	.939
我了解自己教学所需的跨学科知识。	83.02	138.134	.726	.938

5.2.2 分量表二因子分析及命名结果

如前所述,用于分析的有效问卷共有201份,其中分量表二包含28个题项。笔者首先对201份有效问卷进行KMO和Bartlett的检验,以确定分量表二是否适合进行因子分析。此时计算出的KMO值为0.923,Bartlett球形检验的近似卡方分布为3534.259,自由度为378,显著性概率值p=0.000,小于0.05,拒绝相关矩阵不是单元矩阵的假设,表明分量表28个题项变量有共同因素存在,数据非常适合进行因子分析。

采用主成分分析中的最大方差法,输出因子负荷值在0.4以上的因子项,因子分析结果如表5-7所示。

表5-7 正式问卷分量表二因素分析结果(1)

题项	成分				
	1	2	3	4	5
经常反思自己的教学能促进商务英语教师学科教学知识的提升。	.750				
教师应注意把握学生的兴趣点并及时加以引导。	.729				
教师备课时,有必要了解学生已具备哪些相关知识。	.721				
教师在商务英语教学中应尽量为学生创造实际商务场景。	.716				
教师上课时应根据商务场景,注意自己的言谈举止。	.704				
教师应掌握能促进学生理解的商务英语教学策略。	.698				
广泛阅读与所教课程相关的商务英语原版经典教材能促进商务英语教师学科教学知识的提升。	.604	.473			
合作教学能促进商务英语教师学科教学知识的提升。	.561				
相关商务领域的工作经历能促进商务英语教师学科教学知识的提升。	.544				

（续表）

题项	成分				
	1	2	3	4	5
家庭成员从事相关商务工作有助于我积累跨学科知识。		.705			
相关企业的挂职锻炼能促进商务英语教师学科教学知识的提升。		.691			
我希望能得到国内访学的机会，进修相关商科专业。		.640			
参加商务英语师资培训项目能促进商务英语教师学科教学知识的提升。		.562			
我对商务英语课程教学具有浓厚的兴趣。			.804		
教授商务英语课程让我找到了职业归属感。			.772		
我能从教授商务英语课程中得到更多的成就感。			.753		
我喜欢所教授的商务英语类课程。			.719		
参编与商务英语相关的教材能促进商务英语教师学科教学知识的提升。				.763	
指导与商务英语主题相关的毕业论文能促进商务英语教师学科教学知识的提升。				.744	
指导学生参加与专业相关的比赛能促进商务英语教师学科教学知识的提升。				.678	
参加商务英语相关学术会议能促进商务英语教师学科教学知识的提升。		.406		.605	
了解学生的班级文化有助于商务英语教学。	.424			.442	
我常与毕业生交流，了解最新的商务信息。					.724
我与学生建立了有效的沟通渠道。					.668
我能找到合适的方法解决商务专业知识不理解的地方。					.629
我了解自己教学所需的跨学科知识。			.526		.576
我会首先考虑查阅和专业相关的英文资料来解决遇到的教学问题。					.562

提取方法：主成分。

旋转法：具有 Kaiser 标准化的正交旋转法。

a. 旋转在 11 次迭代后收敛。

解释的总方差表如表 5-8 所示。

表 5-8 解释的总方差

成分	初始特征值			提取平方和载入			旋转平方和载入		
	合计	方差的%	累积%	合计	方差的%	累积%	合计	方差的%	累积%
1	11.182	39.934	39.934	11.182	39.934	39.934	5.360	19.142	19.142
2	3.394	12.121	52.055	3.394	12.121	52.055	3.497	12.488	31.630

(续表)

成分	初始特征值			提取平方和载入			旋转平方和载入		
	合计	方差的%	累积%	合计	方差的%	累积%	合计	方差的%	累积%
3	1.396	4.987	57.042	1.396	4.987	57.042	3.402	12.150	43.780
4	1.239	4.426	61.469	1.239	4.426	61.469	3.106	11.092	54.872
5	1.027	3.669	65.138	1.027	3.669	65.138	2.875	10.266	65.138
提取方法：主成分分析。									

由表 5-8 可见,采用主成分分析法共提取五个共同因素,旋转后的特征值分别为 5.360、3.497、3.402、3.106 和 2.875,五个因素联合解释变异量为 65.138%。因素分析时,由于以少数的因素构念来解释所有观察变量的总变异量,因而提取后保留的总解释变量若能达到 60% 以上,说明提取后保留的因素相当理想(吴明隆 2010:232)。上述保留的五个因素解释总变异量大于 60%,说明保留的因素是适切的。

因子分析的旋转矩阵表明,所有 28 个因子项中,题项 Y60"与学生课外交流能促进商务英语教师学科教学知识的提升",由于因子负荷值小于 0.4 而未被输出。在删除该项后,27 个因子项 KMO 和 Bartlett 的检验结果如下:KMO 值为 0.927,Bartlett 球形检验的近似卡方分布为 3403.798,自由度为 351,显著性概率值 p<0.05,拒绝相关矩阵不是单元矩阵的假设,表明分量表题项变量有共同因素存在,数据非常适合进行因子分析。

采用主成分分析法中正交旋转,输出因子负荷值大于 0.4 的题项,探索性因子分析结果如表 5-9 所示。

表 5-9　正式问卷分量表二因素分析结果(2)

题项	成分				
	1	2	3	4	5
教师应注意把握学生的兴趣点并及时加以引导。	.724				
经常反思自己的教学能促进商务英语教师学科教学知识的提升。	.717				
教师备课时,有必要了解学生已具备哪些相关知识。	.715				
教师在商务英语教学中应尽量为学生创造实际商务场景。	.704				
教师上课时应根据商务场景,注意自己的言谈举止。	.699				
教师应掌握能促进学生理解的商务英语教学策略。	.679	.427			
合作教学能促进商务英语教师学科教学知识的提升。	.568				
广泛阅读与所教课程相关的商务英语原版经典教材能促进商务英语教师学科教学知识的提升。	.553	.536			
了解学生的班级文化有助于商务英语教学。	.460			.436	
相关企业的挂职锻炼能促进商务英语教师学科教学知识的提升。		.740			

（续表）

题项	成分				
	1	2	3	4	5
家庭成员从事相关商务工作有助于我积累相关跨学科知识。		.721			
我希望能得到国内访学的机会，进修相关商科专业。		.670			
相关商务领域的工作经历能促进商务英语教师学科教学知识的提升。	.481	.611			
参加商务英语师资培训项目能促进商务英语教师学科教学知识的提升。		.580			
我对商务英语课程教学具有浓厚的兴趣。			.803		
教授商务英语课程让我找到了职业归属感。			.777		
我能从教授商务英语课程中得到更多的成就感。			.751		
我喜欢所教授的商务英语类课程。			.723		
参编与商务英语相关的教材能促进商务英语教师学科教学知识的提升。				.770	
指导与商务英语主题相关的毕业论文能促进商务英语教师学科教学知识的提升。				.745	
指导学生参加与专业相关的比赛能促进商务英语教师学科教学知识的提升。				.669	
参加商务英语相关学术会议能促进商务英语教师学科教学知识的提升。		.468		.607	
我常与毕业生交流，了解最新的商务信息。					.759
我与学生建立了有效的沟通渠道。					.672
我能找到合适的方法解决商务专业知识不理解的地方。					.625
我了解自己所需的跨学科知识。			.495		.611
我会首先考虑查阅和专业相关的英文资料来解决遇到的教学问题。					.606

提取方法：主成分。
旋转法：具有 Kaiser 标准化的正交旋转法。

a. 旋转在 10 次迭代后收敛。

解释的总方差表如下：

表 5-10 解释的总方差

成分	初始特征值			旋转平方和载入			提取平方和载入		
	合计	方差的%	累积%	合计	方差的%	累积%	合计	方差的%	累积%
1	10.895	40.353	40.353	10.895	40.353	40.353	4.955	18.352	18.352
2	3.394	12.570	52.923	3.394	12.570	52.923	3.824	14.162	32.515

（续表）

成分	初始特征值			旋转平方和载入			提取平方和载入		
	合计	方差的%	累积%	合计	方差的%	累积%	合计	方差的%	累积%
3	1.359	5.032	57.955	1.359	5.032	57.955	3.327	12.324	44.839
4	1.228	4.550	62.505	1.228	4.550	62.505	2.960	10.962	55.801
5	1.021	3.781	66.286	1.021	3.781	66.286	2.831	10.485	66.286
提取方法：主成分。									

由表 5-10 可见，采用主成分分析法共提取五个共同因素，旋转后的特征值分别为 4.955、3.824、3.327、2.960 和 2.831，五个因素联合解释变异量为 66.286%，大于 60%，说明保留的因素是理想的，量表的建构效度较好。所有 27 个题项进入五个维度，因子负荷值在 0.460 到 0.803 之间，均大于 0.4，每个维度包含四至九个因子项。

笔者进一步观察各维度所包含的内容，尝试对其按共同性进行命名。在征询相关专家意见的基础上，将所有维度划分为教师个体内部因素及外部因素两大类。具体而言，维度 1 包含九个题项，因子负荷值在 0.460 至 0.724 之间，主要围绕教师个体对商务英语教与学所持的信念，如教师对反思、合作教学、获取知识的渠道及对学生知识的把握等所持的看法，因此可命名为"教师对商务英语教与学的认知"，属于教师个体内部因素；维度 2 包含五个题项，因子负荷值在 0.580 至 0.740 之间，侧重考察教师商务知识的摄入途径，主要包括理论学习和实践经验两部分，可命名为"教师商务英语专业发展实践"，属于外部因素；维度 3 包含四个题项，因子负荷值在 0.723 至 0.803 之间，教师对教授商务英语课程的认同感，如是否喜欢商务英语教学、商务英语教学是否能带来职业归属感等，可命名为"从事商务英语教学的职业认同感"，属于教师个体内部因素；维度 4 包含四个题项，因子负荷值在 0.607 至 0.770 之间，关注考察教师从事与商务英语专业相关学术活动的情况，可命名为"教师商务英语学术发展环境"，属于外部因素；维度 5 包含五个题项，因子负荷值在 0.606 至 0.759 之间，考察教师面对新兴学科，如何发现知识储备上的不足以及如何解决这一问题的情况，可命名为"教师跨学科知识储备能力"，属于教师个体内部因素，具体如图 5-2 所示。

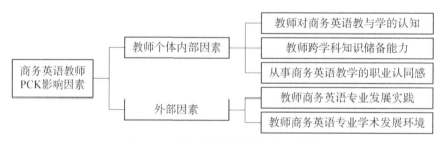

图 5-2　商务英语教师 PCK 影响因素

在探索性因子分析完成后，笔者对所确定的分量表二进行信度分析，其 Cronbach's α

系数为 0.934,表明量表可靠性高,内部一致性很好。各维度的 Cronbach α 系数 0.792 到 0.917 之间,达到了秦晓晴(2003)提出的不低于 0.7 的标准。分量表二及各维度信度检验如表 5-11 所示。

表 5-11 分量表二信度系数检验

维度	Cronbach's α	项数
教师对商务英语教与学的认知	0.917	9
教师跨学科知识储备能力	0.792	5
从事商务英语教学的职业认同感	0.870	4
教师商务英语专业发展实践	0.859	5
教师商务英语专业学术发展环境	0.839	4
总量表	0.934	27

信度分析结果(见表 5-12)显示,项目与量表总分的相关系数在 0.326 至 0.777 之间。尽管题项"我常与毕业生交流,了解最新的商务信息"和"我会首先考虑查阅和专业相关的英文资料来解决遇到的教学问题"的相关系数较低,但进一步结合删除后量表的 Cronbach's α 系数,结果在 0.929 到 0.935 之间,变化起伏不大,且总量表的 Cronbach's α 系数已达到 0.9 以上的理想水平,因此笔者最终保留了这些项目。

表 5-12 分量表二信度分析结果

题项	项已删除的刻度均值	项已删除的刻度方差	校正的项总计相关性	项已删除的 Cronbach's α 系数
我喜欢所教授的商务英语类课程。	106.91	169.512	.452	.933
我能找到合适的方法解决商务专业知识不理解的地方。	107.21	169.909	.460	.933
我与学生建立了有效的沟通渠道。	107.07	169.225	.538	.932
我对商务英语课程教学具有浓厚的兴趣。	107.08	167.644	.542	.932
我常与毕业生交流,了解最新的商务信息。	107.71	171.468	.326	.936
我会首先考虑查阅和专业相关的英文资料来解决遇到的教学问题。	107.16	171.688	.357	.935
我能从教授商务英语课程中得到更多的成就感。	107.21	166.816	.601	.931
我了解自己教学所需的跨学科知识。	107.10	168.030	.562	.932
教授商务英语课程让我找到了职业归属感。	107.37	167.424	.519	.933
参加商务英语师资培训项目能促进商务英语教师学科教学知识的提升。	106.70	167.780	.587	.931
合作教学能促进商务英语教师学科教学知识的提升。	106.65	169.878	.563	.932

（续表）

题项	项已删除的刻度均值	项已删除的刻度方差	校正的项总计相关性	项已删除的Cronbach's α 系数
相关企业的挂职锻炼能促进商务英语教师学科教学知识的提升。	106.66	168.175	.594	.931
指导学生参加与专业相关的比赛能促进商务英语教师学科教学知识的提升。	106.73	169.517	.524	.932
指导与商务英语主题相关的毕业论文能促进商务英语教师学科教学知识的提升。	107.00	165.620	.582	.932
参加商务英语相关学术会议能促进商务英语教师学科教学知识的提升。	106.71	167.158	.684	.930
参编与商务英语相关的教材能促进商务英语教师学科教学知识的提升。	106.78	168.312	.572	.932
相关商务领域的工作经历能促进商务英语教师学科教学知识的提升。	106.52	168.891	.679	.931
教师应掌握能促进学生理解的商务英语教学策略。	106.57	167.926	.760	.930
了解学生的班级文化有助于商务英语教学。	107.02	169.094	.495	.933
教师应注意把握学生的兴趣点并及时加以引导。	106.67	169.073	.656	.931
教师备课时，有必要了解学生已具备哪些相关知识。	106.62	169.396	.649	.931
教师上课时应根据商务场景，注意自己的言谈举止。	106.62	168.706	.697	.930
经常反思自己的教学能促进商务英语教师学科教学知识的提升。	106.50	168.461	.720	.930
教师在商务英语教学中应尽量为学生创造实际商务场景。	106.65	168.110	.684	.930
广泛阅读与所教课程相关的商务英语原版经典教材能促进商务英语教师学科教学知识的提升。	106.62	166.056	.777	.929
家庭成员从事相关商务工作将有助于我积累跨学科知识。	106.87	168.167	.570	.932
我希望能得到国内访学的机会，进修相关商科专业。	106.64	168.791	.585	.932

由此可见，分量表二《商务英语教师 PCK 影响因素》的探索性因子分析共经历了三次，最终得到题项 27 个用于后续分析，具体如表 5 - 13 所示。

表 5–13　分量表二探索性因子分析过程一览

	题项数	删除个数	考虑因素
原始问卷	34	4	内容效度
预试问卷第一次因子分析（134 份）	30	1	同时进入三个维度
预试问卷第二次因子分析（134 份）	29	1	无法命名的维度中,删除因子负荷值最大的题项
正式问卷（201 份）第一次因子分析	28	1	因子负荷值小于 0.4
最终问卷	27		

5.3　项目分析

在外语教学研究中,如使用李克特量表收集数据并进行分析时,先要通过项目分析以排除不适当的指标(秦晓晴 2003：11)。因此,在使用 SPSS 软件进行数据统计分析前,除检查数据是否有缺失值以外,还应对数据进行项目分析。本书参考秦晓晴(2003)关于项目分析的方法——极端分组法,对总量表各题项进行显著性检验。具体步骤如下：首先计算受试在问卷所有题项的总得分,然后按分数高低排序,选取分数最高的 25％ 和分数最低的 25％ 分别作为高低分组。本书中,取总分的前 50 名为高分组(总分在 315 分以上者),后 50 名为低分组(总分在 270 分以下者)。其次进行独立样本 t 检验,比较两组在每道题上得分的平均值差异,如果差异小而且达不到显著性水平(Sig. >0.05),则说明问卷题目不能很好地区分不同的受试者,分析时考虑将其删除。项目分析结果显示,两组在所有题项上的 t 值的显著性水平均小于 0.05,达到显著水平,而且均值之差的 95％ 置信区间不包括 0,说明高分组和低分组在所有题项上具有显著性差异,题项具有较好的区别力,因此可保留所有题项进行统计分析。

5.4　数据检验

在进行数据分析之前,需要对数据进行正态分布检验和线性检验。对数据进行正态性分布检验的目的是为了查看数据是否适合进行参数检验,因为参数检验一般要求数据呈正态分布(秦晓晴 2009：254)。当需要使用相关分析、线性回归等方法检验两个变量之间的联系时,数据需要满足变量间的线性关系假设(秦晓晴、毕劲 2015：270)。基于此,本书首先对数据进行正态分布检验和线性检验。由于本书使用李克特量表的形式进行问卷调查,每个维度均包含不同的指标,在进行比较前,采用秦晓晴(2009：254)合并数据的方法,对同一范畴的变量进行求和,以通过求平均值的方法进行合并,形成新的变量用于分析。

5.4.1　数据正态性分布检验

笔者首先对后续分析需要用到的数据进行描述项统计及正态分布检验,其结果如表

5-14 所示。

偏度(skewness)和峰度(kurtosis)是判断数据是否呈正态分布的两个指标。如果它们的绝对值大于1,表明数据分布与正态对称分布之间存在显著差异;如果小于1,则表明数据基本上呈正态分布(秦晓晴 2009:254-255)。由上表可以看出,偏度的绝对值在0.283 到0.859 之间,峰度的绝对值在0.01 至0.827 之间,均小于1,因此数据可以用来进行后续的参数检验。

5.4.2 数据的线性检验

所谓线性假设是指两个变量具有直线关系,自变量的变化引起因变量的变化时,方向一致或是相反,是一种规则的、恒定的变化。只有变量之间是线性关系,才可使用基于线性关系假设的方法进行数据分析,线性关系检验方法可以使用散点图来判断,如果两个变量都是正态分布,而且具有线性关系,那么做出的散点图将呈椭圆形状或雪茄形状(秦晓晴、毕劲 2015:270&272)。

本书中自变量为商务英语教师 PCK 内涵要素,因变量为商务英语教师 PCK 影响因素,具体进行回归分析时,将使用教师个体内部影响因素、外部因素以及五个子维度作为自变量,因此笔者对数据按不同的自变量依次进行线性检验,所有的检验均显示自变量和因变量间具有线性关系。限于篇幅,且为能说明内涵要素与影响因素之间的总体关系,此处仅汇报以商务英语教师 PCK 内涵要素(allC)为因变量,以商务英语教师 PCK 影响要素(allY)为自变量,通过 SPSS 24.0 制作散点图(见图 5-3)。

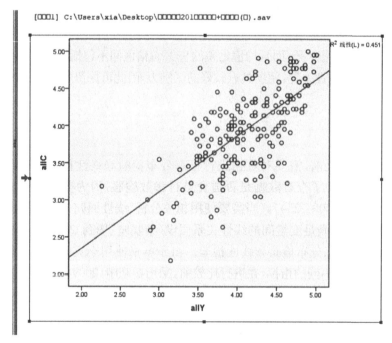

图 5-3　线性检验散点图

表 5 - 14　各维度数据的描述统计量[①]

		allC	C1	C2	C3	C4	allY	Y1	Y2	Y3	Y4	Y5	internal	external
N	有效	201	201	201	201	201	201	201	201	201	201	201	201	201
	缺失	0	0	0	0	0	0	0	0	0	0	0	0	0
均值		3.9500	3.7989	4.1701	3.8221	4.0282	4.1102	4.3167	3.7244	3.8333	4.2975	4.1704	3.9582	4.2340
标准差		.56325	.65532	.62153	.78924	.59701	.49870	.55675	.67041	.78236	.63470	.69992	.54562	.60690
偏度		-.309	-.457	-.801	-.476	-.394	-.465	-.577	-.311	-.340	-.859	-.493	-.283	-.626
峰度		-.225	.827	.803	.102	.010	.118	-.245	.488	-.464	.549	-.453	.029	.026

[①] C代表内涵要素;C1＝教学主体知识;C2＝情境化目标知识;C3＝课语语整合知识;C4＝教学策略知识;Y代表影响因素;Y1＝教师对商务英语教与学的认知;Y2＝教师跨学科知识储备能力;Y3＝从事商务英语教学的职业认同感;Y4＝教师商务英语专业发展实践;Y5＝教师商务英语专业学术发展环境;internal 代表影响因素中的个体内部因素;external 代表影响因素中的外部因素。

由图 5-3 可见,商务英语教师内涵要素与影响因素这两个变量之间具有线性关系。笔者用同样的方法以 PCK 内涵要素为自变量,然后分别以影响因素各维度和教师个体内部因素及外部因素为因变量进行散点图制作,结果显示上述变量间均存在线性关系。

基于上述数据正态性检验及线性检验,可以得出如下结论:本书的数据适合进行相关分析及多元线性回归分析等参数检验。

5.5 商务英语教师 PCK 现状分析

为了解参与问卷调查受试 PCK 的具体情况,笔者首先采用平均值、中位数及标准差等统计学方法对数据结果进行统计分析。平均值表示的是某变量所有取值的集中趋势或平均水平,适用于分析定距变量的集中趋势;中位数指把一组数据按照递增或递减的顺序排列,处于中间位置的变量值就是中位数,是一种位置代表值,所以不会受到极端数值的影响,具有较高的稳定性。标准差表示了一组数据关于均值的平均离散程度(杨晓明2004)。笔者通过 SPSS 24.0 计算商务英语教师 PCK 内涵要素,商务英语教师职业认同感等维度的总分、均值、中位数、标准差、标准分、极小值与极大值。

5.5.1 商务英语教师 PCK 内涵要素描述性统计分析

商务英语教师 PCK 内涵要素描述项统计如表 5-15 所示。

表 5-15 商务英语教师 PCK 内涵要素描述性统计

维度		教学主体知识	情景化目标知识	课语整合知识	教学策略知识
N	有效	201	201	201	201
	缺失	0	0	0	0
总分		35	25	20	30
均值		26.5920	20.8507	15.2886	24.1692
中位数		27.0000	21.0000	16.0000	24.0000
标准差		4.58724	3.10767	3.15695	3.58207
极小值		7.00	9.00	4.00	12.00
极大值		35.00	25.00	20.00	30.00

从均值(m)占总分(t)的百分比(m/t)来看,参与问卷调查的教师 PCK 内涵要素中,得分由高到低依次是情景化目标知识(m = 20.85, m/t = 0.834)、教学策略知识(m = 24.16, m/t = 0.806)、教学主体知识(m = 26.59, m/t = 0.764)和课语整合知识(m = 15.29, m/t = 0.76)。从标准差来看,离散程度最高的为教学主体知识(SD = 4.59),说明教师在这一维度上相差较大;最低的为情景化目标知识(SD = 3.11),说明相较而言,教师在这一维度上认知较为接近。以下为各维度 PCK 的现状描述。

1. 教学主体知识

教学主体知识包含教师自我知识和学生知识,均值分别为 15.43(m/t = 0.771)和 11.16(m/t = 0.744)。教师自我知识包含三个题项,学生知识包含四个题项。表 5 - 16 是对教师主体知识各题项选项分布、均值、中位数及标准差的描述性分析。

表 5 - 16　"教师主体知识"各题项描述性统计结果

维度	分维度	各题项选项分布各题项描述性分析						结果		
教学主体知识	教师自我知识	题项	我的知识结构能满足教学需求。					均值	中位数	标准差
		选项	1	2	3	4	5	3.64	4	0.934
		比例(%)	0.5	11.9	29.4	39.8	18.4			
		题项	我的授课能达到我预期的教学效果。					均值	中位数	标准差
		选项	1	2	3	4	5	3.65	4	0.74
		比例(%)	0.5	4	35.8	49.3	10.4			
		题项	我了解自己教学所需的跨学科知识。					均值	中位数	标准差
		选项	1	2	3	4	5	3.88	4	0.86
		比例(%)	0.5	4	28.9	40.8	25.9			
	学生知识	题项	我知道如何为学生选择合适的课外阅读材料。					均值	中位数	标准差
		选项	1	2	3	4	5	3.66	4	0.829
		比例(%)	0.5	7.5	31.8	46.3	13.9			
		题项	我选择的教科书和课程材料适合学生学习。					均值	中位数	标准差
		选项	1	2	3	4	5	4	4	0.778
		比例(%)	1	2	18.4	53.7	24.9			
		题项	我对课程的考核方式能反映学生的实际学习水平。					均值	中位数	标准差
		选项	1	2	3	4	5	3.92	4	0.783
		比例(%)	0.5	2.5	24.4	49.8	22.9			
		题项	我了解学生商务英语方面的学习需求。					均值	中位数	标准差
		选项	1	2	3	4	5	3.86	4	0.845
		比例(%)	1	5.5	21.4	51.2	20.9			

由各题项的均值可以看出,在教师自我知识方面,教师自身知识结构较能满足教学需求(M = 3.64),教师对自身跨学科知识的需求有较好的认知(M = 3.88),有近一半(49.3%)的教师认为自己的授课能达到其预期的教学效果,这在一定程度上说明教师自我教学效能感较好。在学生知识方面,教师在教科书及课内材料的选择方面最为满意(M = 4),但相较而言,教师对于如何选取课外阅读材料(M = 3.66)分值较低,这可能是因为对教科书及课程材料的选择多是由教研组集体决定的,在一轮轮的摸索中,课程所选择

的教科书及课内材料已较为成熟,而许多课外阅读材料的选取方面,教师本人具有更多的自主性。教师对学生的学习需求及如何科学评价学生方面均呈现出较好的水平。

商务英语教师"教学主体知识"的现状在一定程度上反映出,商务英语专业经过十余年的发展,教师队伍的知识结构不断完善,师资队伍建设取得了一定的成效。访谈中,亦有教师提到经验对教师自我知识的促进作用:

> "今年是我教这门课(商务英语笔译)的第六个年头,我觉得我自己在教学中最大的变化是随着教学经验的不断积累,我慢慢地了解了怎么样把握课堂节奏,对学生的认识更加深入了。比如一开始时,我是以自己当年做学生时的水平或者参考上一届来估计学生大致在一个什么样的位置上,然后给他们出考卷啊、选材料啊,现在我越来越意识到每一年的学生水平,虽然我教同一门课,都是有差别的。所以现在我一般都是开学第一次课一上来,就给他们做一个测验,了解他们的水平,再决定选什么样的课外材料给他们做补充。"

(教师 F)

2. 情境化目标知识

"情境化目标知识"这一维度共包含五个题项,强调情境与目标之间的互动。各题项描述项统计结果如表 5-17 所示。

表 5-17 "情境化目标知识"各题项描述性统计结果

维度	各题项选项分布						结果		
情境化目标知识	题项	教学中,我根据学生的反应做出及时调整。					均值	中位数	标准差
	选项	1	2	3	4	5	4.34	4	0.739
	比例(%)	0	2	10	39.8	48.3			
	题项	在制定教学目标时,我充分考虑学生的需求。					均值	中位数	标准差
	选项	1	2	3	4	5	4.19	4	0.804
	比例(%)	0	3	15.4	40.8	40.8			
	题项	我为学生创造了良好的学习氛围。					均值	中位数	标准差
	选项	1	2	3	4	5	4.17	4	0.749
	比例(%)	0	1.5	16.4	45.8	36.3			
	题项	我严格按照教学目标来制定教学计划。					均值	中位数	标准差
	选项	1	2	3	4	5	4	4	0.906
	比例(%)	2	2	22.9	40.3	32.8			
	题项	我了解班级学生的学习水平。					均值	中位数	标准差
	选项	1	2	3	4	5	4.14	4	0.764
	比例(%)	0	3	13.9	48.8	34.3			

由表 5-17 可知,教师在了解班级学生学习水平(M=4.14)的基础上,能充分考虑学生需求制定教学目标(M=4.19)。在教学过程中,教师能根据学生的反应及时调整教学(M=4.34)并为学生创造良好的学习氛围(M=4.19)。访谈中,受访教师提道:

> "这个其实是我之前备课时参考有些老师的这种做法,就是因为我自己,有时候我在想我毕竟不是学教育方向出身的,至少很多东西可能我在做,但是其实没有上升到那个理念上去,那我就看一些老师他这样做,我觉得挺重要的。因为其实你一上来就是目标先约束自己,我今天要达成什么目标,然后再把它细化,或者说分解成学生他应该达成一个什么目标。这样的话我们都带着一种期待或者说一种目标去做这个事情,会更有动力吧。"

(教师 G)

> "我以前不觉得教学目标有多重要,觉得那应该是,就是完成要求吧,后来自从我开始做这方面的研究之后,我开始关注到自己在教学中的变化,我发现其实目标这个东西啊,它就像是一个漏斗一样,真的是所有其他的知识比如教学方法啊、教学内容啊这些,你都必须要经过这个漏斗后过滤了,才能确定下来,所以它真的很重要……后来我开始每一个单元都有一个教学目标,然后到现在,我都是每节课都先给学生制定一个学习目标这样子……"

(教师 A)

> "我同时教两个班级这门课,我发现周二这个班的班级氛围要活泼些,周四的班级相对课堂气氛沉闷一些,另外回答问题的学生周二的要主动一些,周四班级我就要点名回答了。所以有时候两个平行班,同样的教学内容,都是我来上,但就是一个快一些,一个慢一些,不同的班级,情况不一样,还是要因人而异做些调整的……"

(教师 G)

这与吴朋、秦家慧(2014)观点一致,该研究中,"商务英语教学的目的和取向"最为重要,因而置于其他三个要素之上。

3. 课语整合知识

"课语整合知识"包括四个题项,侧重考察作为一门复合型专业,商务英语教师在教学中所需的跨学科知识,教师专业知识与语言的融合,如用英语讲解商务知识、商务场景中所使用的英语等维度。其描述性统计结果如表 5-18 所示。

表 5-18 "课语整合知识"各题项描述性统计结果

维度	各题项选项分布						结果		
课语整合知识	题项	我具有课程所需的跨学科知识。					均值	中位数	标准差
	选项	1	2	3	4	5	3.6	4	1.02
	比例(%)	2	11.4	33.3	30.8	22.4			

（续表）

维度	各题项选项分布						结果		
	题项	我可以用英语清晰地讲授商务知识。					均值	中位数	标准差
	选项	1	2	3	4	5	3.78	4	1.017
	比例(%)	1.5	9.5	27.9	32.3	28.9			
	题项	我教会了学生如何在商务场景中正确地使用英语。					均值	中位数	标准差
	选项	1	2	3	4	5	3.83	4	0.827
	比例(%)	0.5	4.5	27.9	46.3	20.9			
	题项	我制定的授课目标突出了商务知识与英语知识的融合。					均值	中位数	标准差
	选项	1	2	3	4	5	4.08	4	0.888
	比例(%)	1	4	17.4	40.8	36.8			

相对而言，教师在制定教学目标时，较好地突出了商务知识与语言知识的融合，但在实际授课过程中，由于所掌握的跨学科知识较为欠缺，以致不能很好地用英语讲述商务知识，因此在培养学生如何在商务场景中正确地使用英语时，无法达到理想的效果。在访谈中，教师提到关于课语整合知识存在的困难主要在于缺乏实际职场工作经验，对于课文所涉及商务场景无法做到透彻的理解，知识呈碎片化，难以形成系统化、融会贯通的知识结构。

"我觉得一个词放在一篇商务英语阅读课文里，它一定是有自己的商务语义，但我可能只懂它的文学语义或者一般生活场景中出现的它的意思，对于商务场景中所涉及的语义，有时查了很多资料，但还是没有那种感同身受的理解……"

（教师 E）

"我们选的教材是原版引进的，还算可以吧，但你看它教师用书中课堂活动的设计就知道，这些书是针对有职场工作经验的人来学习英语的，就是你只要告诉他们这个中文对应的英语单词，他们就能很好地理解，而我们本身没有在职场里呆过，面对的学生也一样，我们只能纸上谈兵，你就没法讲深入，因为你自己也理解的不够到位……"

（教师 F）

4. 教学策略知识

"教学策略知识"包括六个题项，侧重教师教学方法以及授课语言的选择，主要考察教师是否会采用多样化的教学方法，如举例、板书、多媒体等出现频次较高的类型。此外，对于教师的语言意识是否能满足学生需求也加以考察，其描述性统计结果如表 5－19 所示。

表 5-19 "教学策略知识"各题项描述性统计结果

维度	各题项选项分布						结果		
教学策略知识	题项	我常常运用举例的方法帮助学生理解课程内容。					均值	中位数	标准差
	选项	1	2	3	4	5	4.26	4	0.795
	比例(%)	0	2	15.9	36.3	45.8			
	题项	我在课堂上合理地使用多媒体(如 PPT、视频等),以促进学生的理解。					均值	中位数	标准差
	选项	1	2	3	4	5	4.42	5	0.751
	比例(%)	0	2.5	8.5	33.8	55.2			
	题项	我常常将学生不理解的地方写下来给他们看。					均值	中位数	标准差
	选项	1	2	3	4	5	3.41	4	0.913
	比例(%)	2.5	12.9	34.3	41.3	9			
	题项	我会按学生需求选择合适的授课语言。					均值	中位数	标准差
	选项	1	2	3	4	5	3.93	4	0.84
	比例(%)	1.5	1.5	25.4	45.8	25.9			
	题项	我根据学生需求调整教学方法。					均值	中位数	标准差
	选项	1	2	3	4	5	4.03	4	0.79
	比例(%)	0.5	2	20.4	47.8	29.4			
	题项	我采用多样化的教学方法促进学生理解教学内容。					均值	中位数	标准差
	选项	1	2	3	4	5	4.11	4	0.769
	比例(%)	0	2.5	16.9	47.3	33.3			

由表 5-19 可见,教师在教学策略知识方面均值普遍较高,教师能很好地在课堂上使用 PPT、多媒体、视频等技术手段(M = 4.42)来促进学生的理解。在访谈中,教师 B 提到课堂上使用多媒体的重要性:

"我因为才开始上这门课一个学期,很多都还在摸索中,但我有个感觉就是有时候你讲一个词,讲这个词的 definition,其实讲完了,学生还在那里愣愣地看着你,你就知道他们其实是很迷惑的,有时候我自己也很迷茫,是在一遍遍查找资料的过程中慢慢了解这个词的含义的。比如 market segment 这个表达,看它的中文翻译是'市场细分',那字面意思就是'把市场分成好多个不同子市场',后来看了网易公开课上一位老师的视频,关于品牌管理的,我才理解其实这个细分最根本要把握它是按消费者特征去分的。所以我觉得有时候很有必要在课堂上给学生播放一些视频的 clips,把他们带到那个场景中去,这样是很好的。"

(教师 B)

但也有教师提及使用多媒体时存在的主观挑战与客观困难：

> "其实我挺怕多媒体的，我读书那个时候，因为还是很传统的教学方式，什么电脑、PPT 啊有时候我看到就头疼，所以一直到最近几年才觉得不学不行了，你看看学生做个 report，都用 PPT，还做得花花的，很 fancy，我才开始学着做 PPT，才开始用电脑修订模式批改学生作业，以前是不会的。不过现在也还在学习中，技术这个东西，还真不是那么容易的。"

(教师 C)

> "你知道我有时候给学生找到一个很好的视频，但下载不了，上课的时候想跟学生分享，但教室的电脑连不了网啊，就很无奈，没办法。我们还有的教室都没装电脑，你想用 PPT 也是不能用的，所以这点上，我觉得我们的设备还是要跟上的……"

(教师 E)

举例法是教师使用频率较高的教学策略之一，而板书的使用频率略低一些，这可能与信息技术时代，教师多使用其他手段代替书写有关。课堂观察中，笔者也注意到，多数教师习惯将所讲述内容的重点词汇做成 PPT 展示给学生，这大大提高了上课的效率，但也有学生提道：

> "我特别喜欢 Z 老师写板书，他的书法看起来就是练过的，很能吸引我们眼球。而且，当一个单词我不了解的时候，他书写在黑板上的过程，就是那个动态的感觉，老师一个一个字母拼出来时，似乎能帮助我加深对这个词的记忆，所以我不是很喜欢老师单纯依赖 PPT 的，我还是比较喜欢老师拿起粉笔，在黑板上写生词的那种方法。"

(学生 B)

5.5.2 商务英语教师职业认同感描述性统计分析

教师职业认同感包含四个题项，主要考察教师对所授课程的主观感受，包括教师对教授商务英语课程的态度、情感以及是否能找到职业归属感等。其描述性统计结果如表 5-20 所示。

表 5-20 教师职业认同感描述性统计

维度	各题项选项分布						结果		
商务英语教师职业认同感	题项	我喜欢所教授的商务英语类课程。					均值	中位数	标准差
	选项	1	2	3	4	5	4.06	4	0.928
	比例(%)	2	2.5	20.4	37.3	37.8			

（续表）

维度	各题项选项分布					结果		
	题项	我能从教授商务英语课程中得到更多的成就感。				均值	中位数	标准差
	选项	1	2	3	4	5	3.77	4	0.883
	比例（%）	1	5.5	30.8	41.3	21.4			
	题项	教授商务英语课程让我找到了职业归属感。				均值	中位数	标准差
	选项	1	2	3	4	5	3.61	4	0.964
	比例（%）	1.5	10.9	31.8	36.8	18.9			
	题项	我对商务英语课程教学具有浓厚的兴趣。				均值	中位数	标准差
	选项	1	2	3	4	5	3.9	4	0.913
	比例（%）	1.5	4.5	24.9	41.3	27.9			

由表 5 - 20 可以看出，大多数（选择“比较符合”“符合”及“完全符合”选项的比例为 95.5%）商务英语教师喜欢所教授的课程（M = 4.06），并对其有浓厚的兴趣（M = 3.9，选“比较符合”“符合”及“完全符合”选项的比例为 94.1%）。教师在教授商务英语课程中得到的成就感较高（M = 3.77），而相较而言，未能从所教授的课程中找到归属感的教师比例（11.4%）略高于其他。这一方面说明教授商务英语课程给教师的教学生活带来新的热情、机遇，另一方面，新专业的开设给教师带来了新的挑战。

访谈中教师也提道：

“因为其实你知道现在这个世界快速发展，我们一直教传统的语言类课程，时间久了，好像就和这个世界有些脱节了，甚至有些时候对时事都不关心了。教了商务英语以后，我觉得自己生活在一个真实的世界中，它给了我一种 passion，给我的知识天花板打开了一扇窗，我喜欢这种感觉，所以我很感谢我能有机会教授商务英语方面的课程。”

（教师 B）

“有时候自己会很死板，教书教多了，似乎水平一直停滞不前了，当时领导安排我教商务英语课程，我也是觉得挑战很大的。但是你知道有挑战嘛，就有动力，我这个人可能本身也喜欢挑战吧，我觉得不断挑战自我，生活才……怎么说呢，就是那种感觉能让我有重新学习的动力吧，加上课上讨论的一些话题我也比较感兴趣，所以互相促进吧……”

（教师 F）

“每个人都有自己的 comfort zone，很长时间我也不愿意走出来，但开设商务英语专业后，我加入了这个团队，我们的团队带给我很多新鲜的东西，比如看问题的方法，批判性思维等方面，这些都是我原本欠缺的，在这个过程中，我看到了自己的成长，所谓教学相长吧，在这个团队里，同事间的互助也慢慢地让我找到了一种职业的归属感。"

（教师 C）

5.5.3 职称、学校类别方差分析

为了探究职称、学校类别对教师 PCK 内涵要素、职业认同感及跨学科知识储备能力是否造成显著差异，笔者运用方差分析对其进行对比。当因变量是定距变量，根据自变量水平将被试分为三个或以上相互关联的组别时，若要比较这些组的平均数是否有显著差异，就要使用单因素组内方差分析（许宏晨 2013：39）。

单因素方差分析结果显示，不同职称（助教、讲师、副教授、教授）在上述维度上均不存在显著差异（Sig. >0.05）。这可能是由于该专业成立时间相对较短，商务英语师资队伍由不同职称的教师组成，他们面对新的专业、新的挑战，基本上处于同一起跑线。

在学校类别方面，笔者采用单因素方差分析，方差齐性检验结果显示，显著性概率值为 0.546，大于 0.05，表明四组的方差是相等的，满足了单因素方差检验的方差齐性条件。笔者进而对其进行单因素方差分析，结果显示，显著性水平为 0.023，小于 0.05，说明各组平均值之间存在显著差异，因此采用事后多重比较检验结果，具体结果如表 5 - 21 所示。

表 5 - 21　多重比较

（I）您任职的学校	（J）您任职的学校	均值差（I - J）	标准误	显著性	95% 置信区间 下限	95% 置信区间 上限
985 高校	211 高校	- .472 80	.241 07	.282	- 1.152 6	.207 0
	普通本科院校	- .201 52	.230 78	.858	- .852 3	.449 2
	高职高专	- .393 94	.319 82	.679	- 1.295 8	.507 9
211 高校	985 高校	.472 80	.241 07	.282	- .207 0	1.152 6
	普通本科院校	.271 28*	.095 34	**.047**	.002 4	.540 1
	高职高专	.078 86	.241 07	.991	- .600 9	.758 6
普通本科院校	985 高校	.201 52	.230 78	.858	- .449 2	.852 3
	211 高校	- .271 28*	.095 34	**.047**	- .540 1	- .002 4
	高职高专	- .192 42	.230 78	.874	- .843 2	.458 3
高职高专	985 高校	.393 94	.319 82	.679	- .507 9	1.295 8
	211 高校	- .078 86	.241 07	.991	- .758 6	.600 9
	普通本科院校	.192 42	.230 78	.874	- .458 3	.843 2
* . 均值差的显著性水平为 0.05。						

由表 5 - 21 可以看出，211 高校与普通高校在内涵要素总维度上概率为 0.047，小于

0.05,说明两组间存在显著差异(Sig. <0.05),而其他组别之间不存在显著差异。因此在后续选择访谈对象时,会将这两类院校类别列入考虑因素。

5.5.4 教育背景、工作经历独立样本 T 检验

由于商务英语专业具有跨学科、复合型的特点,教师需具有商务知识和英语知识,并能将其有机融合在一起,因此有无教育背景和相关领域工作经历可能是教师 PCK 的重要调节变量。当因变量是定距变量,根据自变量水平将被试分为两个相互独立的组别时,若要比较两组的平均数是否有显著差异,就要使用独立样本 t 检验(许宏晨 2013:21)。为此,笔者首先采用独立样本 t 检验分析教育背景、工作经历不同的教师在内涵要素各个维度及职业认同感方面是否存在显著差异。

笔者首先比较不同商务学科教育背景对 PCK 内涵要素各维度、职业认同感、跨学科知识储备能力等是否存在显著差异进行独立样本 t 检验。Levene 齐性方差检验表明所有变量显著性概率(Sig.)均大于 0.05,说明两组在这些变量上的方差是相等的,进一步查看"假设方差相等"一行的双尾 t 检验显著性概率可知,商务学科教育背景除了对"教师情景化目标知识"这一维度没有显著影响外,对其余六个检验变量均有显著影响。具体而言,有商务学科教育背景的教师在"内涵要素总维度"(t = 2.888,df = 199,p<0.05,MD = 0.227 77)、"教学主体知识"(t = 2.685,df = 199,p<0.05,MD = 0.247 03)、"课语整合知识"(t = 5.524,df = 199,p<0.05,MD = 0.580 16)及"教学策略知识"(t = 2.270,df = 199,p<0.05,MD = 0.191 22)等子维度均显著高于无相关教育背景的教师;从各维度均值差来看,教育背景对"课语整合知识"造成的差异最大。此外,有商务学科背景的教师在职业认同感(t = 4.084,df = 199,p<0.05,MD = 0.438 65)方面显著高于无相关教育背景的教师;有商务学科教育背景的教师在跨学科知识储备能力(t = 2.611,df = 199,p<0.05,MD = 0.245 99)方面也显著高于无相关教育背景的教师。

笔者采用同样的方法,通过独立样本 t 检验来比较商务领域工作经历对 PCK 内涵要素各维度、职业认同感、跨学科知识储备能力等是否造成显著差异。独立样本 t 检验结果显示,商务领域工作经历对上述维度的影响与教育背景一致,除"情境化目标知识"这一维度以外,在其他维度上有无商务领域工作经历均存在显著差异,有工作经历的教师均值明显高于无工作经历的教师,其中"课语整合知识"这一维度均值相差最大。

此外,为了探究教授商务英语课程时间不同的教师在 PCK 内涵要素、职业认同感及跨学科知识储备能力之间是否存在显著差异,笔者同样采用独立样本 t 检验的方法进行分析。考虑到商务英语专业成立时间较短,仅选取教授商务英语课程时间在一至五年和五年以上的两组教师进行对比。独立样本 t 检验结果显示,教授商务英语课程时间在五年以内和五年以上的两组教师在 PCK 内涵要素、各子维度、职业认同感及跨学科知识储备能力方面均存在显著差异(Sig. <0.05)。具体而言,教授商务英语课程时间在五年以上的教师上述各维度的值均显著高于五年以内的教师。这说明,教学经验对这些维度有积极的正向影响。

5.6 相关分析及结果

5.6.1 商务英语教师 PCK 各子要素相关性分析

在前一小节各量表分析的基础上,笔者对商务英语教师 PCK 内涵要素四个维度的平均分与总内涵要素平均分进行相关分析,以探讨各要素之间的关联程度。相关分析为寻找关联的假设检验方法,用来度量两个变量之间的线性相关程度,用相关系数来表示。根据相关系数的值,可以判定变量之间是正相关还是负相关,以及其相关程度(许宏晨 2013)。具体步骤如下:首先通过 SPSS24.0 软件"转换"功能,分别计算分量表一内涵要素总和的均值及各维度的均值,并对其重新命名,生成新的数据库。然后对商务英语教师 PCK 内涵要素各维度和总维度间进行 Pearson 相关分析,结果如表 5-22 所示。

表 5-22 商务英语教师 PCK 内涵要素相关分析

		allC	C1	C2	C3	C4
allC	Pearson 相关性	1	.905**	.820**	.817**	.870**
	显著性(双侧)		.000	.000	.000	.000
	N	201	201	201	201	201
C1	Pearson 相关性	.905**	1	.655**	.648**	.710**
	显著性(双侧)	.000		.000	.000	.000
	N	201	201	201	201	201
C2	Pearson 相关性	.820**	.655**	1	.564**	.633**
	显著性(双侧)	.000	.000		.000	.000
	N	201	201	201	201	201
C3	Pearson 相关性	.817**	.648**	.564**	1	.624**
	显著性(双侧)	.000	.000	.000		.000
	N	201	201	201	201	201
C4	Pearson 相关性	.870**	.710**	.633**	.624**	1
	显著性(双侧)	.000	.000	.000	.000	
	N	201	201	201	201	201

**.在.01 水平(双侧)上显著相关。

由表 5-22 可知,四个内涵要素(C1,C2,C3,C4)之间存在显著的正相关,相关系数介于 0.564 至 0.710 之间,说明所有内涵要素平均分存在中度至高度正相关。各要素平均分与内涵要素总平均分相关系数在 0.817 至 0.905 之间,且 Sig. <0.05,达到显著性相关水平,表明所有项目内部的一致性程度高,测量效度好。根据许宏晨(2013)提出的判定相关

程度的标准,当相关系数的绝对值在0.7以上时,我们称之为高相关;当相关系数的绝对值低于0.3时,我们称之为低相关;介于0.3到0.7之间为中等相关。存在高度正相关的维度为"教学主体知识"(C1)与"教学策略知识"(C4),相关系数为0.710,Sig.<005。存在中度正相关的维度为"教学主体知识"(C1)与"课语整合知识"(C3),相关系数为0.648,Sig.<0.05、"教学主体知识"(C1)与"情境化目标知识"(C2),相关系数为0.655,Sig.<0.05、"课语整合知识"(C3)与"情境化目标知识"(C2),相关系数为0.564,Sig.<0.05、"课语整合知识"(C3)与"教学策略知识"(C4),相关系数为0.624,Sig.<0.05以及"情境化目标知识"(C2)与"教学策略知识"(C4),相关系数为0.633,Sig.<0.05。相关分析结果表明,各要素之间相互联系,互为影响。具体如图5-4所示(加粗线条表示两者之间存在高度正相关;未加粗的线条表示两者之间存在中度正相关)。

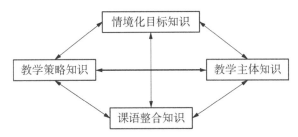

图5-4　商务英语教师PCK内涵要素关系图

5.6.2　商务英语教师PCK内涵要素与各影响因素间相关性分析

为了进一步探讨内涵要素与各影响因素之间呈现何种关系,笔者采用同样的方法,在进行数据转换后,对内涵要素与影响因素进行相关性分析。由于影响因素可以分为个体内部因素和外部因素,我们首先对其分别进行相关分析。Pearson相关性分析结果如表5-23所示。

表5-23　商务英语教师PCK内涵要素与影响因素相关性结果

		allC	internal	external
allC	Pearson 相关性	1	.831**	.319**
	显著性(双侧)		.000	.000
	N	201	201	201
internal	Pearson 相关性	.831**	1	.563**
	显著性(双侧)	.000		.000
	N	201	201	201
external	Pearson 相关性	.319**	.563**	1
	显著性(双侧)	.000	.000	
	N	201	201	201

**.在.01水平(双侧)上显著相关。

由表5-23可见,教师PCK内涵要素与教师个体内部因素(internal)间相关性达到了显著性水平($p = 0.000 < 0.05$),相关系数为0.831,说明两者之间呈高度正相关;教师PCK内涵要素与外部因素(external)之间相关系数为0.319,呈显著($p = 0.000 < 0.05$)正相关,但由相关系数可知,相比外部因素而言,个体内部因素与教师PCK内涵要素相关性更高。为进一步探究影响因素各维度与内涵要素之间的关系,笔者对内涵要素各题项总和的平均值与影响因素五个维度的平均值进行相关分析,其结果如表5-24所示。

表5-24　商务英语教师PCK内涵要素与影响因素分维度相关性结果

		allC	Y1	Y2	Y3	Y4	Y5
allC	Pearson 相关性	1	.471**	.818**	.703**	.310**	.272**
	显著性(双侧)		.000	.000	.000	.000	.000
	N	201	201	201	201	201	201
Y1	Pearson 相关性	.471**	1	.400**	.408**	.768**	.670**
	显著性(双侧)	.000		.000	.000	.000	.000
	N	201	201	201	201	201	201
Y2	Pearson 相关性	.818**	.400**	1	.623**	.271**	.297**
	显著性(双侧)	.000	.000		.000	.000	.000
	N	201	201	201	201	201	201
Y3	Pearson 相关性	.703**	.408**	.623**	1	.298**	.334**
	显著性(双侧)	.000	.000	.000		.000	.000
	N	201	201	201	201	201	201
Y4	Pearson 相关性	.310**	.768**	.271**	.298**	1	.653**
	显著性(双侧)	.000	.000	.000	.000		.000
	N	201	201	201	201	201	201
Y5	Pearson 相关性	.272**	.670**	.297**	.334**	.653**	1
	显著性(双侧)	.000	.000	.000	.000	.000	
	N	201	201	201	201	201	201

**.在.01水平(双侧)上显著相关。

由表5-24可见,影响因素五个维度(Y1、Y2、Y3、Y4、Y5)与内涵要素(allC)间均成显著正相关($p = 0.000 < 0.05$),相关系数在0.272至0.818之间。按相关系数由高到低依次为教师跨学科知识储备能力(Y2)、从事商务英语教学的职业认同感(Y3)、教师对商务英语教与学的认知(Y1)、商务英语教师专业发展实践(Y4)和商务英语教师专业学术发展环境(Y5)。笔者将在后续访谈中特别关注这一数据分析结果,以进一步深入探讨影响因

素与内涵要素之间的关系。

5.7 多元线性回归分析及结果

笔者在上一小节采用相关分析来探讨变量之间的共变关系,这一小节将采用多元回归分析来探讨因素之间的因果关系。两者的区别在于前者用于检验变量之间关系的密切程度和变量的变化方向,而后者则要区分变量之间的因果关系,通过对具有相关关系的变量建立回归模型来描述变量之间的具体变动关系,回归分析按自变量的个数可分为一元回归和多元回归(秦晓晴 2003)。由于本书中自变量个数多于一个,故采用多元线性回归分析来探讨商务英语教师 PCK 影响因素与内涵要素之间的因果关系。

多元线性回归分析方法有多种,如强迫进入法、向前选择法、向后剔除法、逐步进入法和消除法。笔者采用 SPSS 默认的逐步进入法(stepwise)进行分析。逐步进入法在模型中事先不包含任何的预示变量,而是把与因变量相关程度最高的自变量,首先投入到回归方程中,然后在控制了回归方程式中的其他自变量后,根据每个预示变量与因变量间的偏相关系数的高低来决定进入方程式的顺序,然后再用向后剔除的方法,将符合剔除条件的自变量剔除出方程式(秦晓晴、毕劲 2015:451)。在无法确定不同自变量影响作用是否显著的情况下,这一方法适用于判断因变量主要受到了哪些预测变量的影响及其影响程度。

在多元回归分析中,为判断回归方程是否客观地反映了自变量与因变量之间的关系,以及因变量对自变量的影响程度时,应对数据进行统计检验,这些检验包括:R 检验(拟合优度检验)、t 检验以及 F 检验等。R 检验的决定系数 R 方是判断回归直线拟合优度的一个重要指标,它是用来解释回归模型中自变量的变异在因变量变异(方差)中所占的比率,以此说明模型是否很好地拟合了数据。R 方决定系数的取值范围在 0~1 之间,越接近 1,说明自变量与因变量之间的线性关系越强(秦晓晴 2003)。因此通过 R 检验,可以判断多个自变量对因变量的影响程度。在解释模型对数据拟合优度时,常采用调整后的 R 方(Adjusted R Square)系数,因为它不会受自变量个数以及样本量大小的影响。该系数越高,说明模型中自变量对因变量解释能力越强。t 检验主要通过回归系数 b 值来判断回归模型中各个自变量的估计参数是否为零。F 检验则通过方差分析来检验回归模型整体是否具有显著性,即回归方程能否显著地预示因变量。除上述因素外,在多元线性回归分析中,还应注意自变量之间的共线性问题。

通过多元回归分析,笔者分析了 PCK 影响因素分维度(教师个体内部因素与外部因素)与五个子维度对 PCK 内涵要素的影响;也分析了影响因素各维度对内涵要素的影响。

笔者首先以商务英语教师 PCK 内涵要素(allC)为自变量,以 PCK 影响因素中教师个体内部因素(internal)和外部因素(external)为因变量进行多元线性回归分析,具体分析结果如表 5 - 25 所示。

表 5 - 25 模型汇总

模型	R	R方	调整 R 方	标准估计的误差	更改统计量				
					R 方更改	F 更改	df1	df2	Sig. F 更改
1	.850[a]	.723	.720	.297 88	.723	258.550	2	198	.000

a. 预测变量：（常量），external，internal。

由表 5 - 25 可见，调整后的 R 方决定系数为 0.720，说明模型中的自变量能解释因变量 72%的方差，结合标准估计的误差值来看，该值为 0.297 88，低于因变量的标准差 0.563 25，符合马丁和布里奇蒙（Martin & Bridgmon 2012）的论述：对于成功的回归模型来说，该值应大大低于因变量的标准差。

方差分析表（表 5 - 26）显示，$F(2,198) = 258.55$，$p < 0.05$。这说明，R 方显著不为零，回归方程整体预测力显著。回归系数表显示，教师个体内部因素（internal）的回归系数（$b = 0.954$），达到显著水平（$t = 21.084$，$df = 199$[①]，$p = 0.000 > 0.05$）。

表 5 - 26 方差分析[a]

	模型	平方和	df	均方	F	Sig.
1	回归	45.882	**2**	22.941	**258.550**	**.000**[b]
	残差	17.568	**198**	.089		
	总计	63.450	200			

a. 因变量：allC
b. 预测变量：（常量），external，internal。

表 5 - 27 显示了多重共线性的检验指标，容差和方差膨胀因子（VIF）。通常我们使用容差作为衡量自变量多重共线性的指标：如果一个自变量的容差大于（1 - 校正的 R 方），则表明该自变量与其他自变量之间不存在多重共线性问题（许宏晨 2013：83）。本书中校正的 R 方等于 0.720，所以容差标准为 0.280（1 - 0.720）。本书中容差值为 0.683，大于容差标准为 0.280，说明不存在多重共线性问题。

表 5 - 27 多重共线性检验[a]

	模型	非标准化系数		标准系数	t	Sig.	共线性统计量	
		B	标准误差	试用版			容差	VIF
1	（常量）	.910	.171		5.322	.000		
	internal	.985	.047	.954	21.084	.000	.683	1.463
	external	-.202	.042	-.218	-4.821	.000	.683	1.463

a. 因变量：allC

[①] 此处自由度 df 的算法参考许宏晨（2013：83）的方法，$df = N - p - 1$，N 为样本量，本研究为 201，p 表示自变量的个数，本书中为 1。

基于上述对逐步回归结果的分析,可以得出如下结论:预测变量(教师个体内部因素和外部因素)与因变量(PCK 内涵要素)显著相关,其中对 PCK 内涵要素具有显著正向影响的是教师个体内部因素,而外部因素对 PCK 内涵要素呈显著负相关,两者能解释内涵要素 72% 的变异。标准化回归方程:商务英语教师 PCK 内涵要素 $= 0.954 \times$ 教师个体内部因素 $- 0.202 \times$ 外部因素。

为进一步探讨 PCK 影响因素各子要素对内涵要素的程度及其关系,笔者采用同样的方法对其进行多元线性回归分析。逐步回归结果显示,标准化回归方程:商务英语教师 PCK 内涵要素 $= 0.591 \times Y2 + 0.214 \times Y3 + 0.210 \times Y1 - 0.115 \times Y5$。其中,Y4 由于未达到显著水平($p = 0.773 > 0.05$)而未进入回归模型。调整 R 方为 0.747,说明该回归模型可以解释因变量 74.7% 的变异,$F(4, 196) = 148.416$,$p = 0.000 < 0.05$,说明回归方程整体预测力显著。具体而言,教师个体内部因素三个子要素与内涵要素之间均呈显著正相关,回归系数从高到低依次为 Y2、Y3、Y1,进入回归方程的外部因素 Y5 与内涵要素之间呈显著负相关,回归系数为 $- 0.112$,相关程度为弱相关。所有容差值介于 0.498 至 0.586 之间,均大于容差标准(0.248),说明各要素间不存在多元共线性。以上分析说明,预测变量与因变量显著相关,教师个体内部因素中所有子维度对 PCK 内涵要素均呈显著正影响,影响程度最大的因素为 Y2,其次为 Y1 和 Y3,而外部因素 Y4 未能对内涵要素造成显著影响,Y5 则对内涵要素造成显著负影响。也就是说,在内部因素不变的情况下,外部因素每增加一个单位,内涵要素将减少 0.115 个单位;而其他要素不变的情况下,Y2、Y3 和 Y1 每增加一个单位,内涵要素相应增加 0.591,0.297,0.210 个单位。

笔者将在后续深度访谈中重点关注这一现象,以探究产生该结果的原因。

5.8 小结

本章重点介绍了调查问卷的分析结果,首先在探索性因子分析的基础上,确定各分量表所包含的维度,然后根据其共性命名,最终确定分量表一中商务英语教师 PCK 的内涵要素包括四个维度:情境化目标知识、课语整合知识、教学主体知识及教学策略知识;分量表二中影响商务英语教师 PCK 的要素分为个体内部因素和外部因素两类;通过项目分析、正态性分布及线性检验确定数据适合进行进一步统计分析;通过描述性统计、方差分析、独立样本 t 检验对商务英语 PCK 现状进行归纳,结果发现在四个内涵要素中,情境化目标知识的均值最高,而课语整合知识的均值最低;此外,教师不同的教育背景、工作经历、授课时间对教师 PCK 内涵要素、职业认同感及跨学科知识的储备能力均存在显著差异;最后,运用相关分析探讨各要素间及内涵要素与影响因素间的相关性,并通过多元线性回归分析解析影响因素与内涵要素的因果关系,结果发现,PCK 内涵要素各维度之间均存在显著正相关。从回归系数来看,个体内部因素对教师 PCK 内涵要素造成显著影响,而外部因素的影响则相对较弱。

第6章

深度访谈数据分析

6.1 引言

第 5 章调查问卷分析结果显示,不同教师 PCK 的生成路径因个体差异而不尽相同。因此有必要通过质性研究方法中的个案研究,选取不同类别的商务英语教师,请他们通过思维导图梳理对自己 PCK 建构有帮助的社会网络。本章将重点汇报深度访谈数据分析结果。全章共分八小节,主要介绍深度访谈分析结果,重点解释第 5 章对商务英语教师学科教学知识影响因素的分析结果,并着重回答研究问题三,其中 6.1 节为本章引言;6.2 节为高校商务英语教师分类(教师 A、教师 B、教师 C、教师 D);6.3 节为教师职业生涯规划的初步确定;6.4~6.7 节依次为教师 A、B、C、D 的深度访谈结果分析;6.8 节为本章小结。

6.2 高校商务英语教师分类

基于对本书调查问卷"基本信息"分析发现,参与调查问卷的 211 名教师,包括有相关商务工作经历和无相关商务工作经历的教师,也包括有相关教育背景和无相关教育背景的教师,可分为四类(见图 6-1)。在后续访谈中,笔者发现有相关商务工作经历的教师,既包括职前从事相关商务工作,也包括成为商务英语教师后从事相关商务工作的群体;有相关教育背景的教师,既包含本科、硕士、博士阶段取得与商务学科相关毕业文凭的教师群体,也包括在上述阶段曾主修与商务学科相关课程的教师群体。如 5.5.4 小节独立样本 t 检验结果显示,将不同商务英语学科教育背景的教师 PCK 内涵要素进行对比,除"情境化目标知识"这一子维度以外,两类教师在总维度及其余三个子维度(教学主体知识、教学策略知识、课语整合知识)上均具有显著差异,其中差异最大的在"课语整合知识"方面,有教育背景的教师明显高于没有教育背景的教师;对不同商务工作经历的教师的独立样本 t 检验也得出相同的结果,这说明,不同教育背景与工作经历的教师 PCK 水平不同。

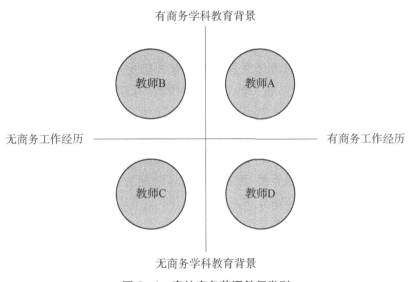

图 6-1　高校商务英语教师类别

由图 6-1 可见,按教育背景与工作经历划分,我国目前从事高校商务英语教学工作的教师大致包括四个类别:A 类教师具有相关商务工作经历且学习经历(本科、硕士或博士)中含相关商务学科教育背景;B 类教师拥有相关商务学科教育背景,但并未从事过相关商务工作;C 类教师既没有相关商务学科教育背景,也没有从事过相关商务工作;D 类教师有过相关商务工作经历,但没有相关商务学科教育背景。根据这一分类,笔者分别在各个类别中选取满足条件的研究对象,通过深度访谈、思维导图、关键词回忆等不同的数据收集方法开展个案研究,建构各类别典型代表的 PCK 生成路径。

PCK 建构具有个体性、情境性、动态性等特征,在职业发展的不同阶段,随着教师从一名新手教师成长为有经验的教师,甚至是专家型教师,PCK 的发展应呈现出不同的特征,因此,对其路径的探讨应追溯到入职伊始,以他们开始教授商务英语课程的时间为起点直到现阶段,将其成为商务英语教师的职业期分为若干阶段,发现不同阶段的需求,以及基于这些需求所建构的社会网络,并探讨通过这些网络所产生的促进其PCK 发展的中介有哪些。下一小节将重点介绍本书对商务英语教师职业发展周期的划分。

6.3　商务英语教师职业发展周期

本书中对商务英语教师职业生涯阶段的划分主要参考富勒(Fuller)关于教师关注(teacher concerns)阶段论及伯顿(Burden)对教师职业生涯的三阶段划分。富勒(Fuller

1969)的研究发现,教师在不同职业发展时期,关注的事件不同。入职初期的典型特征是教学压力较大,有焦虑感,多关注教学内容是否熟悉及班级管理等方面的问题,之后会逐步过渡到关注自己的教学效果,最终慢慢转向关注学生的学习及需求等。伯顿(Burden 1979)将教师职业生涯周期分为三个阶段:求生存阶段(从事教学的第 1 年)、调整阶段(从事教学的第 2 至 4 年)和成熟阶段(从事教学五年及以上)。结合已有研究,笔者将商务英语教师职业生涯周期初步划分为困惑期、调整期和成熟期三个阶段。困惑期通常为教师刚刚开始教授商务英语课程,对教什么及如何教常常感觉迷茫,教学压力较大;随着教学经验的积累,慢慢过渡为调整期,这一时期教师对教学内容有了一定的驾驭能力,开始不断调整自己的教学方法与策略,逐渐适应商务英语教学工作;当积累了一定的教学经验,教师进入职业成熟期,这一阶段教师明确教学目标,对教学内容有了深入的理解,能够熟练应对教学中出现的困难与挑战,并能根据所属情境选择合适有效的教学方法。需要说明的是,各个时期并非完全界限分明,而是以所命名时期为主,同时可能伴随其他特征,如困惑期,教师可能经历调整或逐渐成熟,进而步入下一个阶段。

如前所述,目前承担高校商务英语课程的教师主要包含四类,这些教师或由传统语言教师转型,或具有复合型专业学科背景。因此,由于不同的个案对象教育背景、商务实践经历、教学经历等的不同,在各个阶段所经历的时间长短也会随之发生变化。

基于上述分类,笔者首先尝试联系参与本研究先导访谈的教师,有四名教师表示愿意继续接受访谈,但由于缺乏 A 类及 B 类教师,笔者在参与调查问卷的教师中寻找各类留下联系方式的教师,并尝试联系他们,最终确定两名 B 类教师愿意接受深度访谈。为保证研究样本的全面性,笔者进一步通过学研共同体其他成员的介绍,找到愿意参与本研究的两名 A 类教师,此外,根据 5.5.3 小节所述,学校类别中 211 类高校与普通高校在 PCK 内涵要素总维度值上存在显著差异,因此选取研究对象时将院校类别列入考虑范围,最终选取三名 211 高校教师、四名普通高校教师及一名市级重点高校教师作为深度访谈对象。

深度访谈对象基本情况如表 6-1 所示。

表 6-1　深度访谈对象基本信息一览

教师类别	教师	性别	职称	任职院校类别及层次	商务学科背景	商务工作经历	教龄（年）	教授商务英语课程时间（年）
教师 A	教师 A1	男	助教	综合类普通高校	有	有	5	2
	教师 A2	男	助教	师范类普通高校	有	有	3	6
教师 B	教师 B1	女	副教授	理工类市级重点高校	有	无	18	8
	教师 B2	女	讲师	外语类211 高校	有	无	9	2

教师 类别	教师	性别	职称	任职院校类别 及层次	商务学 科背景	商务工 作经历	教龄 （年）	教授商务英语 课程时间（年）
教师 C	教师 C1	女	副教授	师范类 普通高校	无	无	12	8
	教师 C2	女	副教授	财经类 211 高校	无	无	18	14
教师 D	教师 D1	女	讲师	综合类 普通高校	无	有	9	9
	教师 D2	男	讲师	外语类 211 高校	无	有	8	5

　　在访谈之前，笔者首先发送研究邀请信，征得对方同意后与对方约定时间，具体介绍研究中可能遇到的术语，如学科教学知识、本研究关注的内涵要素的定义等。如果受访者表示对该研究感兴趣，为避免已有研究结果干扰研究对象作答，笔者承诺在所有访谈结束后进行更有针对性地交流，以保证访谈的效度。

　　深度访谈共分为三轮，第一轮为访谈问卷，其中包含半结构式思维导图，以方便直观地表示自己职业发展过程中所建构的社会网络，这一轮研究者通过微信和电子邮件的形式将填写完成的问卷发送给研究者；第二轮为基于问卷的回访。由于每名教师的个人经历不同，笔者根据访谈问卷中研究对象的个人信息、教学及工作等经历，结合本研究的目的、研究问题列出具有针对性的访谈提纲并通过微信或电子邮件发送给研究对象；第三轮为补充及回顾性访谈，即在转写与整理研究者访谈稿的基础上，笔者发现即使是同类商务英语教师，其 PCK 发展过程及路径也有所不同，因此，本轮访谈重点就有差异性的地方进行补充访谈，并对前两轮访谈中出现的不确定的地方进行回顾性访谈，以求尽可能准确地解读研究对象的所思所想，翔实地反应访谈数据。参与深度访谈的四类教师各两名，共八名。以下将根据深度访谈结果，分析不同类别商务英语教师在不同职业生涯阶段学科教学知识的需求、基于需求所产生的社会网络及在此基础上建构 PCK 的不同路径。

6.4　A 类商务英语教师深度访谈结果

6.4.1　A 类商务英语教师基本情况

　　如 6.2 小节所述，A 类商务英语教师具有相关学科教育背景，且拥有商务领域工作经历。在深度访谈对象中，属于这一类别的教师共两名，其中教师 A1（教龄五年，其中从事商务英语教学两年）就职于某综合性大学，本科阶段主修国际贸易，获得国际经济与贸易学士学位；本科期间，曾参加学校组织的大学生商务实践大赛并获奖；硕士期间研究方向为跨文化交际，获得英语语言文学硕士学位；在成为一名商务英语教师之前，曾担任基础英语教学工作。值得一提的是,教师 A1 曾参加某全国性外语教学大赛,获所在地区商务英语组比赛特等奖。比赛评委对其评价是"课堂氛围活泼、反应力迅速";所在院校领导对他的评价是"敢于创新、有激情,能与学生形成良好互动,教学效果优秀的教师",同事对其评价为"英语功底扎实、商务知识丰富,不可多得的商务英语教师"。

成为一名商务英语教师后,出于对教学的负责及自身兴趣,教师 A1 同时开始自主创业,注册了两家公司,他认为自己创业比应聘在公司工作进步更快,更能获得全面的商务实践知识,这有助于其在课堂上带给学生真实的知识。

> "为了对教学负责,让学生学到真实的知识,我就自己创业了,而且自己平时也喜欢跨界嘛,喜欢尝试不同的事情。自己创业其实进步会比较快,有些领域自己创业的进步会比在公司里进步更快,因为我是真实地接触到了很多事情,而且自己本身就是扮演不同的角色,就是我会站在不同角色上面去思考。那么好比说,你要想怎么样去营销,那就是 marketing,怎样去招人,那就是 HR,所以说你会站在不同的思路上去思考这些问题,同时你还需要一个 management,那你的思维角度每天是不同的,信息是开着的,那么有信息进来,你就可以把它归类在不同方面,内化成自己的一个技能,通过实践就会有这种感觉。"

教师 A2(教龄 3 年[①],从事商务英语教学 6 年[②])就职于某师范类大学,本科阶段主修英语专业,获得英语语言文学学士学位;硕士期间主修商务英语专业,并主修了管理学概论、经济学概论、国际商务导论、会计学、市场营销学、国际贸易理论与实务、战略管理、国际商法、国际金融、国际商业文化等方面的课程,获"商务英语研究"硕士学位。硕士毕业后,他进入一家知名会计事务所工作,一年半后辞职进入高校,并一直担任商务英语教学工作。同事对他的评价是"课上得很棒!带学生做商务比赛也得了很多奖项","细腻、认真、充满工作激情、深受学生喜爱的商务英语老师"。两位教师均认为自己在教学上处于职业调整期,教师 A2 提道:

> "我读研期间一直在学校的继续教育学院教授成人自考班商务英语,具体包括商务英语听力、综合商务英语和商务沟通这三门课。后来工作一段时间,又进入校园教商务英语,虽然教学效果也还不错,但我觉得自己在三个阶段中还是属于调整期,尤其是还在'不断调整自己的教学方法与策略',这个描述比较贴切,比如即便是已经教授了三遍的国际商务谈判课,我每一遍依然在探索不同的教学方法,比较着学生在学习兴趣、内容实用性、掌握程度上的变化。"

---

① 指正式就职于高校起至今的时间段。
② 教师 A2 在就读硕士期间即开始担任商务英语教学工作。

可以看出,教师 A2 在教学中充分发挥自己的主观能动性,每一次面对不同的授课群体,在教学方法与策略的选择上都用心摸索。除此之外,他认为这与自己"无数的课头和上不完的课"有关。作为商务英语专业骨干教师,教师 A2 不断承担新的教学任务,任教以来担任过与商务相关的商务英语听力、综合商务英语、商务沟通、国际商务谈判、商务报告写作、市场营销、国际商务导论、商务英语综合仿真系统实训八门课程。其中既包括商务和英语融合类课程,也包括纯商科课程。"如果教的课头少一些,三年期我可能会觉着自己趋于成熟阶段,但也还有要调整的空间"。

教师 A1 曾参加某全国高校外语教学大赛,大赛中接触和观摩到来自全国各地特等奖选手的教学。这次比赛让他重新认识了商务英语教学,虽然比赛获得地区特等奖,但他认为:"我虽然说得奖了,也不能说是很得心应手,或者说进入教学的成熟期,也还是处在不断调整期,也在不断的尝试当中,摸索怎样可以把商务英语教得更好。"

6.4.2   A 类商务英语教师不同职业发展时期 PCK 内涵要素的需求

基于本书调查问卷发现,商务英语教师 PCK 包含四类内涵要素:情境化目标知识、教学策略知识、教学主体知识及课语整合知识。因此,深度访谈重点考察个案研究对象在不同职业发展时期,对上述内涵要素的需求。根据两位教师的访谈结果,笔者发现,两名教师均表现出对商务英语教学极大的兴趣和热情,也在不断摸索教学方法与策略,积极调整与改进教学方式。以下将比较不同时期 A 类商务英语教师对其内涵要素的不同需求。

访谈中,两名教师均认为刚刚开始教授一门新课程时,往往会经历对教学目标及如何设计课程认识不清晰的阶段:

> "我一开始对商务英语教学的理念和想法还不是最最清晰,各方面都处于摸索阶段,就按照自己喜欢的思路来教,也不确定是不是就应该这样,大概教授了一轮之后,对整个教学体系比较熟悉了,慢慢就开始有感觉了"。
>
> (教师 A1)

这一阶段大约为一个学期到一学年左右,为两名教师职业生涯的困惑期,但各自的需求有所不同。教师 A2 授课任务繁重,且"在承接每门课的第一年其实我也对课程有个小小的发展规划,因为课头太多,只能将课程的预计目标达成进度放缓,在一遍遍的迭代中趋近于自己出于本心的教学设计",教师认为在适应期,"教学主体知识"和"情境化目标知识"是强需求,这是因为"第一阶段主要就教材熟悉教学内容,按教学目标确认出准确的内容范围,完成基础教学素材(PPT 初稿、教案、作业、课后自学素材、测试素材),但在课堂语言切换与选择、采用多种教学方法上不做仔细推敲",由于缺乏对其他两项内涵要素("教学策略知识"和"课语整合知识")的关注而忽略这方面的需求。也就是说,在这一阶段,教师 A2 面对新的教学任务、教学内容,在"没有可参考的课件、教学大纲,在学院里兼职一些行政工作,还不太能把握这个工作中的重点,且要面对学校重重检查"的情况下,个人精力十分有限,因而重点关注所授课程的教学目标、学生的基本水平,以及为了达成教学目标,选取什么样的教学内容等方面。进入教学的调整期后,教师 A2 的需求发生变化,"课语整合知识"及"教学策略知识"变为强需求,"慢慢熟悉之后,我开始注重拓展相关知识储备,进一步修订完善教学素材,加大商务与英语融合的比例,引入新的教学方法(如模拟谈判、案例分析)"。当对一门课的教学相对比较熟悉之后,教师 A2"在知识技能上将课程内容尽可能与培养方案中的其他课程相融合,帮助学生建立知识网络,同时继续修订尤其是更新教学素材、进一步引入新的教学方法,如数字化仿真教学平台、翻转课堂等,进一步增加商务与英语相融合的知识版块"。这一阶段,教师 A2 注重选取适合学生需求的教学策略,兼顾不同知识版块之间的联系,同时继续更新教学材料,以"适应变化极快的商务世界,为学生寻求最新的知识、素材和词语表达"。

教师 A1 只担任一门商务英语课程,即跨文化商务交际课程。由于他在硕士阶段研究方向为跨文化交际,且阅读了该领域经典的原版书籍,硕士阶段曾经修过这门课程,在担任这门课程教学前,对课程内容知识有了把握。此外,教师 A1 对自己的商务英语水平还是比较有自信的,因为英语本来就是强项,在外面也一直教雅思、BEC,商务方面的话,主要因为有个人创业的经验,了解整个运营机制,所以商务和英语这一块,很少求教别人。有时候就自己网上查查,结合自己的经历,也就能理解了。基于对课程内容的自信,教师 A1 在教授这门课开始时更加关注基于情境的教学目标、学生的水平及需求,并表示"非常希望快快了解学生,因为他们都是 pre-work 的,所以有时候我担心自己说的和他们不在一个频道上,了解后我就可以选择适合他们的方法,比如找一些适合的例子或者视频等,帮助他们营造一种商务场景",此外,"也可以设定出更合理的每节课的教学目标"。可以看出,在这一阶段,教师 A1 的强需求除"教学主体知识"与"情境化目标知识"外,还有"教学策略知识"。

在学院领导的信任与鼓励下,教师 A1 参加了全国高校外语教学大赛商务英语组的比赛,这次机会对他而言是商务英语教学的转折点。原来"我还是比较相信直觉的,或者更多地会按照自己的理解和感觉上课,但参加了那个商务英语大赛之后呢,觉得确实对自己的要求会更加高一点,需要再有很多的 insight 和 input 进来,才能够更好地,真正很专业地教好商务英语这门课,所以说确实会给自己一些压力和动力,也开始慢慢调整自己的教学方法,开始思考怎么样上课才是好的商英课堂"。可以说进入调整期后,教师 A1 的强需求主要为"教学策略知识",更注重基于课堂学生反应,有针对性地调整教学策略:

"上课的过程中,根据学生的反应,然后在跟他们互动的过程中,可能就会激发我一些新的想法,然后这些就会让我想起来一些原有的东西,就是他们给了那种刺激,然后想起来我原来脑子里本来就储备了的东西,他们把我激活了,激活以后呢,可能我就会去改变我原来计划好的那种方法,然后在这种情况下其实更加顺应场景,更加顺应当时学生能理解的那种思路。"

教师 A1 在初赛中,看了其他老师大赛的授课后,他感受到课堂安排的差异性,"原来对于同一个主题,同一篇课文的安排竟然会差别这么大,我开始回过去看我自己的教学,发现还是有很多地方可以学习和借鉴的",特别是发现许多老师的课堂有理论支撑,这让他开始关注一些教学法方面的理论,并进一步与研究者交流,开始从理论视角审视自己的教学,在决赛中,他用"支架理论"设置自己的课堂,并指出"这是我教学到现在为止最喜欢的一种教学理念,我以前并不知道还有这个理论,现在学习了以后,在教学中就更多了一些思考,我对它的理解就是教师的作用如同支架,是要帮助学生走到他们应该到达的地方"。因此这一阶段,教师 A1 的强需求可描述为"基于理论驱动的教学策略知识"。

由于教学情境、具体教学经历及个人对商务英语教与学所持信念的不同,两名教师在教学中的关注也有所不同,这导致他们对 PCK 内涵要素需求之间的差异。教师 A2 面对繁重的教学压力及行政事务,"必然没有办法保证每门课都精雕细琢",因此他给自己设定不同的课程备课规划,由此在不同阶段产生不同的需求,对于教师 A2,"随着新课的减少,经验的增多,再一遍遍增量式完善课程以期达到自己最初的目标可能更合理些"。而教师 A1 所承担的商务英语课程为自己的强项,"所以我觉得我当时候还是比较自信地接了这门课",后续授课时,因为"相信培养学生的 business sense 很重要,我一直觉得他们以后要想 stand out,必须在这方面加强,不然就没有商务英语专业的特色了",基于这样的信念,同时考虑到学生没有工作经验,碰到商务场景"像是纸上谈兵,有时候很难谈起来,所以我必须了解学生目前能接受的层面,不能只是自己一个劲儿地讲讲讲,结果把自己讲明白了,学生糊涂了……",所以,教师 A1 在教学伊始就关注学生的理解程度,及时观察他们的反应,对教师 A1 而言,"以学生为中心是我的教学理念"。此外,基于访谈结果,笔者发现,在 PCK 的四个要素中,"情境化目标知识"与"教学主体知识"之间紧密联系,常常同时成为教师共同关注或需求的要素。"教学策略知识"往往与教学主体中关于学生的知识密切相关(这一发现与基于问卷得出的结论相一致,即"教学策略知识"与"教学主体知识"之间呈高度正相关),且通常在教师对"课语整合知识"有较为熟练的驾驭能力时产生需求。不同教师对"课语整合知识"有不同的感知,两位老师都认为读书时所修相关商务类课程对培养思维方式和科研方法等有着重要的作用,如培养一种用商业思维思考现实生活中问题的能力,或对日常生活中发生的事"有一种敏锐度,可以帮助我们从另一个视角去思考问题",所以在看同样的问题时,能帮助他们"引导学生注意在商务语境下,这个问题或这个词语表达该如何去理解",但对"教学并没有实质性的帮助,因为当时许多课程都是学期课或学年课,很多只注重课程的广度而非深度",所以只能获得"对这些学科的粗浅认知"。如教师 A2 提道:

"首先,学习期间接触的<u>学科门类过多</u>,没有精力深入研究其中某一个,学习目的多为<u>应试</u>,试后就忘也是常态;其次,在实际教学中对于知识掌握程度的要求,远非个人读书学习期间为应试所立要求,甚至可以说<u>相去甚远</u>,'如果你想要给别人一杯水,自己就要有一桶水'的大道理在此,所以教学中涉及的大多知识内容还靠备课时自学;再次,商务类知识,尤其是本科生需掌握的部分(我认为这里有两点,即学科基础知识与方法和工作所需技能)中的"工作所需"对教师而言有着极高的实践经验要求,这一要求在读书所修课程中基本无法获得。"

基于上述分析,A 类教师不同职业发展周期 PCK 内涵要素需求如表 6-2 所示。

表 6-2　A 类教师不同职业发展周期 PCK 内涵要素需求

教师	职业发展周期	PCK 内涵要素 强需求	PCK 内涵要素 弱需求
教师 A1	困惑期(第 1 年)	情境化目标知识 教学主体知识	课语整合知识 教学策略知识
	调整期(第 2 年)	教学策略知识	情境化目标知识 教学主体知识 课语整合知识
教师 A2	困惑期(第 1 年)	情境化目标知识 教学主体知识	课语整合知识 教学策略知识
	调整期 (第 2 至 3 年)	课语整合知识 教学策略知识	情境化目标知识 教学主体知识

由表 6-2 可见,两名教师在担任商务英语教学过程中,经历了困惑期,目前处于职业发展的调整期。在困惑期,他们有着共同的强需求,进入调整期,"教学策略知识"为他们共同的强需求。与教师 A1 不同的是,由于所授课型发生变化,在这一阶段,"课语整合知识"亦成为教师 A2 的强需求。

6.4.3　A 类商务英语教师不同职业发展时期的社会网络

如上一小节所述,教师 A1 和教师 A2 在刚刚开始担任商务英语教学时,尽管所处的教学环境、对商务英语教学的认知及关注不同,其 PCK 内涵要素的强需求均为"情境化目标知识"和"教学主体知识",基于这一需求,他们建构了相应的社会网络。在困惑期,与两名教师建立连接的社会网络成员包括硕士生导师及相关课程教师、前任公司的领导及同事、创业过程中的合伙人及客户、商务口译对象、学生、学院领导、前辈教师等。这一时期两名教师所建构的社会网络以低密度与强连接为特征,且强需求对应社会网络中的强连接,弱需求对应社会网络中的弱连接。因此在困惑期,他们所对应的强连接为学院领导和前辈教师、学生;在调整期,由于需求发生变化,基于此产生的社会网络也随之发生变化,具体而言,教师 A1 在这一时期的强需求为"教学策略知识",与其建立强连接的社会网络成员为商务英语研究者及参加教学大赛结识的同行教师。教师 A2 的强需求为"课语整合知识"和"教学策略知识",与其建立强连接的社会网络成员为硕士生导师及相关课程教师、前任公司的领导及同事、前辈教师、学生,以下将对不同时期的强连接分别进行阐述。

1. 困惑期强连接

学院领导和前辈教师在教师 A2 刚刚担任商务英语教师时给予其很大的帮助,尤其是刚到一个新的环境,他们的经历与分享,帮助教师 A2 了解学校的基本情况,"每一个环境系统都有独特的运行规则,感谢领导和前辈带我认识这一新的工作环境,并给我关于该如何发展自己的启发",此外,在教学实务上,前辈教师"以好的或不好的例子启发我该如何制定教学目标、教学内容从而实现学生的发展"。此外,教师 A2 常常利用课外时间指导学生参加相关比赛,在他的指导下,学生多次获得奖项,这被他认为是自己的重要工作之一,且"由于参加的比赛与课程内容有连接,竞赛驱动教学,既能有效融合各类商务学科、英语语言学科知识,又便于在某一门课的教学中凸显出其相关核心知识技能,更是学生真正将所学运用于模拟实践的绝佳机遇,甚至可以说是学生的试错机会"。与学生的强连接使他有了更多接触学生的机会,在与学生的交流中,教师 A2"通过比对学生对不同老师的认识及学生自己的发展情况,摸索教师对学生的真实影响以及他们和自我的需求缺口"。此外,两名教师都积极与学生交流、互动,这帮助他们找到了教与学的契合点,同时增加了"工作满意度和效能感"。可以看出,在困惑期,两名教师与学院领导、前辈教师及学生建立强连接,以满足自己"情境化目标知识"和"教学主体知识"这两类 PCK 内涵要素上的强需求。而这一时期,由于自我职业生涯规划、对商务英语教与学所持的认知等因素,对"教学策略知识"及"课语整合知识"关注较少,因而需求相对较弱。教师 A1 在参加比赛后,积极和其他同行教师、研究者、学生交流,形成了自己对商务英语教学目标的认识和理解,"如何把商务方面的专长用英语给展示出来,这有可能是我可以一直去思考和打磨的一个地方。但是这个东西如果能够比较清晰的给到学生的话,那其实是把真实的能力传授给学生,同时学生又知道怎么样去用英语表达它,那我觉得这样一个点做到了,就可以做到一个商务英语教学比较好的一个点了",也就是说它们可以很好地融合起来,"他们用英语去理解去接受商务知识点,同时也用英语去表达这个技能所体现的内容层面"。

2. 调整期强连接

如 6.4.2 小节所述,进入教学的第二年起,两名教师的需求发生变化并呈现出不同之处。其中教师 A2 的强需求为"课语整合知识"和"教学策略知识",教师 A1 的强需求为"教学策略知识"。为满足这一需求,这一时期在教师 A2 的社会网络中,产生连接的对象为前辈及同行优秀教师(如教师 A2 入职初期遇到的前辈教师、同教研室的教师、指导学生参加比赛时遇到的同行等)、前任公司领导及同事、学院领导、学生;而教师 A1 建立连接的对象为其在参加教学大赛时遇到的优秀同行、商务英语研究者、学生。

就"教学策略知识"而言,教师 A1 和教师 A2 均认为硕士生导师对自己教学策略的选择影响很大,比如教师 A1 提及他的硕导"教学的方法就很灵活很轻松,每节课上的安排不一定都是已经备课时准备好的东西,那这种方法我个人比较欣赏,而且是比较少见的,所以我想说正好可以在方法上向他靠拢,慢慢往这方面去积累。一开始觉得对自己来说每一次都是一种挑战,后来就会有很多是上课时候冒出来的点子。事实证明效果也还不错,就好比说你把你自己放到水里面去,你可以游泳,这个展现出来的不同的游泳姿势,就是真实的可以教给学生和给他们一些帮助的东西"。这一阶段,教师 A1 参加了全国教学大赛商务英语组比赛,在备赛过程中,教师 A1 认真学习了往届参赛教师的授课视频,他发现"那些老师的教学设计和理论功底很强,他们的教学往往是建立在某一个教学理论的基础上设计的,这给我很大的启发"。参加比赛过程中,他结识了一些优秀的同行教师,他表示"他们在课堂中如何开展互动,如何选择合适的课堂语言,这两个方面给了我很大的触动"。在随后的教学中,教师 A1 开始与身边从事商务英语研究的朋友探讨适合的教学方法与策略,并有意识地与学生建立良好的互动关系,如利用指导学生参加商务英语相关比赛的过程,了解他们的兴趣点、学习困难及需求。因此,参加比赛成为影响他 PCK 发展的关键事件,在笔者的推荐下,他系统学习了文献中已有的研究成果,开始反思自己教学中所持的理念,并积极探索能反应自己教学特色的方法。教师 A2 的学院领导为其提供丰富的教学实践机会,这对他在丰富自己的"教学策略知识"方面帮助很大,"实践出真知",在教学中不断摸索适合商务英语课程的教学方法,并尝试将新的教学理念运用到课堂中,建构自己的"教学策略知识"。在"课语整合知识"方面,读书期间,参加相关专业课所培养的一种思维方式,帮助教师 A2 架构宏观知识体系,同时,在遇到跨学科知识不明白的地方,由于具有相关教育背景,教师 A2 可以较容易地找到所需材料。在遇到商业领域的前沿问题时,教师 A2 通常求助于前任公司领导及同事,"有时候我会举一些现实商务世界中的例子给学生,希望能把教学内容场景化,毕竟他们都没有工作经历,有时候上课讲起来会觉得离自己太远,所以我喜欢创设一种真正的场景,比如商务谈判,这时候就会想到原先工作过的公司,然后问问看他们有没有最新的可分享的案例,结合自己的切身体会,这样讲起来学生比较容易听进去"。教师 A2 在教学过程中善于启发学生思维,引导他们用商业的视角去理解所学的理论知识。

6.4.4　商务英语教师 A 学科教学知识发展路径

通过分析和梳理商务英语教师 A 学科教学知识各子要素的来源、形成过程,笔者发现 A 类教师的教育背景和工作经历更容易帮助他们在心理上找到归属感,他们更能清晰地感受到自己的需求,且在遇到问题时,原来所养成的思维习惯及实践性知识可以帮助他们将新的知识与原有知识在互动后形成新的知识网络。两名教师的 PCK 最早形成于职前期,即本科或研究生期间学习相关语言类课程、商务类课程时期,这些学习经历会帮助教师 A 形成跨学科思维,并培养其跨学科知识获取能力。

> "读书时学的知识可能很难直接嫁接到课堂上,因为经济高速发展,商务方面的知识变化很快,但有一点,就是通过学习这些课程,给我提供一个看问题的视角、思路,这对我的教学非常有帮助。"

(教师 A1)

> "比如看到一个主题,我知道它是属于哪个版块的,那我就会先去搜这个版块的

经典书目,然后从中找到自己需要的材料。"

(教师 A2)

　　职前或职后的实践经历为此类教师提供了丰富的商务实践经历和商务场景知识。如教师 A1 在大学期间,出于个人兴趣和老师的鼓励,报名参加创业大赛,并在规定的时间内保质超额地完成任务,这段经历给了他很大的自信,也为日后创业打下了基础。毕业后,教师 A1 多次担任商务口译,常有机会聆听口译对象所在公司业务谈判或相关故事,教师 A1 也因此积累了不少案例知识,而这些都是"书本上学不来的,可能也是他们把我领进了能力不断提升的这样一条道路"。相对于应聘就职于某家公司,自主创业更能帮助教师熟悉各个商务领域,因为前者往往会聚焦于某一具体领域,较少主动全盘地考虑公司运作的各个方面,而后者则从一份商业计划书开始,到融资、注册公司、招聘、营销、广告、财务、风险评估等诸多方面进行考虑,且需要从管理者角度将各个部分有机整合、综合考量,这更有助于开拓跨学科思维及"解决实际问题的能力"。在具备跨学科思维方式、跨学科知识获取能力、商务实践技能及商务场景知识后,两名教师进入课堂教学情境。面对全新的教学内容、工作环境和不同的学生水平,基于个体对商务英语教与学的认知,对教学产生不同的关注,进而开始产生相应的需求,且因关注的不同而形成强需求与弱需求。在某一具体职业发展时期,强需求的出现使得他们发挥自己的主观能动性,努力利用读书或工作中结识的朋友建立能满足获取所需学科教学知识的社会网络。如访谈中,教师 A1 提道:

　　"平时的话在和他们交流当中会得到一些感悟,一些知识点,之后呢,再会看一些文章,看看文章的话,有可能对我一些新鲜的单词的输入是有帮助的,像《哈佛评论》啊这种看一看,那么他一些新的单词,新的理念就进来了,进来之后结合自己实践经验再教出去可能会比较新鲜。"

　　在与社会网络成员的互动过程中,两名教师及时将所汲取的信息进行反思,并将其运用到课堂情境中进行体验式教学,以此为中介,从教学中获得新的体验,引发新的思考,如此往复,在螺旋式的自我与情境对话、自我对话的过程中,获得其 PCK 的形成与发展,A 类教师学科教学知识生成路径如图 6 - 2 所示。

　　两名教师具有相关学科教育背景,并因此培养了跨学科思维方式及知识获取能力,而相关商务领域的工作经历带给他们商务实践技能与商务场景知识。进入商务英语教学情境中之后,他们 PCK 的生成路径分为群体层面和个体层面两条路径,在群体层面,他们由关注产生需求,并基于需求建构各自的社会网络,他们的职业发展阶段体现出很强的相似性,但由于授课科目不断增加,课型的变化导致两名教师在调整期的强需求开始产生个体差异。他们与不同的成员建立社会网络,依据其职业发展周期,可分为 A、B、C、D 四个不同的社会网络,其特征为强连接与弱连接并存。在个体层面,主要以情境体验与自我反思

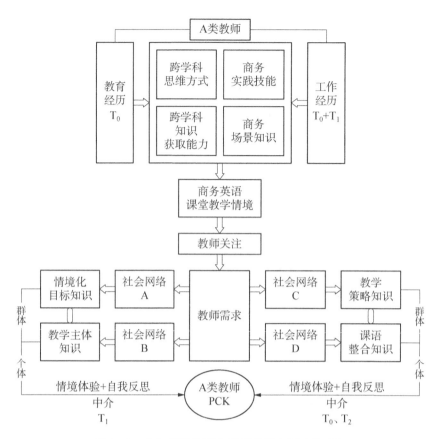

图6-2 商务英语教师A学科教学知识建构路径

T0代表职前期,T1代表困惑期,T2代表调整期。

为中介,融合不同的内涵要素,建构教学所需的PCK。A类教师各个阶段所对应的社会网络成员如表6-3所示。

表6-3 教师A职业发展不同阶段对应社会网络一览

对应时期	教师	基于强需求所建构的PCK要素	社会网络	社会网络成员
职前期(T0)	教师A1 教师A2	课语整合知识	社会网络A	创业合伙人(教师A1)、客户(教师A1)、口译对象(教师A1)、硕导、前任公司领导(教师A2)、同事(教师A2)、课程教师
困惑期(T1)	教师A1 教师A2	情境化目标知识 教学主体知识	社会网络B	院系领导、学生、前辈教师
调整期(T2)	教师A1 教师A2	教学策略知识	社会网络C	硕导、课程教师、比赛中的同行(教师A1)、商务英语研究者(教师A1)
	教师A2	课语整合知识	社会网络D	前任公司领导、同事、硕导、课程教师

注:教师A1、A2社会网络成员不同时,在括号中已注明具体教师。

由表6-3可见,两名教师在职前及困惑期的强需求相同,但在调整期(T2),他们的需求略有不同。在职前期,他们的强需求均为"课语整合知识"。进入困惑期后,两名教师的强需求为"情境化目标知识"和"教学主体知识"。而教师 A2 在调整期经历了两个阶段,在不同阶段其强需求发生变化,分别为"教学策略知识"和"课语整合知识",因此建构了有助于获取这些知识的社会网络。两名教师不同阶段共同的社会网络成员类别为硕导、课程教师和学生,而由于所经历的重要事件不同,因此也出现了不同类别的社会网络成员。

6.5 **B 类商务英语教师深度访谈结果**

6.5.1　B 类商务英语教师基本情况

如 6.2 小节所述,B 类商务英语教师具有商务学科教育背景,但无相关商务工作经历。在深度访谈对象中,教师 B1 和教师 B2 属于这一类别,两名教师都曾赴国外访学,并旁听语言类和商务类课程。其中教师 B1(教龄 18 年,从事商务英语课程教学八年)本科期间主修剑桥商务英语、综合商务英语、商务英语听说、商务英语翻译、语言学、企业管理、公共关系、西方经济学、高等数学、会计学等课程,本科获英语(商务经贸)学士学位,毕业后在某理工类高校任教,三年后攻读英语语言文学专业硕士学位和博士学位。教师 B1 同时担任商务英语教学梯队负责人,负责制定整体教学目标,并结合国家政策、学校教学改革要求,及时修订商务英语课程的培养目标、授课计划、课程设置等。

> "为了响应国家的政策,整个学校在进行<u>英语教学改革</u>,那我们应该提出来什么样的应对方案? 那就要求<u>自己先有思考</u>,然后我们要<u>组织集体讨论</u>并提出建议。比如说《商英国标》颁布后,当中关于人才培养目标,那么这些我都要学习,针对这个培养目标,那就要思考我们商务英语课程教学目标是什么? 比如最近一次针对教育部提出的'打造金课'的要求,我们梯队经过讨论后,<u>提出一个理念</u>,就是'打造商务金课,服务新工科'。"

在教师 B1 的带领下,其所在院校商务英语教学得到了广泛认可,选修这一专业作为第二专业的学生数量逐年增加。担任商务英语教学至今,教师 B1 除负责学校整体教学安排外,主要承担实用商务英语和商务案例分析两门课的教学工作,授课对象为大学英语高水平学生及管理学院学生。但谈及自己的职业发展周期,教师 B1 认为开始教授商务英语的第一年,属于困惑期,之后逐渐进入调整期,尽管教授商务英语课程时间已有八年,且课型集中在上述两门,教师 B1 认为直到最近一两年,才有上课游刃有余,可以更好驾驭课堂的感觉,并不断发现授课的乐趣,开始进入职业发展的成熟期。

> "第一年备课备得<u>很辛苦</u>,因为我们<u>没有课件</u>,<u>全部都要自己找材料</u>,自己做课件,然后我们梯队<u>老师又少</u>,<u>课型多</u>,大家每人承担至少是一到两门课,所以也<u>没法集</u>

体备课,但大家经常会在一起讨论这个课怎么上,组织什么样的小组活动,印象中那一年真的很辛苦,但上课特别充满热情,所以说那时有些焦虑,主要来自备课的辛苦,我的课我觉得上得还算好的,反正第一年一直好像在做课件,找材料,就是很累的感觉。到后来慢慢开始感觉熟悉了这个节奏,稍好点,但因为我就想着能够上好,然后吸引学生嘛,所以就是要不断地更新内容,所以这个课件就需要不断修改,在这上面也还是要花很多的时间。反正就是像现在我这两年吧,去年,尤其是今年吧,我就感觉上课上得更加得心应手了,就是随便一个案例出来,我马上就可以分析。"

"商务案例分析这门课确实是很有难度的,但真的蛮有意思的,我就感觉越上越带劲,越喜欢……"

教师 B2(教龄九年,其中商务英语教学两年)本科期间主修管理学、西方经济学、统计学、会计学、高等数学、英语精读、英语写作等课程,获管理学学士,硕士和博士主修英语语言文学专业。本科毕业后,教师 B2 就职于某外语类高校,曾担任学生管理工作,与已参加工作的学生依然保持着沟通与联系。硕士毕业后,教师 B2 的工作重心转为教学,开始担任基础英语的教学工作。两年前,开始为商务英语专业学生开设综合商务英语课程,学生对她课程的评价是"课程中教学方法非常多样,能引发我们的思考""这门课培养了我的商务意识,有些课堂活动很有意义,可以为我们创造很商务的情境"。教师 B2 坚持写教学日记,并认为"经常性的反思以及与同行、学生交流,对我的教学帮助非常大,特别是我慢慢地对商务英语教学有了自己的思路和见解"。在教学理念上,她强调词汇的"日常含义"和"科学含义",在教学中注重引导学生理解一个词语在普通语境和商务语境中的不同含义,希望能在教学中突出其商务语境中的表达。

"比如讲到管理这个版块,在讲管理的定义时,用到了 efficient 这个词,那这是一个学生特别熟悉的词汇,我通常先请他们举例说明这个词的意思。然后,在引入管理者提高生产效率时要考虑哪些方面,那就涉及管理者风格、input 和 output 之间的关系等,就是希望从普通语境切入,慢慢引入商务语境,这样学生好接受一些。"

就职业发展阶段而言,教师 B2 认为自己经历了刚开始教授商务英语课程的困惑期,目前仍处于调整期:

"我还记得刚刚开始教这门课,当时真的是茫然,往往有种大海捞针的感觉,常常觉得这个领域要学习的内容太多了,很多主题都可以成为一门课,所以选取三个课时能浓缩的材料就特别困难,抓不住重点。对我来说,究竟从大海里选什么样的材料是很大的挑战,我只能今天备明天的课,没有办法把握全局。"

"我目前只能说对所授内容比较熟悉了,对整体教学内容开始有了宏观的把握,前后知识点可以串联起来,并重新整合,这样帮助学生把前后出现过的零散知识点联系起来,形成一个知识的框架。但我觉得一门课要起码<u>打磨两到三次</u>,才有足够的勇气站上讲台,所以说现在我应该还是在<u>不断调整</u>吧……"

"我直到<u>第二次上这个课</u>,<u>才忽然想到</u>其实一个学年分散在不同单元的话题,都可以归为商务的不同版块,比如贸易、金融、市场营销、管理学等,所以教材的编写它没有把属于同一版块的东西放一起。如果能将所授单元按版块去划分,分别去准备课堂授课文本、配套练习、课外阅读材料、相应商务技能,每一个版块有明确的学习目标,我就觉得这样的课程就<u>趋于成熟</u>了,但我现在只能说还在<u>往这个方向去努力</u>吧。"

由于本科毕业后很长时间教授基础英语课程,硕士和博士转为英语语言文学专业,教学和自我学习重心的转移使得教师 B2 长时间未关注与商务相关的知识。面临商务英语这一新的教学任务,她经历了困惑期,颇感茫然,然后进入调整期,目前仍处于这一时期。

6.5.2　B类商务英语教师不同职业发展时期 PCK 内涵要素的需求

尽管教师 B1 和教师 B2 都具有相关学科背景,但由于所修学科内容、教学经历、行政经历及个人对商务领域关注度等的不同,两名教师经历了不同的职业发展阶段。在不同时期,由于对 PCK 内涵要素的关注不同,因而产生的需求也不尽相同。教师 B1 在大学期间曾学习过商务与英语相融合的课程,这使她能很好地融入此类课程的教学中。此外,在该类课程开设伊始,教师 B1 即担任教学梯队负责人,在筹备教学梯队、设置教学课程的过程中,她熟悉学校教学改革、人才培养目标,并制定了梯队工作计划、整体课程安排、具体教学目标,因此,在开始授课前,教师 B1 对自己所授课程的目标已有深入的思考。

"我们当时要<u>设置整个商务英语版块的课程</u>,那就需要先考虑各门课程之间的衔接、差异,是不是能通过整个模块的学习达到促进学生语言水平的目的,所以也经过<u>多次研讨</u>确定的。"

"我一开始开设通用商务英语这门课时,主要是<u>侧重语言的输入和输出</u>,主要目的还是提高学生的语言使用水平吧,因为我们是工科院校,工科类专业很多,学生第一专业是光电、动力、工程等等,那么如果他想要在英语方面再加强,能再好一点,那将来就<u>更有竞争力</u>了。"

在困惑期,由于所授课程没有合适的教材,她更关注的是如何选择合适的课程材料以及如何将这些材料输出和呈现给学生,尤其是制作课件,选择既有视频材料又有文本资料的案例是这一阶段突出的难点与需求。由于选修这门课程的学生是经过英语分级考试选拔出来的高分段学生,学校为这些学生开设了商务英语、科技翻译、语言文化和语言技能四个版块的内容,由学生自愿选择。因此,教师 B1 授课的学生对这一领域感兴趣,学习热情较高,且语言水平相当。这一阶段,教师 B1 在授课前对学生水平有一个初步的预判(大学英语高水平学生),且对商务英语课程目标有明确的认知。由上述分析可见,教师 B1 在这一阶段的强需求为"课语整合知识"及"教学策略知识"。伴随着对课程内容的熟悉,教师 B1 进入调整期,这一阶段,其所在院校英语教学改革不断深入,选择商务英语课程的学生增多,她开始为管理学院的学生开设商务英语课程,面对新的班级和从未教过的学生,她发现他们与原先自己所教授的外语学院的学生有所不同,特别是考虑问题的视角。这引发教师 B1 重新思考课程教学定位及目标,为此她制作了《学生情况表》,除了解他们的基本信息外,还深入了解他们已经修过的课程、喜欢的教学方式及对商务英语类课程的需求与期待等。经过一个学年的摸索,她对学生水平,学习习惯、兴趣有了深入的了解,同时随着对教学内容的不断积累,她发现原有的以词汇与语言为重点的传统教学方式并不能很好地吸引学生的兴趣,达到预期教学效果,针对这一情况,教师 B1 及时反思,在所教授的商务案例分析这门课上,开展三轮行动研究,并将批判性思维能力的培养逐步引入课程目标中。

> "商务英语课程有它的特殊性,它本身是强调一种实践性,它跟传统的文化、文学课是不一样的,所以我们才会强调上课时候侧重案例分析,也专门开设了一门商务案例分析课,这门课就是由我来上的,课改后我们主要培养的是学生的思维能力、商务知识,在这个过程中语言运用能力也会得到提高。"

> "我觉得我们的学生来上这门课的时候,英语都已经属于高水平的了,六级也都过了的,如果再单纯专注于语言,往语言上聚焦的话,我觉得就失去了学这个第二专业实用性、应用性,还有时效性的一个特点了。比如在这个营销案例当中,这个营销他这次做成功了,为什么成功?或者做失败了,又是为什么失败?我觉得我更多强调的是一种问题的发现和解决,这样一种目标。"

基于课程目标的调整,教师 B1 开始尽可能选取时效性强的新闻事件做为导入,然后讲解相关理论知识,最后请学生以现有理论为分析框架,厘清事件发生的来龙去脉,并经过小组讨论、查阅资料、课外辅导等步骤,进行课堂案例分析展示。由上述分析可见,教师 B1 的调整期可进一步划分为两个阶段,其中第一阶段的强需求为"教学主体知识"和"情境化目标知识";第二阶段强需求为"情境化目标知识"和"课语整合知识";进入成熟期,教师 B1 越来越感受到教育技术所带来的挑战,如何利用技术,将所选的案例内容以学生喜欢的方式呈现,是目前面临的最大困难。因此,这一阶段,"教学策略知识"为其强需求。

教师 B2 在由基础英语教学转向教授商务英语课程时,常常思考这门课和基础英语的课程究竟有何区别,在自己的课堂上,究竟应该强调语言学习还是强调商务知识,如何将两者有机融合起来。"我在大学期间所修的课程往往是专业课程用中文授课,英语课程用英文授课,也就是专业内容和英语并没有融合起来,当时只有一门课教材是英文的,但老师是用中文讲解的,并没有接触过类似现在商务英语这样内容与语言融合的课程,或者用英语讲授专业知识的课程"。但通过之前基础英语课程的教学,教师 B2 在教学方法、课堂活动、课堂管理及如何与学生交流等方面积累了一定的经验。

"我的课堂上,每个话题都采用不同的任务,目前看来,这些任务还是比较<u>有创意</u><u>的</u>,课堂上学生的<u>参与度也很高</u>,因此在上商务英语课程前,我对这方面还是<u>比较自</u><u>信的</u>。"

此外,由于这是商务英语专业学生接触的第一门商务类的课程,她特别关注学生对商务英语的理解和期待,也希望能在自己可以给予的和学生希望获得的知识之间找到一个平衡点。基于此,"课语整合知识"和"教学主体知识"为教师 B2 在困惑期的强需求,进入调整期后,教师 B2 在与学生交流中了解到,大一时,他们的课程主要为语言基础类课程,但大二后开始增加专业类课程,如统计学、会计学、西方经济学等,这需要一些时间去适应,而且现阶段各门课程的任务量特别大,每门课都要求做报告,有时完成作业往往力不从心,不能很好地投入。另外,有些课堂活动在不同课程中有重复现象,如新闻分享(news sharing),教师 B2 在其课堂上讲解"乘法效应"(multiplier effect)后,恰逢《中国日报》(*China Daily*)上发布"央行降底准备金率"的新闻,因此教师 B_2 认为:

"我想'乘法效应'这一经济学现象刚好可以在这一新闻上得以应用,所以就请大家以小组为单位,每组找一篇相关新闻,用'乘法效应'去解释现实生活中发生的事,当时挺为自己的这一活动设计喝彩的,结果做完后才知道他们在写作课上已经做过一次了,所以很多同学就觉得<u>不同课程内容重复</u>了,<u>意义不是很大</u>,也<u>建议今后尽量</u>不要做新闻分享这类任务了,因为这是写作课的固定项目。"

教师 B2 发现,当教师与学生之间尚未建立起良好的沟通习惯时,学生往往不会主动提出对课程的意见或建议,尽管对某些课堂活动或任务量有想法,但并不会第一时间主动与教师交流。当她发现学生这一心理时,便开始利用课外时间增加与学生交流的次数,且交流内容由原来的课程知识点扩大为教学方法、学生学习困难、学习需求及对授课方式的满意度等各个方面。在综合商务英语的授课过程中,教师 B2 每一个单元均会补充该领域最经典的知识点或理论,每次讲解之前,她都会对讲解的方式进行选择,希望能把复杂的理论用学生容易理解的方式讲授,尽管精心准备,但有时还是会对学生的接受度难以把握:

"有一次我觉得我自己关于银行的运作机制讲得挺清楚了,我觉得应该没什么问题了,因为我是以故事的形式讲的,课后还比较有自信地问学生,结果他们的回答让<u>我很惊讶</u>,他们说:'老师我们其实没有完全懂,您用英语讲完后能不能用中文再说一遍?'"

"我后来才意识到我可能一开始有思维定势,对基础英语教学时采用的教学方法<u>太过自信</u>,可能<u>没有注意到学生群体的变化</u>,那时候教基础英语,学生是大学一年级的,他们上过的课还比较少,而且集中于语言方面的课程,现在学生经过一年的语言基础训练,加上考入该专业的学生大多数都是外国语学校保送过来的,语言底子相对以前教过的学生要好出一截,这些在后来和他们<u>有意识地多交流后</u>,我开始<u>意识到问题所在了</u>……"

在了解到学生的需求后,教师 B2 开始重新思考自己对教学策略的选择思路、内容选择、课堂语言的切换等问题。此外,这一阶段随着对教学内容的确定,她在期末时设计了一份《课堂调查问卷》,请学生匿名对课程提建议,结果发现学生反应比较集中的问题是整体课程目标及每节课学习目标比较模糊:

"学生提到感觉内容比较零散,无法整合,感觉什么都懂了一点点,又不深入,然后就进入下一个 topic 了。看了学生的反馈,我当时触动还蛮大的,也有点小难过。因为觉得备这个课真的是<u>花了很多精力</u>,有时候为了找一个合适的话题,我记得最多一下子在图书馆借了二十几本书。但静下来想想,自己确实忙于在课程内容方面精<u>挑细选</u>,但对于每个单元或主题要达成一个什么样的<u>目标</u>,并<u>没有仔细考虑</u>。"

进入调整期后,她开始关注上述方面的问题,基于此,"教学策略知识"和"情境化目标知识"变为这一阶段的强需求。表 6-4 归纳了 B 类教师不同职业发展周期所需的 PCK 内涵要素。

表 6-4　B 类教师不同职业发展周期 PCK 内涵要素需求

教师	职业发展周期	PCK 内涵要素 强需求	PCK 内涵要素 弱需求
教师 B1	困惑期(第 1 年)	课语整合知识 教学策略知识	情境化目标知识 教学主体知识
	调整期 1(第 2 至 3 年)	情境化目标知识 教学主体知识	课语整合知识 教学策略知识
	调整期 2(第 3 至 5 年)	情境化目标知识 课语整合知识	教学主体知识 教学策略知识
	成熟期(第 7 至 8 年)	教学策略知识	情境化目标知识 教学主体知识 课语整合知识
教师 B2	困惑期(第 1 年)	课语整合知识 教学主体知识	情境化目标知识 教学策略知识
	调整期(第 2 年)	情境化目标知识 教学策略知识	课语整合知识 教学主体知识

由表 6-4 可见,由于从事商务英语教学时间不同,两名教师所处的职业发展阶段也不尽相同。教师 B1 目前已处于职业发展的成熟期,而教师 B2 仍处于调整期。她们在困惑

期及调整期所体现出的个体差异性,主要是由于两名教师在学生时代所学课程、入职后担任职务、个人兴趣及对商务英语教与学的认知不同等造成的。

6.5.3　B类商务英语教师不同职业发展时期的社会网络

由上一小节可见,尽管两名教师均具有相关商务学科背景,本科毕业即在高校任教,但由于所修课程类型、教学经历、行政职务、教授商务英语课程时间、授课课型及对商务英语教与学所持的信念不同,导致他们所经历的职业生涯阶段不同,教师 B1 已经历困惑期、调整期,并进入成熟期,随着所在院校教改项目的深入,其调整期又进一步分为两个阶段。教师 B2 经历了困惑期,目前仍处于调整期。对于教育背景在其 PCK 建构中所起的作用,两位老师的看法有所不同,教师 B1 认为大学时所修的课程为她提供了一定的"知识储备",因而在看问题的时候,角度和没有相关背景的教师有所不同:

> "我们一开始最早的时候,我们这边是七八个老师,最多的时候是九个老师,只有我一个人是有商务英语学科背景的,其他人都是英语语言文学专业毕业,没有商务背景的,然后我就感觉还是有差别的,比如说我们在探讨某一个问题的时候,就是讲到某些主题探讨的时候,学过的跟没学过的,思路是不一样的……"
>
> "原来储存在大脑里的知识,决定一个人对这个事情的看法。比如说现在我们马上带本科生论文,我们每个老师带两到三个,我们小组讨论了之后,就给学生一些 topics,比如说是跨文化商务交际或者是商务英语谈判中的语言使用或是策略使用这一类的,还有像创新营销模式一类的,没有这方面教育背景的老师就会更倾向于选语言类的题目,往语言上靠,比如说跨文化商务交际这个就是跟文化相关的,大家比较熟,那我可能因为有些基础,平时也比较感兴趣,就让他分析,比如营销策略的失败和这个广告的失败,究竟是如何产生的,我选择的时候可能就是偏专业一些了。"

教师 B2 认为自己在本科阶段所修课程偏商务的某一个领域,和现在教学相关度不是很大,因此可以给予的直接帮助较少,更多的是一种信心及"心理暗示"以及所积累的跨学科的思维方式:

> "我觉得教育背景对于现在的教学主要帮助应该还是在信心方面吧,毕竟我是听过这方面知识的,平时看问题时会往这上面去多想想,比如看到校园里新开了一家咖啡店,上课时发现不少同学都买了这家咖啡,我就会好奇地去店里看看,和店员聊聊天,看看他们是用什么样的营销手段吸引了学生。"
>
> "在遇到一个问题时,我可能觉得自己有这么一个学科背景,尽管是当时学的内容,毕竟十几年了,也记不得了,但多少心理会有一个积极的暗示,觉得自己能找到解决问题的办法。"

由此可见，教育背景对教师 B1 和 B2 进入课堂情境前职业发展的作用主要为获取跨学科知识的自信、跨学科思维方式、课语整合知识。

两名教师在不同职业发展时期，由于产生不同的教学关注点，进而导致强、弱需求的产生，由于两种需求在不同职业发展阶段交替出现，其所建构的社会网络也因此发生相应变化，以下将重点介绍两名教师基于各自的强需求所建构的社会网络。

1. 困惑期强连接

如上一小节所述，在困惑期，教师 B1 对学生水平和授课目标认识清晰，大部分精力投入在为学生选取合适的教学材料、探讨如何将所选取的材料以合适的方式呈现给学生以及制作 PPT 上，因此这一阶段，教师 B1 所产生的强需求为"课语整合知识"和"教学策略知识"，在这两种主要需求的驱动下，教师 B1 常常与同一梯队的其他教师一起探讨这门课应该怎样上，此外，当遇到专业知识不明白的地方，在自己无法解决的情况下，她会求助相关专业毕业的家庭成员：

> "当时教授还蛮有压力的，也常常会遇到些问题，他①这方面专业知识比我懂得多了，应该是专家级别的了，比如像并购、融资这类的，有时我就问他了。"

可以看出，这一阶段，教师 B1 的社会网络以强连接与低密度为特征，她作为这一网络结构洞的中间人，能较为便捷地获取自己所需的信息。

教师 B2 在教授商务英语之前，长期担任基础英语教学工作，当时的学科背景使得她在刚教授基础英语课程时感觉压力很大。在这种压力下，她开始攻读英语语言文学的硕士学位，慢慢在教学中找到了自信，但长期教授固定课型，且教学内容不变，使得教师 B2 在教学中养成一种固定的思维模式：

> "大概在教商务英语这门课之前，有好多年都是在教一些故事型、文学类、鸡汤式的文章，上课时分析一个词怎么翻译、在上下文中隐含的意思，还有修辞手段的使用达到了什么样的写作效果等，就是那种长期以来形成的教学思维，已经有点固定了。"

因此，教师 B2 在刚刚接到教授商务英语的教学任务时，感到了与当初刚刚毕业时教授基础英语课程相似的压力，但教育经历给了她自信："跨学科的教育背景给了我很大的信心，毕竟现在越来越强调跨学科，我觉得这份信心给了我接受挑战的勇气"。在刚刚开始教授基础商务英语课程的第一学年，面临新的教学内容，新的学生群体，她觉得自己正面临从 EGP 到 ESP 的转型：

> "觉得就是在职业的转型期吧，各种不适应、迷茫，身边的教师基本都是英语语言

---

① 教师 B1 的家庭成员之一。

文学为背景的,缺乏一个学科带头人引领。"

"虽然也有前任教师设定的教学目标给我,但我感觉里面的内容很空泛啊,就是离我们实际教学有点远,加上对课程内容不熟悉,也不知道该怎么去上这门课,尤其是面对的学生群体没有任何专业知识的基础时,怎么讲他们才能理解,而不是仅仅纸上谈兵式的,所以当时花了很多时间在查资料,大量阅读经典的书籍,然后从里面找出一点可以用的。"

教师 B2 在困惑期遇到上述问题时,主要向在公司工作的大学同学和已毕业的学生以及访学期间认识的外教求助。

"当时我同学毕业后很多都进公司了,他们现在有的已经很厉害了,人力资源部、市场营销部还有咨询公司的,有的都已经做到 top management 这个层次了,所以我遇到问题,有时候就会问他们公司的一些情况。然后当时做过学生工作,所以一直和一些毕业生保持联系,比如我们课文中有关于宝洁公司的案例,我们有在宝洁工作的毕业生,有时候也会问问他们实际的情况。"

"访学期间遇到一个特别热心的老师,他教我们跨文化交际课程,我们有一个单元专门讲文化,我当时就想到了他,后来就写邮件问他一些问题,包括做一个星巴克新产品调研的分析时,也会问他的建议。他特别 nice,我有时还会给他发一些学生作业请他帮忙点评。我从他那里学到的除了语言上的规范性以外,还有新产品开发时,文化意识方面要注意的知识点。他有时看到一些可能我需要的文章,就编辑好了发邮件给我,我觉得这些对我的教学都很有帮助。"

此外,对于班级学生的总体情况,教师 B2 通过前任教师、班长了解他们的学习水平,并在第一节课上选定课代表,将两个班级的 51 名学生分成九个小组,每组选定一名小组长,之后建立"基础商务英语课程共建"微信群,以建立有效的沟通渠道。尽管教师 B2 希望通过这一方式了解学生对授课方式、内容的建议,但由于和学生接触时间较短,微信群更多变为发布通知的平台,而有关授课内容、方法等的反馈意见则很少,为此,教师 B2 经常利用导师指导时间(office hours),主动约班级同学谈心,以了解他们对课程内容接受度及对教学方法、作业量及难度等方面的意见。

由上述分析可见,教师 B2 这一时期的社会网络以强连接为主,与前辈教师和学生建立起高密度的社会网络,与其他成员建立了低密度的社会网络。在低密度的社会网络中,教师 B2 作为结构洞的中间人,易于获取"课语整合知识"。

2. 调整期强连接

教师 B1 在调整期,经历了两个阶段。第一阶段,教师 B1 的授课对象发生了变化,她发现学生群体所修专业不同,导致他们思考问题的角度不同,兴趣点也发生变化。这引发了教师 B1 重新思考课程的定位及教学目标。作为所在院校商务英语教学的主要负责人,教师 B1 每年至少参加一到两次与商务英语教学、科研相关的研讨会,在这些会议中,印象特别深刻的一位教师为她的教学"打开另一扇门"。

> "有不少会议还是偏重对语言内容的讲解,那对我意义就不大了。但有一位杭州的老师,他是在公司里面工作了 20 多年,在美国还待过十年,我特别喜欢听他的课,讲得特别好,他讲给我们的全是那种实践案例,我就听他讲座。然后去参加过两次商务英语培训,我就冲着他去的,你知道吧? 我就觉得他能解决实际问题,在实际生活中怎么样怎么样,他在商务领域曾经遇见过什么样的案例之后怎么样解决的,我觉得这个才是这类商务类课程或者说专业设置的根本意义所在。"

在这位教师的启发下,教师 B1 对人才培养目标有了进一步的思考。同时她通过收集学生卡片、个别谈心等方式对学生选择商务英语版块课程的期望、需求有了更深的理解。因此在调整期的第一阶段,与教师 B1 建立强连接的社会网络成员有教学研讨会示范课教师、学生。

调整期的第二阶段,当对新的授课群体较为了解后,教师 B1 开始意识到学生对案例分析的学习困难,他们对教学中所选择的比较新的案例更感兴趣,因此,教师 B1 对自己的教学内容提出新的要求,开始新一轮的案例搜集:

> "我也希望我的教学内容新一点,能跟上最新的一个发展,比如说前段时间那个无人银行,还有无人超市这些,因为你不管什么的发展,都离不开现在信息技术的发展。你看中央电视台那个主持人直接是机器人主持,就是采用的人工智能,人工智能还有大数据,将来在商务里面它必然会引发很大的变化。那么传统的商务营销当中的很多东西,包括你的理念或者你的营销方式,或者是你营销的一些策略都会发生变化。"
>
> "我现在理想的目标就是找又有视频,然后还有文字资料的案例,学生可以视觉听觉都有触动,然后给他们一张 question list,让他们去分析去找资料,但现在好多时候就是有纸质的找不到那个视频的,有视频的找不到纸质的。"

由于对教学目标的改变及对教学内容的更新,教师 B1 与同一梯队的另外两名老师一起对课程开展行动研究,并将批判性思维能力作为行动研究的重要考核内容之一,收到了满意的效果。因此在调整期的第二阶段,教师 B1 社会网络的强连接成员为参与课程行动研究小组成员及学生。这一阶段,家庭成员为其构建 PCK 社会网络中的弱连接。

> "因为那段时间大家忽然都很忙,偶尔我也会问他一些问题,但并不是很多。"

教师 B2 目前仍处于调整期,这一阶段通过期末《课程调查问卷》收集学生的反馈。在了解了学生的主要需求后,她发现在教授这门课程的第一学年,由于面临大量不熟悉的内容,她忙于应付教学内容的选择、做课件、出习题,忽略课程整体教学目标的思考。

> "对课程目标,坦白说,我一开始没有意识到它的重要性,所以导致学生觉得有点乱,一方面这是客观情况,我们这门课开设一学年,两本教材,教材主题的选择本身也是有点散的,我当时开始教,因为来不及一下子备很多课,所以就一个单元一个单元地备课,结果上了一轮下来,才发现其实两本教材上的很多内容是可以整合的,所以我后来就建议大家前后的知识一定要串起来,我给它起了名字叫'portfolio 学习法',就是说要准备不同的袋子,然后把不同老师,不仅是这门课,还有其他课程老师教授的,只要属于同一个话题的,都放进一个袋子里,这样慢慢形成不同商务版块的知识网络。"

基于学生的这一反馈,她在调整期除了设定了一个教学上要达成的总体目标之外,还在第一节课上将课程所涉及的版块及每一版块的侧重点与学生交流。

在这一期间,教师 B2 通过与学生反复沟通,确定教学方法的选择。此外,在朋友的引荐下,她认识了同样教授这门课程的专家型教师,并与他就教学目标、教学方法等进行交流,在征得对方的同意下,教师 B2 赴其所在的学校听课,并邀请他走入自己的课堂,与其开展合作教学。

> "这一阶段应该说我对教学策略的选择主要来自和学生的交流,有时候我会列出一些选择,请学生来选自己感兴趣的小组活动,在讲到'工作满意度'的时候,也适时地引入'学习满意度'的话题,了解影响学生学习动机的因素。"
>
> "我觉得能认识他很幸运,因为课型一样,所以我听了他一共八次课,听完后,对自己的教学有了更深入的反思。所以我在其中一个教学版块里,邀请他来加入我的课堂,开展 co-teaching。应该说这种方式让我在教学策略上收获很大,特别是在如何抓住学生的兴趣点展开讨论方面,他特别的游刃有余。"

可以看出,教师 B2 在教学中注重与学生的交流,在教学策略的选择上,充分考虑学生的接受度,这一时期,与教师 B2 建立连接的社会网络成员有专家型教师和学生,主要为强连接网络,并经历了由低密度向高密度的转变。

3. 成熟期强连接

近一两年,作为商务英语教师,教师 B1 渐渐找到了认同感,自己的能动性也越来越强。这一方面来自学校领导对其工作的肯定,另一方面来自这一专业的开设为学生就业带来的竞争力,作为梯队负责人,她深感欣慰。

> "接下来这一年,我们所有的学生以后要选第二专业,就全部选我们梯队的了。"
>
> "好多学生来修我们专业课程前,他专业知识是很好的,英语也过了六级。那如

果在英语方面再加强一些,拿到第二张证书,而且还是商务英语方面的,实用性强的证书,那将来是<u>很有竞争力</u>的。"

有了职业认同感后,教师B1感觉自己的职业身份非常明确,上课时感觉很投入,所选择的授课内容自己也很感兴趣。但目前教学中还面临教育技术带来的挑战:

"虽然<u>有难度</u>,但还是<u>蛮有意思的</u>,有挑战嘛,也有机遇。我课上得现在越来越<u>带劲</u>……我觉得现在主要困难是<u>技术使用</u>方面吧,<u>技术</u>给商务带来很大的变化,也会影响到现在的教学,比如说做<u>微课</u>、<u>慕课</u>这方面,我<u>还不是很熟悉</u>。那么现在听研讨会专家发言,同行教师展示时也<u>越来越多地</u>意识到这一点,有时就<u>先问问学生</u>,现在学生中有很多技术很牛的,你看他们做的 presentation,一个个PPT 好得不得了。"

教师B2进入成熟期后,PCK要素的强需求为"教学策略知识",这一阶段与其建立连接的社会网络主要成员为学生、研讨会专家、同行教师等,但目前仍以低密度、强连接与弱连接并存为主要特征。两名教师不同职业发展阶段基于强需求所建立的社会网络如表6-5所示。

表6-5 教师B职业发展不同阶段对应社会网络一览

对应时期	教师	基于强需求所建构的PCK要素	社会网络	社会网络主要成员
职前期(T_0)	教师B1教师B2	课语整合知识	社会网络A	本科时所修相关课程任课教师
困惑期(T_1)	教师B1	课语整合知识教学策略知识	社会网络B	家庭成员教研室教师
	教师B2	课语整合知识教学主体知识	社会网络C	公司工作的大学同学公司工作的学生前任教师学生(课代表、班长、小组长等)访学期间结识的外教
调整期1(T_2)	教师B1	情境化目标知识教学主体知识	社会网络D	教学研讨会示范课教师、学生
	教师B2	情境化目标知识教学策略知识	社会网络E	专家型教师、学生(课代表、班长、小组长等)
调整期2(T_3)	教师B1	情境化目标知识课语整合知识	社会网络F	参与课程行动研究小组成员、家庭成员、学生
成熟期(T_4)	教师B1	教学策略知识	社会网络G	研讨会专家、同行教师、学生

由表 6-5 可见,两名教师在职前期,PCK 的强需求一致,因而形成社会网络 A。但在调整期及成熟期,他们的强需求发生了变化,这与两名教师所处教学情境的不同有关。他们根据各自不同的强需求建构了不同的社会网络,进而建构了满足自己教学需求的学科教学知识。

6.5.4　B 类商务英语教师学科教学知识发展路径

通过分析和梳理 B 类商务英语教师学科教学知识的主要来源及形成过程,笔者发现,两名教师的职业发展周期、学科教学知识要素的形成路径各有特色。两名教师的教育经历中均具有跨学科特点,但由于所修课程性质的差异,她们后续建构学科教学知识路径不尽相同。

在职前阶段,两名教师均通过本科阶段的课程学习,积累了一定的"课语整合知识"。其中,教师 B1 所修课程中包含商务与英语融合类课程,而教师 B2 所修课程中商务知识与英语知识分版块呈现,因而,教师 B1 比教师 B2 更容易适应商务英语教学。

在困惑期,两名教师由于工作经历及学生群体的差异,建构了不同的社会网络(B、C),也由此形成了不同的 PCK 内涵要素,具体而言,教师 B1 通过自我学习、家庭成员帮助以及教研室教师研讨,在这一时期建构了"教学策略知识"与"课语整合知识";教师 B2 在面临跨学科知识不足、对学生学习水平、兴趣不够了解时,主动与大学同学、已毕业学生、前辈教师及授课学生群体建立社会网络 C,通过与他们的互动交流建构"课语整合知识"与"教学主体知识"。

进入调整期,教师 B1 在参加教学研讨会时,"示范课"教师的授课引发了其对人才培养目标的思考,通过听课,她建构了这一阶段的"情境化目标知识"。随着授课群体的变化,教师 B1 通过与学生的交流及学生填写的《个人信息表》,在"教学主体知识"方面逐渐有了成熟的认知,而之后开展课程行动研究时,建立了社会网络 F,这一阶段,在与课程行动研究小组成员、学生的高密度互动中建构了自己的"情境化目标知识"及"课语整合知识"。教师 B2 这一阶段通过与专家型教师的交流、参与式教学,逐渐感知到专家型教师的隐性知识,并在教学情境体验中将其转化为显性知识,促进了"情境化目标知识"与"教学策略知识"的形成。

在成熟期,教师 B1 逐渐意识到信息技术为教学带来的挑战与变化,因此这一阶段,在职业能动性的驱使下,她开始主动参加这方面的教学研讨会,并向学生学习相关技术知识,进一步建构自己的"教学策略知识"。

基于上述分析可见,两名教师的 PCK 建构路径如图 6-3 所示。

由图 6-3 可见,两名教师在职前期(T_0)的受教育经历为自身积累了如下三个方面的知识或能力:课语整合知识、获取跨学科知识的自信及跨学科思维。在此期间,她们建构了社会网络 A。担任商务英语课程教学后,她们的职业发展经历了不同的阶段,教师 B1 经历了困惑期(T_1)、调整期(T_2、T_3),目前已进入成熟期(T_4),其中调整期经历了两个阶段。在困惑期,她面临的强需求为"教学策略知识"与"课语整合知识";"情境化目标知识"

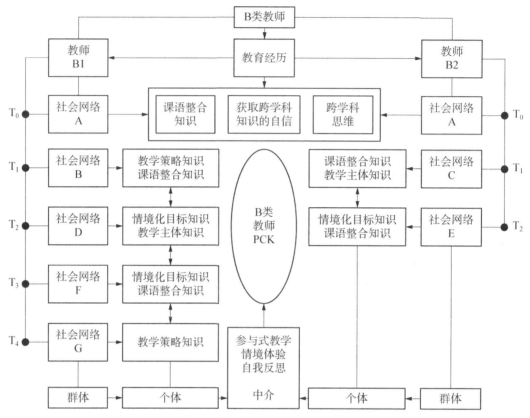

图6-3　商务英语教师B学科教学知识建构路径

为贯穿教师B1在调整期的强需求,而进入成熟期后,"教学策略知识"为其强需求;基于这些需求,分别建构了社会网络B、D、F、G;教师B2目前仍处于调整期(T₂),分别建构了社会网络C、E。在此过程中,他们以参与式教学、情境体验及自我反思为中介,在各自教学情境中,融合PCK各内涵要素,建构各自所需的PCK。

6.6　C类商务英语教师深度访谈结果

6.6.1　C类商务英语教师基本情况

如6.2小节所述,C类商务英语教师教育背景中没有学习过这类课程,同时也没有相关商务领域的工作经验。在深度访谈对象中,有两名教师属于这一类别,教师C1本科、硕士、博士阶段均主修英语语言文学专业,硕士期间研究方向为二语习得,博士期间研究方向为英美文学,博士毕业后到某财经类院校担任大学英语系主任,至今已有12年的教龄。所在院校开设商务英语专业伊始,教师C1便开始教授相关课程,至今商务英语课程教学时间为八年,主要担任商务英语视听说、公共演讲两门课程的授课任务,同时为研究生开设英美文学课程,所在院系同事对其的评价为"一位认真、好学、做事非常负责,善于思考的教师"。教师 C1 每年定期指导学生参加商务类技能大赛,近六年以来,每年都有学生得奖。提及自己作为商务英语教师的职业发展阶段,教师 C1 认为在一开始的两年里,一直很有压力:

> "一开始来呢就发现这个学校它的商务背景和财经背景特别强大,然后这边学生这方面的需求也特别多,所以瞬间我们就觉得自己这种纯英语背景很难适应。当学生有这个背景的时候,如果你一点都不懂的话,实际上这个压力是非常大的,而且我们的学生给老师打分,就是评教带给我们的压力也是比较大的。所以头两年啊,压力真的是很大,不断 struggling 的那种状态。"

> "好在我们团队一直是互相支持的一个 community,我们商务英语专业有 13 个老师,除了两个老师是有商务的专业背景,剩下来全部都是纯语言背景转型过来的。不光我一个人,几乎所有到我们这边来上课的老师都会面临这样的压力,然后大家就互相鼓劲,把压力化为动力,所以一边挣扎,一边适应吧。"

两年后,在适应了工作环境,熟悉了教学内容,并积累了一定的跨学科知识之后,教师 C1 感觉站在讲台上自信了许多,也逐渐进入职业生涯的调整期,这一阶段,其所在团队申请到了学校的"商务英语专业综合改革项目",这一项目的推进,为教师 C1 在人才培养目标及整体课程设置、课程教学内容等方面提供了调整的依据与契机。之后的三年里,教师 C1 依托项目,不断积累自己的学科教学知识,教学上也逐渐向成熟期迈进,最终该项目获得市级教学成果一等奖。

教师 C2(教龄 18 年,其中教授商务英语课程时间 14 年)硕士研究生毕业后,就职于某师范类大学,本科及硕士阶段均获得英语语言文学专业学位,硕士阶段研究方向为语言学,目前为该方向的在读博士生。最初教授和商务英语相关的课程时,所在学校还没有开设商务英语专业。最初的一年,感觉很不适应,一上课就开始焦虑,对教学内容也不感兴趣。带着这种不适,教师 C2 主动寻求机会,第二年即申请赴国内一所外语外贸类大学商务外语学院访学,这一年对她来说是转折期,在访学的学校学习了一门课程,回到原单位后,就很快开设了这门课:

> "按照当时访学回来的要求,必须要开一门跟新专业相关的课程,来不及多想啊,完全照猫画虎,就按我在访学那里老师的教学大纲、教学内容,就全部照搬过来了。"

由于课程内容的设定基本是照搬过来的,教师 C2 在授课时并未将所在学校的情境考虑进去,很多时候学生并不能很好地接受这些内容:

> "当时也顾不上考虑学生的实际水平,因为我去访学的学校是 211 类的,他们的学生基础要比我们这里的学生好出一大截,但是你让我开另一门我也开不出来,就这

样<u>先硬着头皮上了</u>,但<u>实际上效果是不好的</u>,一方面我自己对内容还不是很熟悉,另一方面,学生水平也不一样,那边的内容对我们学生来说还是要难一些的。"

在一学年课程结束后,教师 C2 对课程内容开始有了把握,同时基于学生期末考试的成绩及课程反馈,也考虑对课程内容进行有针对性的调整。这一阶段教师 C2 进入职业生涯的调整期。在接下来的三年里,教师 C2 基于所在学校学生的实际水平、先修课程,开始对原先的授课内容进行重新整合,并在教学方法上探索新的思路,最终授课达到自我比较满意的状态。同时在担任系主任过程中,找到了职业认同感,并定期在新员工培训时进行示范课教学。近五年,教师 C2 开始进入职业发展的成熟期:

"<u>一直到三轮课上下来</u>,我感觉这门课我<u>开始很有信心去上了</u>,后来成立了商务英语系,做了<u>系主任</u>,这让我有种<u>使命感</u>,也逐渐产生了<u>职业认同感</u>。"

"现在我觉得我对<u>商务英语教学非常有热情</u>,作为系主任,也作为系里教龄比较长的老师,对<u>新进教师进行培训</u>,我就给他们上<u>示范课</u>,他们常常说会被我的<u>职业热情</u>打动。"

6.6.2　C 类商务英语教师不同职业发展时期 PCK 内涵要素的需求

由于缺乏相应的跨学科背景,访谈中两名老师都认为"课语整合知识"的匮乏是自己最早从事商务英语教学压力的来源。

"刚刚<u>开始教那时候困难很多</u>啊,学生比我还懂。有一次我上课给学生讲一个短语,讲了半天担心自己没讲清楚,问他们,他们说,老师,那个是贸易术语啊,我们在国际贸易这门课上已经学过了,当时就觉得<u>很脸红啊</u>。"

(教师 C2)

在最初授课阶段,即困惑期,"课语整合知识"成为其强需求,这一需求的产生使教师 C1 和 C2 特别关注相关知识的积累,因此大部分精力投入在跨学科知识的积累及如何将专业知识与英语知识进行整合,以至于无暇顾及其他知识的需求。

在进入调整期之后,教师 C1 作为团队负责人,带领其所在团队申请到专业建设项目,学校给予经费支持。这一期间,为完成该项目,教师 C1 走访招聘该校学生的用人单位,并对人力资源部负责人进行访谈,这一调研的开展,促使她重新思考教学目标。因此,这一阶段,"情境化目标知识"成为教师 C1 的强需求:

"按我们的培养方向,通常更多的学生倾向于去咨询公司和投资银行,或者是基金单位、国内的商业银行,就是财经方向的就业多一些,我们是每一年都会去进行用人单位调研,通过毕业生去联系,然后我们去拜访,然后也是去做这样的访谈。就是问他们需要什么样的人才,然后还会有一个问卷调查,问他们满意或不满意的地方,最后根据用人单位调研,我们来调整我们的教学计划、授课目标、课程设置以及我们上课的内容。"

除根据用人单位反馈修订教学目标及课程设置外,在这一阶段,教师C1经历了所在院校开展的新专业评估。为迎接专业评估,学校先组织校内专家进行预评估,教师C1及其他同事召开"学生代表座谈会",了解他们对专业学习的需求、意见和建议,学生的反馈引起她的关注,让她开始意识到自己对学生学习水平、学习兴趣、学习难点的把握并不准确,因此她开始花时间关注学生的实际情况,并相应调整自己的授课方法。可以看出,这一阶段,"教学主体知识"和"教学策略知识"亦为教师C1的强需求。

教师C2进入调整期后,首先关注到自己的教学并不能达到预想的效果,同时在对"课语整合知识"较有把握的基础上,她开始聚焦"情境化目标知识"及"教学主体知识",把教学重点放在了解学生需求并根据学生的实际接受度调整教学目标上。确定好适合学生的教学目标后,教师C2开始思考如何将这些知识用适合学生的方式传授给他们,于是她开始试着调整教学方法:

"我原来基本是按照在访学时老师授课的方法讲解的,比如小组活动时会请他们组队辩论,后来发现我们的学生还辩不起来,之后在设置活动的时候就更多地基于自己学生的情况出发,比如不是直接让他们组队辩论,而是分组,在对方小组成员说出一个论点时,先鼓励他们试着找出反例去和他们argue。还有比如说,在提出问题后,我看到他们没什么反应,这时候往往会临时调整一下,给他们两三分钟的时间,请他们和同桌先讨论一下。"

两名教师经历调整期后,开始走向职业生涯的成熟期。在这一阶段,教师C1教学上更加有能动性,开始全面思考如何在情境化目标的指导下,整合和利用现有人力资源或课语整合资源,最终达成教学目标及人才培养目标的实现。

"现在想做的事情越来越多了,因为知道得越多,对学生了解得越深入,就越明确自己需要达到什么样的教学目标。在这个过程当中,有越来越多的方法,特别是现在,随着外面大环境的改变,比如说大数据啊,还有学生的要求越来越高,很多的信息他们都可以从网上获取。如何有效利用这些资源,如何最好地整合业界的一些资源,比如说我自己的一些人脉,还有以前毕业的学生,通过align resources让这些资源在自己的课程中呈现,怎样呈现,是否翻转啊、混合啊,最终帮助学生找到更好的发展。作为一个老师,我觉得要站得高一点,从整体上有个把握。"

这一阶段,教师 C1 的强需求为"课语整合知识"及"教学策略知识",而这些需求主要是由于对教学的不断思考而产生的,这一阶段其 PCK 发展的特征为各个内涵要素的有效整合。

教师 C2 进入成熟期后,继续负责院校商务英语专业建设,并开始承担新入职商务英语教师培训工作。

"进入成熟期以后,一开始的激情没那么多了,就慢慢地有点倦怠了,职业倦怠。后来因为做系主任嘛,要带新教师,我们新教师就要来听我上课,我也要去听他们的课。在这个过程中,就会发现自己当年讲课的那一套,可能已经不太符合现在新形势下教师的一些观点和需要了。他们那 PPT 做得一个个比我的都漂亮,能抓住学生的眼球。所以我就开始向他们学习,怎么样的教学手段能更抓住学生的心,就是一种互相学习、共同进步吧。"

学校"老教师带新教师"的制度使教师 C2 与年轻一代教师有了深入的接触,她开始重新思考自己的教学思路与教学方法。因此,这一阶段,教师 C2 的强需求为"教学策略知识"。C 类教师各阶段 PCK 内涵要素需求如表 6-6 所示。

表 6-6　C 类教师不同职业发展周期 PCK 内涵要素需求

教师	职业发展周期	PCK 内涵要素 强需求	PCK 内涵要素 弱需求
教师 C1	困惑期(第 1-2 年)	课语整合知识	情境化目标知识 教学主体知识 教学策略知识
	调整期(第 3-5 年)	情境化目标知识 教学主体知识 教学策略知识	课语整合知识 教学策略知识
	成熟期(第 6-8 年)	教学策略知识 课语整合知识	情境化目标知识 教学主体知识
教师 C2	困惑期(第 1-3 年)	课语整合知识	情境化目标知识 教学主体知识 教学策略知识
	调整期(第 4-9 年)	情境化目标知识 教学主体知识 教学策略知识	课语整合知识
	成熟期(第 10-14 年)	教学策略知识	情境化目标知识 课语整合知识 教学主体知识

由表 6-6 可见,相较前两类教师,教师 C1 和 C2 从事商务英语教学时间较长,她们都

经历了困惑期、调整期,目前已处于职业发展的成熟期。两名教师在困惑期及调整期的强需求一致,进入成熟期后开始发生变化。除"教学策略知识"以外,教师 C1 在此阶段基于对教学的不断思考,亦关注"课语整合知识",并因此产生强需求。

6.6.3　C 类商务英语教师不同职业发展时期的社会网络

如前一小节所述,教师 C1 和教师 C2 在刚刚开始教授商务英语课程时,感到最大的困难是缺乏与商务相关的跨学科知识,尤其是面临学生群体有这方面需求时,倍感压力。伴随着这样的压力,两名教师积极发挥主观能动性,在自己所处的社会文化环境中,主动建立自己的社会网络,努力学习跨学科基础知识。进入调整期后,两名教师的 PCK 内涵要素强需求一致,均为"情境化目标知识""教学主体知识"及"教学策略知识",但其所经历的职业发展期发生变化,相比而言,教师 C1 更早进入职业发展的成熟期。在成熟期,教师 C1 积极更新教学内容,并关注教学策略的选择,这一阶段"教学策略知识"与"课语整合知识"为其重点聚焦的两个方面;教师 C2 在进行新教师培训时,与他们的交流引发了自己对"教学策略知识"的关注。由于不同时期的两名教师关注教学的不同方面,因此产生了 PCK 内涵要素不同的强需求,以下将介绍不同职业发展时期两位教师所建构社会网络中的强连接。

1. 困惑期的强连接

在这一阶段,"课语整合知识"为显性强需求,教师 C1 所就职的财经类院校为她提供了获取这方面知识的便利条件,她常旁听其他院系的相关课程,同时所在院校定期为校外人员举办商务知识培训班,教师 C1 主动报名担任工作人员,利用这一机会学习基础商务知识。

"当时因为感觉这方面很欠缺,虽然你不需要理解什么太复杂的专业知识,比如 K 线、概率论以及需要高数基础才能理解的知识,但一点都不会的话,讲起来压力很大的,所以没有办法就只好去自学,当然学校也提供了这方面的便利条件,因为财大这边这些方面的条件还是比较充分的,我们还是鼓励很多的老师自己去别的学院旁听,然后关键还是要自己有这个动机去学习,我当时就主动报名旁听了宏观经济学这门课,实际上只要自己有时间,你过去跟授课老师打个招呼,他们也是很欢迎的。"

"我们自己校内的那些培训班,我们也可以去听,我们学院也定期有一些财经类的培训班,我们会聘请其他学院的老师,都是比较厉害的专家级的人物或是行业比较有影响力的一些老师来讲解,每次有这样的机会,我就主动报名当工作人员,这样也可以认识一些这方面的老师,偶尔机会合适的话,有些课上遇到的问题也就当场请教了。"

可以看出,教师 C1 这阶段积极参与所在院校组织的相关培训活动,抓住机会,主动建立起利于自身 PCK 建构的社会网络,其成员包括"专业课教师""学科领域专家",其中与跨院系"专业课教师"建立了强连接。

教师 C2 困惑期经历时间相对较长,一开始教学时发现有些术语自己无法理解透彻,第一次解释给学生的时候,"心里很忐忑,因为很担心自己的理解是错误的,也不敢过多的加入自己的想法,只能照本宣科"。但由于所在院校为师范类院校,学习跨学科知识的机会较少,所以"第一年就基本上摸着石头过河,靠自己多看书,多查资料,遇到实在不懂的就想办法找专业课老师,但很少,因为不是一个教研室的,而且没有系统学过,忽然就一个问题去问,好像也无从问起,所以那个时候很挣扎"。后来为解决这一实际问题,第二年,教师 C2 申请赴国内某外贸大学商务外语系访学,系统就某一领域问题学习,这一年对其结束访学重返原单位继续商务英语课程教学帮助非常大。

> "收获很大啊,我看课表上凡是跟商务有关的课我就去听,自己也在这一年补了很多功课,也找到了自己的兴趣点,有了兴趣就有动力,经常泡图书馆,不懂的问题也和导师交流,和班级的学生一起做 project,那一年的积累对我后来的发展很重要。"

回到学校后,教师 C2 按要求为所在院系学生开设新课,她选择访学期间自己感兴趣的综合商务英语、商务英语谈判为学生开课。在刚刚开始上课的第一年,教师 C2 将访学期间所学的内容照搬到课堂中,由于第一次将所学的内容呈现在课堂中,她感觉:

> "你了解了和你能讲出来,讲好给学生,让他们也听懂、学会,还是有差距的,这中间其实还有很长的路要走,所以我第一年教的时候,也还是觉得有些地方当时学的时候觉得懂了,真的讲的时候发现其实没有完全搞明白。"
> "主要还是靠自己查资料、啃那些书,毕竟现在知道从哪里找这些材料了……"

可以看出,在困惑期,教师 C2 的社会网络包括专业课教师、访学导师、课程教师、班级同学。其中"访学导师、课程教师、班级同学"为与其建立强连接的社会网络成员。

2. 调整期的强连接

如上一小节所述,调整期两名教师的强需求均为"情境化目标知识""教学主体知识"及"教学策略知识"。教师 C1 所在团队成功申请到商务英语专业教学改革项目,因此经常走访用人单位,并对人力资源部相关成员进行访谈,了解市场对毕业生的需求。此外,为迎接专业评估,在与学生代表的座谈中得到启发,根据反馈及时调整自己的教学目标、教学方法,并进一步与班级同学展开谈心活动。因此,在调整期,教师 C1 与项目组成员、学生、用人单位人力资源部成员建立了社会网络,其中,项目组成员和学生为该网络中的强连接。

教师 C2 在此期间,在对课程内容熟悉的情况下,开始关注学生的接受度,结果发现,她在访学时学习到的教学内容、方法,学生并不能很好地适应,对其触动最大的是期末考试中有一部分题目学生的得分率特别低:

"我就开始反思,想是哪里出了问题,然后才意识到我可能忽略了一个问题,就是我总觉得应该对学生要高标准、严要求,不能因为他们轻易改变自己定下来的目标,但后来我发现这是不切合实际的。"

发现问题后,教师 C2 开始深入反思,并根据所授课班级学生的整体水平积极调整自己的教学目标,选择教学内容,在这一阶段,她积极与学生交流,作为专业负责人,定期组织教研室教师开展教学研讨,并积极参加与专业建设相关的研讨会,因此教师 C2 在调整期的社会网络成员包括学生、教研室教师、研讨会专家及同行,其中强连接为"学生及教研室教师"。

3. 成熟期的强连接

两名教师进入教学成熟期后,"教学策略知识"为共同强需求,此外,教师 C1 面临整合资源、更新教学内容以更好地达到人才培养目标的需求,同时考虑到其所授商务英语视听说课程的特点,对"课语整合知识"进行新的审视。这一期间,两名教师分别与毕业生、学科领域专家、新进教师及学生建立起强连接。C 类教师职业发展不同阶段对应的社会网络如表 6-7 所示。

表 6-7 C 类教师职业发展不同阶段对应社会网络一览

对应时期	教师	基于强需求所建构的 PCK 要素	社会网络	社会网络主要成员
转型前（T_0）	教师 C1 教师 C2	教学策略知识	社会网络 A	教研室成员、同行教师、学生时代课程教师、示范课专家型教师
困惑期（T_1）	教师 C1	课语整合知识	社会网络 B	专业课教师、学科领域专家
	教师 C2		社会网络 C	专业课教师;访学导师、课程教师、班级同学、学生实习所在单位带教员工
调整期（T_2）	教师 C1	情境化目标知识 教学主体知识 教学策略知识	社会网络 D	项目组成员、学生、用人单位人力资源部成员
	教师 C2		社会网络 E	学生 教研室教师 研讨会专家及同行
成熟期（T_3）	教师 C1	教学策略知识 课语整合知识	社会网络 F	毕业生 学科领域专家 同行 学生
	教师 C2	教学策略知识	社会网络 G	新进教师 学生

如表 6-7 所示,两名教师在转型为商务英语教师之前,积累了丰富的教学实践经验。因而,在职前期（T_0）,他们都具备一定的"教学策略知识"。开始教授商务英语课程后,他们经历了困惑期、调整期,最终进入职业发展的成熟期。在困惑期及调整期,两名教师

PCK 的强需求保持一致,建构了相应的社会网络。进入成熟期,两名教师所产生不同的强需求,建构了不同的社会网络。

6.6.4　C 类商务英语教师学科教学知识发展路径

通过上述分析,笔者发现,两名教师在职初期面临着同样的困难,但都积极应对,主动建立不同的社会网络以建构"课语整合知识"。在担任专业负责人后,两名教师与专业同发展,在调整期,她们对 PCK 内涵要素有着相同的强需求,但受所处情境影响,建构了不同的社会网络。在此期间,两名教师在自身努力下,得到了他人认同并找到了职业归属感最终进入职业发展的成熟期。整体而言,两名教师的 PCK 建构路径既有共同之处,也存在个体差异,以下将梳理两名教师 PCK 的发展路径。

在转型期前,两名教师均担任基础英语的教学工作,积累了一定的"教学策略知识",通过与教研室成员、同行教师的交流,同时受学生时代课程教师的影响及观摩示范课专家型教师授课,在任务设置、课堂管理、教学方法及技巧、课程评估等方面积累了一定的经验。

进入困惑期,两名教师因所处的环境差异,在建构强需求"课语整合知识"时体现了各自不同的路径,具体而言,教师 C1 主要依托自己所在院校所提供的便利条件,建构社会网络 B。通过旁听专业课程,学科领域专家系列讲座积累自己的跨学科知识,并通过自我学习将语言知识与专业知识融合起来。

> "这中间需要一个过程,我记得有一个单元'语言遇上商务',里面讲的观点我很认同的。但是真正要融合起来,还是有难度的,而且我一开始对自己的英文很有自信,所以就把重点花在对商务知识的理解上,融合是后面慢慢才开始关注的。"
>
> "商务英语教学我觉得语言应该还是占主导的,但是那些专业知识不懂也不行,学会了以后还要把它放到商务的语境当中,用英语讲解出来,这个就需要自己下功夫,花时间去琢磨,怎么样用英语去解释。"

教师 C2 困惑期中"课语整合知识"的建构主要源自专业课教师及访学期间选修的课程。特别是访学期间,在与同学一起完成导师布置的项目时,她感觉不仅收获了理论知识,也将理论运用于实践,得到了宝贵的商务实践知识。在这一阶段,她开始对商务英语产生兴趣。

> "当时,老师让我们一起为星巴克设计一个新产品,那就涉及前期市场调研、成本计算、风险考量这些方方面面的因素,我和一个小组的同学就在网上搜集了大量的资料,我们还去实地考察,做了现场客户访谈,然后整个过程做下来,最后用 PPT 展示的时候,特别有成就感。"

进入调整期后,在慢慢克服"课语整合知识"困难的情况下,两名教师的关注点发生了变化,教师 C1 依托新专业建设项目及预评估,开展了一系列的调研,这引发了她对教学目标及人才培养目标的深入思考,并根据调研结果进行修订,不断获得"情境化目标知识"。在"教学策略知识"方面,虽然转型前有一定的积累,但由于商务英语教学的特殊性,所选择文本的不同,且文体相较而言以简洁、精炼为主,情境性较强,后续教学中,两名教师不断感受到两者的差异。在"教学策略知识"方面,教师 C1 和 C2 采用了不同的方法进行建构:

> "我常常自己边讲边录音,然后自己听自己的录音。也有拿不准的时候,我就请个别学生也听一听,他们有时候会给我很好的建议,我觉得效果还是很好的,慢慢地我就发现,学生很喜欢你用例子的形式讲他们不认识的词组,另外我会在期末的时候做一张图,类似思维导图那种,把我们学到的知识点串起来,给学生复习时做提纲参考。"

(教师 C1)

> "我通常先把这个主题的核心词汇整理出来,然后按我的理解,觉得可能容易出错,或者我发现眼前一亮的词汇,放在一个商务文本中,在第二次课上,会把核心概念用给首字母填空的形式请学生填空,后来在和他们交流的时候,学生反馈'老师,这样的练习很好! 不做练习还以为自己都会了,一填空才意识到还没掌握'。"

> "我印象很深的是去听一位专家型教师上课,讲解 niche market,这个表达对应的中文是'利基市场',当时看了中文翻译,我一点概念都没有,之前也讲过,但讲完还是有学生问,觉得不理解。后来这位教师讲解时,把教室门打开一点点,问学生这是什么,然后从那个'缝隙'导入,就把这个短语讲清楚了,我当时豁然开朗。"

(教师 C2)

可以看出,两名教师通过与社会网络中不同的成员交流,自我总结和反思,摸索出适合商务英语课堂的教学策略,尤其是如何在词汇的"日常概念"与"科学概念"间引入与切换。此外,在这一过程中,通过与授课学生的交流,增进了对他们水平的把握,建构了自己的"教学主体知识"。

在成熟期,教师 C1 受所教课型、已建构社会网络的影响,开始考虑如何整合知识资源与人力资源,更好地培养商务英语人才。此外,受大数据、教育技术的影响,两名教师都意识到技术的使用在教学中越来越重要,因此,教师 C1 通过与毕业生、学科领域专家的交流,了解最新的商务热点话题,更新教学内容,并与同行、学生交流技术的使用,调整自己的教学方法,以适应当代大学生的需求。教师 C2 主要通过与新进教师结对互助,向他们学习新的技术,包括微视频制作、PPT 制作,了解年轻一代的思维方式、兴趣喜好、关注的热点话题,以改进自己传统的教学方法与策略。

C 类教师 PCK 建构路径如图 6-4 所示:

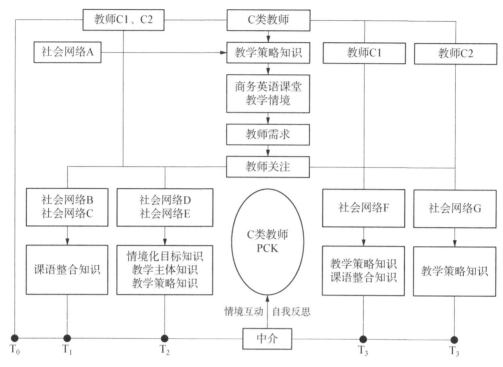

图 6-4　C 类教师 PCK 建构路径

由图 6-4 可见,C 类教师在从事商务英语教学前,担任基础英语课程的教学工作,积累与建构起自身的"教学策略知识",并形成了社会网络 A。由于所在院校成立了商务英语专业,两名教师开始担任商务英语教学工作,与 A 类教师不同,C 类教师先产生需求,然后选择性关注自己所处情境中有利于建构教学所需 PCK 要素的机会,这可能是由于她们在转型为商务英语教师之后,知识结构不能满足教学需要而导致的。在教学需求的驱动下,她们积极与情境互动,在转型初期,即困惑期(T_1),两名教师所产生的强需求均为"课语整合知识",但由于所处情境不同,她们各自建构了相应的社会网络(B 与 C)。当这一需求基本得到满足时,两名教师进入职业发展的调整期(T_2),她们的关注点发生了变化,强需求开始转变为 PCK 内涵要素的另外三个维度,并建构了社会网络 D 和 E。进入成熟期(T_3)后,两名教师的强需求开始体现出个体差异性,这主要是由于教师所担任课型的不同所导致的,她们基于教学中产生的新的需求,建构了社会网络 F 和 G。在整个职业发展过程中,教师通过与社会网络成员建立连接,不断获取各自所需的 PCK 各维度知识,并通过自我反思与情境互动,融合各维度,形成各自的商务英语教师学科教学知识。

6.7　D 类商务英语教师深度访谈结果

6.7.1　D 类商务英语教师基本情况

如 6.2 小节所述,D 类商务英语教师无相关商务学科教育经历,但曾从事与商务相关的工作。在深度访谈对象中,教师 D1 和教师 D2 属于这一群体,他们为英语语言文学专业的毕业生,在成为高校教师前曾从事商务领域相关工作,积累了一定的商务实践经验。教师 D1(教龄九年,从事商务英语教学时间九年)本科获得英语语言文学专业学士学位后,赴某外贸公司工作,主要负责公司的出口贸易业务。工作九年后,辞职考取英语语言文学专业研究生,毕业后就职于某综合性大学,曾开设的课程为外贸函电、国际商务虚拟运行和商务英语口译。参与本研究时为英语语言文学专业在读博士生,专业方向为教育学。

教师 D2(教龄八年,从事商务英语教学时间五年)本科主修英语语言文学专业,毕业后在某外语类大学任教,主要为成人教育学院学生开设基础英语类课程,两年半后赴韩国攻读国际政治方向硕士学位,三年后硕士毕业回国,就职于某外资企业,主要从事市场部工作。十个月后辞职,究其原因,教师 D2 提道:

> "各种原因吧,最主要的可能还是因为<u>工作压力比较大</u>,企业的压力是比较大的,然后(每个公司)他有自己的一套企业文化,也可能是跟那个文化不太融合,也可能就是天生的性格不太适合在企业里面闯荡。也因为自己做过两年老师,就会有比较,老师的生活跟企业的生活是完全不一样的。"

辞职后,教师 D2 考取某外语类大学博士研究生,三年后获得英语语言文学博士学位,专业方向为语言学。博士毕业后就职于某外语类大学,自该校成立商务英语专业以来,主要教授商务英语口译课程,此外还承担基础英语口译、基础英语等教学工作,近一学期开始全面负责所在院系的教学管理工作。

就职业发展周期而言,教师 D2 认为自己经历了困惑期(开始教授商务英语口译的第一年),之后对教学内容有了一定把握,第二年开始进入调整期,在教学内容、教学策略等方面有意识地积累经验,积极进行课堂教学调整,两年后,教师 D2 进入职业发展的成熟期,分管所在院系教学工作。这使他对教学的方方面面有了新的认识,并开始有机会与其他高校同行进行交流,引发了深层次的教学反思。

> "我觉得对老师来说,有机会真要<u>出去看看</u>,无论是国内还是国外。不然的话就是真的很容易产生一种<u>教师倦怠</u>,就是井底之蛙,很明显的那种感觉。我个人也因为这样的机会,现在对于<u>教学就思考得更多了</u>,也是有了比较嘛。"

以下将介绍两名教师不同职业发展时期 PCK 内涵要素的需求、基于 PCK 强需求所建构的社会网络及 PCK 发展路径。

6.7.2　D 类商务英语教师不同职业发展时期 PCK 内涵要素的需求

教师 D1 在入职前"积累了很多国际贸易"类实践经验,在公司里,"全部都是自己亲自在做"。刚开始教授商务英语课程时,她很有热情,觉得有很多东西想跟学生分享,但由于

缺乏相关学科背景,她教学上面临的主要困难为相关商务理论知识的缺乏:

> "自己一直认为很薄弱的环节,就是基础的理论知识,不晓得其他老师是怎么上的,但是我上课我自己感觉理论不足,因为自己理论讲不出什么来,比如说我这节课跟学生讲到了一种付款方式,讲到信用证,那我自己所储备的知识,就是我自己在工作实务中操作使用这种证,然后知道怎么做的,但是你让我去讲概念、定义、多少种类啊,就是知识盲点,然后课后就只能上网,或者是看以前这些教材,去做 PPT,也没办法。"

> "有的时候一堆书在那里看一看,也不知道上课时选啥,我经常会碰到这种情况,我去图书馆借了一堆书,然后抱回来看了以后,最后还是觉得,好像不知道课堂上该选什么给学生讲。"

> "教学内容上,主要就是如何通过提升自身的专业素养进而为学生讲授更多的专业知识,让课堂更接近职场实际。然后我怎么样把刚刚学的理论和实际情况联系起来,把碎片化的知识整合。"

尽管成为商务英语教师前,未有过相关教学经验,但对于"教学策略知识",教师 D1 相对自信一些,在这一期间并未成为她重点关注的强需求。

> "你知道我之前没有做过老师嘛,所以那个时候一来了很快就站上讲台,也没有去听过其他老师的课,可能怎么上课更多还是来源于读书时候老师的影响吧。就是一种直觉,加上自己性格比较外向,可能上课跟学生互动比较多,学生反馈也一直比较好。我们一直有学生评教嘛,我一般分数都在 98、99 这样的,还是挺满意的。"

在这一阶段,教师 D1 发现市场上外贸函电方面的教材不能满足自己教学的需求,课程上完一轮后,她积累了一定的教学知识,也了解到真实的教学需求,因此,根据自己工作中积累的一些真实案例,主编了一本教材,方便后续课堂使用。教学第三年末,该教材正式出版。

两年后,在教学内容相对成熟的基础上,教师 D1 认为自己逐渐适应了这门课的教学,开始进入自己职业生涯阶段的调整期。

> "那时候就慢慢适应了这个节奏,对教学内容也熟悉了,上课的时候跟学生的互动也开始多起来了,就是好像找到了做教师的那种美好的感觉了。"

这一期间,她进一步更新课堂内容,积累最新的语料,并于第四年末将自己出版的教材修订再版。此外,教师 D1 开始积极反思自己的教学效果,思考什么样的课程评估方式能更好地反应他们的实际学习水平。自己教过的学生也已走入职场,通过与他们的交流,她获得了商务领域最新的信息。在调整期，"课语整合知识""教学主体知识"及"教学策略知识"为其强需求。

> "这个阶段跟学生聊的多了，也熟悉了，就会得到他们的一些反馈，有些好的教学方法我就保留，不好的就不用了。印象特别深刻的就是有一次学生在做我给他们布置的小组作业时，跟我抱怨觉得有的同学根本不参与，学生跟我说'我都把东西给他写好了，他还是不肯背'，后来我就多跟他们了解了一下情况，发现现在的课堂评估方式，其实不能很好地反映他们的实际水平。后来我就有意识地多去跟他们沟通、交流，我觉得对他们的了解多了以后，还是对教学很有帮助的。"

> "我觉得教学还是要突出公平吧，就调整了学生的平时成绩，因为这样可能更能反映实际水平。他们小组汇报之前，我跟他们讲，你们每组平时成绩给你们一百分，那这一百分你们必须要自己去分配，按照实际贡献度大小，然后把大家都认同的分数，五个人签完名，再把这个成绩交给我，作为你们的小组活动的分数。所以就不是像原来那样我自己去打分，因为我课堂看到的是最终的呈现，那谁在里面出力多谁出力少，我其实并不清楚，那学生之间就会去协商，这样也能锻炼他们的沟通能力、领导能力还有团队合作能力。"

在成熟期，教师 D1 考取英语语言文学专业博士，这一阶段教学中，她对自己的教学很有自信，学生的认可给了她很大的鼓励，她感觉自己开始找到"职业归属感"。教师 D1 的教学目标相对明确，教学内容较为固定且积累了一定的教学策略与方法，同时由于面临学业的压力，教师 D1 无暇顾及教学内容的更新，在读取博士后，由于所修方向为教育学，这种情况下，她主要关注焦点为"教学策略知识"：

> "现在语料方面真的没时间收集，我跟你一样，也在读博嘛，你知道特别的累，现在是第三年吧，第一年还好一点，后来越来越忙，还要经常跑过去，感觉根本没时间更新了。"

> "可能也是受我读博方向的影响吧，在教学方法上更加喜欢思考了，现在主要就是技术的手段对教学带来影响，所以更关注如何做好线上和线下，课前、课中和课后的衔接配合，进而提升课堂利用率及教学效果。"

对于"情境化目标知识"，教师 D1 认为由于自己在职场工作过，知道目标场景的实际情况，所以她一直觉得自己"教学目标很明确"：

> "我不会因为学生懒惰啊、不肯学啊，就让步，我觉得学生还是需要 push 的。"

因此，在其职业发展阶段，这一知识未成为其强需求。

教师 D2 在入职前,曾有过较长时间的教学实践经历,积累了一定的"教学策略知识"。在授课前,他从前辈教师处得到该课程的教学大纲,在教学中以培养学生能够做到"中高等难度的交替口译"为目标:

"我这个目标就是他们学完这门课,能够做口译员,简单的口译不要怯场,大胆去接口译的实战机会,给他们信心,教他们方法,然后再鼓励他们多一些实践。"

尽管有商务方面的工作经历,在困惑期,教师 D2 认为自己所面临的主要问题为商务方面知识的不足:

"当时遇到的困难其实就是对商务知识不理解,有些专门的术语我根本都不知道,有一些学生学过与这个背景知识有关的商务专业课程,他们还知道一些,但是我上课问起来,他们有很多也都忘了。"

此外,由于没有固定的教材,教师 D2 第一年教学中,在教学内容的选择上投入了很大的精力。

"我没有固定的教材,全都是自己编的,我是参照了好多,在广泛阅读同类教材的基础上,再从中间选择。我的这个语料都是来自不同的教科书,因为有些教科书它并不是说每个主题都做得很好,有的语料不错,我就拿过去用,还有避免一个情况,就是如果我选某一本书,教材一旦选定了,学生知道的话,他提前做好准备,比如找好译文上课,所以我基本上材料来源比较散,然后都是当场发给他们,全部现场让学生做。"

可以看出,在教学的第一年,即困惑期,"课语整合知识"为教师 D2 的强需求。

进入调整期,即从事商务英语口译教学的第二年到第三年,教师 D2 开始关注所在班级的学生情况及对教学的反馈。在这一阶段,他通过增设"摸底考试"更加了解学生修课前的水平,且对有学习困难的学生给予额外的帮助。尽管授课目标始终朝着培养学生能基本胜任中高等难度的交替口译方向努力,但教学中,他充分考虑到学生的实际学习水平,明显体现出教学目标受情境的影响。

"最开始的时候,因为当时真不太了解学生的功底如何,所以说上课内容和这个考试内容都是偏难的,因为大多数是参照自己本科三年级学习情况及水平,给他们出题目或者上课,特别是刚开始我印象特别深,第一学期考试有题目基本上没有人能够回答出来,包括最好的学生也做不来,所以我考试的难度在逐年递减,就发现现在学生水平比我们当年,真是低了。"

此外,在教学策略上,教师 D2 也做出相应的调整,如课堂中增加更多的例子。在这一阶段,他更关注自己的教学效果,对"教学主体知识"和"教学策略知识"更为关注,因此这一阶段,这两类知识为其强需求。

在经历了一系列调整后,教师 D2 认为自己在教授这门课程的第四年起,进入职业生涯的成熟期,特别是在更准确把握学生学习水平的基础上,他对原有的教学策略进行调整,学生课程前后的进步让他倍感欣慰,他找到了自己的职业成就感。与此同时,这一阶段,教师 D2 在国外高校访学一年,旁听了对方大学教育学院整合技术的教学设计这门课。回国后,他开始担任所在院系教学管理工作,这赋予他更多与其他高校同行接触的机会,也激发了其对教学深层次的反思。面对人工智能可能对口译教学带来的冲击,他认为作为教师应该积极应对。在教学策略方面,现阶段,教师 D2 也开始考虑如何将技术进一步引入课堂。

"我访学学的那门课——整合技术的教学设计对我还是很有触动的,国外这方面已经很先进了,当时跟课程老师也交流过,我觉得我们完全可以做。所以后来主要就是打算试试看在线课堂,也开始有一些尝试,就是把一些课堂的东西放到网上,学生自己去学习。现在我们有学生毕业论文做这块,他们学教育技术的,也在帮着设计在线课堂这块。"

此外在教学内容上,教师 D2 认为应及时更新知识和课程语料:

"还有现在一个比较大的问题就是必须要更新知识,更新自己的课程语料,有些老一点的就去掉了。"

因此在成熟期,"课语整合知识"与"教学策略知识"为其强需求。D 类教师不同职业发展周期 PCK 内涵要素需求如表 6-8 所示。

表6-8 D类教师不同职业发展周期 PCK 内涵要素需求

教师	职业发展周期	PCK 内涵要素 强需求	PCK 内涵要素 弱需求
教师 D1	困惑期 (第1至2年)	课语整合知识	情境化目标知识
	调整期 (第3至4年)	课语整合知识 教学主体知识 教学策略知识	情境化目标知识
	成熟期 (第5年至今)	教学策略知识	情境化目标知识 教学主体知识 课语整合知识

教师	职业发展周期	PCK 内涵要素 强需求	PCK 内涵要素 弱需求
教师 D2	困惑期 （第 1 年）	课语整合知识 教学主体知识 教学策略知识	情境化目标知识 教学主体知识 教学策略知识
	调整期 （第 2 至 3 年）	教学主体知识 教学策略知识	情境化目标知识 课语整合知识
	成熟期 （第 4 年至今）	教学策略知识 课语整合知识	情境化目标知识 教学主体知识

由表 6-8 可见，两名教师目前已经历困惑期、调整期，进入职业发展的成熟期。在各个不同阶段，他们 PCK 的强需求既有共性，也体现出差异性。这既与两名教师在从事商务英语教学之前的教学经历相关，也与职后进修经历、继续教育及所担任的行政职务等因素相关。

6.7.3　D 类商务英语教师不同职业发展时期的社会网络

由上一小节分析可知，两名教师在积累了一定的工作经历后，获得商务实践类知识，为建构 PCK 要素"课语整合知识"奠定了实践基础。教师 D2 在职前曾担任过教学工作，培养了一定的课堂教学能力，这有助于其建构"教学策略知识"。在职前，两名教师分别建立起不同的社会网络，如教师 D1 工作中，由于教育背景中无相关经历，遇到问题时，经常向业务主管部门员工请教；教师 D2 职前社会网络成员包括工作中部门同事、前辈及原单位教研室教师。这一阶段，两名教师的社会网络以高密度与强连接为特征。

进入课堂教学情境后，在新的工作环境中，他们经历了困惑期、调整期，并步入成熟期。在不同时期，产生不同的强需求，并基于强需求建构了不同的社会网络。以下将介绍两名教师在不同职业发展时期所建构的社会网络。

1. 困惑期强连接

在困惑期，两名教师的强需求均为"课语整合知识"，且主要通过阅读教科书及相关网络资源获取所需知识，这一期间，他们广泛阅读所教授课程相关的教科书，并充分利用电子资源，将所搜集的知识进行整合，在此过程中与他们进行"想象中的对话"，不断建构教学中所需的"课语整合知识"，因此，可以将这一时期两名老师的社会网络称为"（想象）社会网络"。其强连接主要有两类：一为纸质版教学参考书目，二为电子资源。

　　"当时主要就是看书、查资料，尤其是已经出版了的那种外贸函电类的教材，还是很多的。看了大量的教科书，基本上就有感觉，那各种教科书里重复得多的内容，还有那种编写的套路，感觉一下子补了好多。"

（教师 D1）

2. 调整期强连接

在调整期,两名教师的强需求发生了变化。教师 D1 与课程所教授学生间建立了顺畅的沟通渠道,学生愿意将自己的所思所想与她交流,也因此获得了宝贵的课程反馈。此外,她与已毕业参加工作的学生保持联系,这些学生常将在工作中发现的问题反馈给她:

> "比如说前两个月吧,<u>有一个毕业生</u>,他就是有做信用证,然后他就会跟我发消息,直接拍(照)给我了,他说他的信用证里的一些 terms,发过来问我说:'哎,老师它这个好像跟我们上课时讲的不一样。'然后我就会再去看,再去跟他确定,那它这里面到底是有什么样的变化,有什么特别的意义,因此这个过程中自己也在学习。这个商务世界变化又比较快嘛,肯定不同种类的很多,我们可能接触到的只是一部分。"

> "其实我还蛮喜欢<u>这些工作以后的学生来找我</u>,就是互相帮助、互相学习的过程。毕竟产品的差别很大,隔行如隔山,那我自己所有的知识体系,在我自己做的这个行业领域里,我熟悉了,但有些学生他们做别的,也可能会有一些新的、不一样的术语啊、操作规范啊。和他们聊天,我觉得就是在<u>不断更新自己的知识</u>吧。"

此外,这一期间遇到不懂的问题,她会主动向行业专家求助:

> "工作时,<u>我先生</u>负责生产这条线的产品,那就可以<u>问他</u>啊,我那时就管接单、客户业务这一块,所有应用这一块。我负责的这一块会跟不同部门打交道,所以碰到问题,比如税务,我就去问税务局、银行,会跟我们自己开户的银行,如工商银行,跟他们那个信用卡业务部搞好关系,经常去询问,去咨询,还包括问海关,<u>就是跟谁相关,就去问谁</u>,当时就是电话打很多,然后 <u>QQ</u> 也加了一些<u>行业专家</u>了,后来教学中有解决不了的问题,除了经常跟我先生请教,再有解决不了的,我就直接 QQ 问他们了。"

由此看来,教师 D1 在调整期的社会网络成员包括已工作的毕业生、课程学生、行业专家及家庭成员,以低密度与强连接为特征。其中与课程学生、家庭成员间建立了强连接,教师 D1 为结构洞的中间人,处于获取所需信息的有利位置。

教师 D2 在这一期间的强需求为"教学主体知识"与"教学策略知识"。为进一步了解学生毕业后就业去向,他主动与辅导员老师交流,获取他们的基本情况及就业信息。此外,为选择适合学生学习水平的教学方法与策略,他通过定期参加"英语角",与所授课程的学生及指导毕业论文的大四学生交流,增进对学生的了解。基于相关反馈及个人反思,他在教学中进行调整:

> "我第一轮最开始的时候就是期中考试,然后期末考试给学生打这种平均分数,但是后来我感觉效果不好,因为我发现考试基本上看不到学生质的变化,所以到第三轮的时候,我就决定在一开始先做摸底考试,对学生的口语能力摸底,当时还是我指导论文的学生给我的建议,这应该算是一个教学中的变化吧。<u>一开始也没有这个意</u>

识,也就是说教学相长,慢慢发现问题,改进自己的教学方法。"

因此,辅导员、课程学生及所指导论文的大四学生为这一阶段教师 D2 社会网络成员,以高密度与强连接为主要特征。

3. 成熟期强连接

进入成熟期后,"教学策略知识"为教师 D1 的强需求,这主要是由于信息技术的发展给教学带来的变化,尤其是在考取博士研究生之后,她的主要研究方向为教育学,相关理论的积累引发她对教学策略选择的进一步思考。这一期间她的社会网络成员主要包括课程学生及博士同门,以低密度与强连接为特征。

"特别是我的同门,都有这方面的理论,比如有研究多模态教学啊、混合式教学,他们都很强的,我们同门研讨的时候大家都会讨论最前沿的教学方法,什么有效,也有专门做教学设计的,所以当时理论的摄入就多了,有这样的环境,也会反过来引发我的思考,进而指导实践。"

教师 D2 在成熟期的强需求为"课语整合知识"与"教学策略知识",其社会网络成员包括已工作的毕业生、研讨会专家及同行、国外访学课程教师及学生,特点为低密度、强连接与弱连接并存,其中与课程学生建立了强连接,与其他成员建立了弱连接。

D 类教师不同职业发展阶段所对应的社会网络一览如表 6-9 所示。

表 6-9　D 类教师职业发展不同阶段对应社会网络一览

对应时期	教师	基于强需求所建构的 PCK 要素	社会网络	社会网络主要成员
困惑期(T_1)	教师 D1 教师 D2	课语整合知识	(想象) 社会网络 A	教科书 网络资源
调整期 (T_2)	教师 D1	课语整合知识 教学主体知识 教学策略知识	社会网络 B	已工作的毕业生学生 行业专家 家庭成员
	教师 D2	教学主体知识 教学策略知识	社会网络 C	课程学生 所指导毕业论文的学生 辅导员
成熟期 (T_3)	教师 D1	教学策略知识	社会网络 F	博士同门 学生
	教师 D2	教学策略知识 课语整合知识	社会网络 G	已工作的毕业生 研讨会专家及同行 国外访学课程教师 学生

由表 6-9 可见,在困惑期,两名教师均以大量阅读相关资料为途径,获取自己所需的 PCK 要素,因而建立了"想象"社会网络 A。在调整期与成熟期,两名教师 PCK 的强需求产生差异,但"教学策略知识"为他们在整个职业发展过程中共同的强需求。受个人教学、学习等经历的变化,两名教师分别建构了满足自己 PCK 需求的不同社会网络。

6.7.4 D 类商务英语教师学科教学知识发展路径

通过上述分析发现,教师 D1 和 D2 在职前期,均积累了一定的商务工作经验,这些经验契合了商务英语课程本身对实践类知识的诉求,为后续课堂教学提供了宝贵的商务场景知识及实际操作经验,尤其是促进了 PCK 内涵要素中"课语整合知识"的形成。此外,教师 D2 在成为商务英语教师之前曾长时间担任基础英语教学工作,积累了一定的"教学策略知识"。在成为商务英语教师之后,教师 D1 担任三门商务英语专业课程,教师 D2 仅担任一门课程教学任务。两名教师均教授商务英语口译课程。在之后的职业生涯阶段里,两名教师的 PCK 发展路径既有共性,也存在差异。以下将介绍两名教师在不同职业发展阶段的 PCK 生成路径。

在困惑期,教师 D1 和 D2 由于感受到备课的压力,特别是在学科内容知识方面的匮乏,导致对跨学科理论知识产生强需求,因此他们将关注点置于如何获取这些知识上。两名教师主要借助两类资源:一是教科书上的系统性知识,二是网络资源。这一期间,他们博览与教学主题相关的书籍,按自己的理解筛选教学内容,在这一过程中,他们与自我对话、与书本对话、与实践对话,建构了"想象"社会网络 A。教师 D1 在先前工作中,因为业务关系,经常与国外客户邮件来往,因此积累了许多现实商务世界中外贸函电方面的真实案例。基于此,她边教学,边结合学到的理论知识整理语料,成功出版一本该领域的教材,也由此建构了课程所需的"课语整合知识"。

> "我现在就是把我之前上课用的一些案例编成一本书,已经出版了,跟网上那些不一样的,是我们工作中自己跟国外客人发的邮件,就是真实的案例,然后觉得能用的就拿出来用。按照一般教材所选的流程,结合自己的教学体会,整个流程每个环节挑选两三封信,然后有些信是好的,给他们分析一下,怎么好,有些不好的,哪里不好,就比较有意思。有了这套书以后,自己上课轻松一点。"

进入调整期,两名教师的强需求发生了变化,基于这种需求,他们产生的关注及建构的社会网络也有所不同,具体而言,教师 D1 经常与毕业生联系,向他们收集与课程相关的资料与信息,了解商务领域最新发生的事,这样的交流帮助其更新教学内容,并将原来出版的书籍修订再版。此外,遇到专业知识的盲点,她首先请教家庭成员,得不到解决时,向工作中认识的行业专家咨询。在这一过程中,她的"课语整合知识"得到了进一步拓展。这一阶段,"教学策略知识"与"教学主体知识"均为两名教师的强需求,教师 D1 通过课堂中预留答疑时间、课后与学生的交流,结合自我反思建构了这两方面的知识,特别是在对

学生的评估方面,尽可能做到科学公平:

> "学生说我比较有亲和力,他们愿意和我沟通。我也很欢迎和鼓励他们有什么就说出来,直接说,不要转弯,所以他们常常会把对课堂教学的方法、内容等一类的建议告诉我,后来我就调整了小组打分的方式,就是换成每个组员按贡献大小得分。"

教师 D2 在这一期间,由于学生考试成绩普遍低于预期,他开始反思自己对学生水平的预估,因此更加关注"教学主体知识"。通过与学生深入交流,结合自己的反思、尝试,最终在不断尝试与调整中,找到了适合自己和学生的教学策略和方法,建构了 PCK 要素"教学策略知识"。在他指导毕业论文的学生的建议下,通过课程摸底考试了解每一届学生的实际学习水平,并由此调整课程安排,收获了较好的教学效果。在看到学生取得进步时,他自身的教学效能感不断加强,并顺利进入职业发展的成熟期。

在成熟期,两名教师由于各自经历不同,关注点发生变化,因而对 PCK 内涵要素的强需求也有所不同。教师 D1 在此阶段攻读博士学位,常与同门就教学方法进行探讨,这引发了她对自己课程教学策略选择的思考,同时在与学生的交流中得以验证,因此这一阶段,教师 D1 不断摸索新的教学方法,并在理论知识的指导下进行一些尝试,以达到课堂效果的最佳状态。

教师 D2 在这一期间赴国外某大学访谈,旁听了对方教育学院的整合技术的教学设计课程。课程中,他多次与授课教师探讨,并对教育技术在课堂中的应用产生兴趣。回国后再次踏上讲台,新的岗位角色与国外研修期间的所见所闻引发其对如何将技术运用于课堂的深入思考,目前已在课堂中尝试在线课程的开发与应用。对人工智能可能对翻译课堂带来的挑战,教师 D2 也有一定的思考:

> "这是时代潮流发展的方向。如果人工智能这样子出现的话,我会考虑,比如说每个学生带一个翻译软件进来都有可能的,我上课的传统方法就完全被改掉了,有可能以后人工智能要进入课堂教学。"

此外,在教学内容方面,教师 D2 通过与学生交流,意识到语料更新及语料的趣味性对课堂教学的重要性:

> "有些时候,我会让学生来帮我提供这个语料,让他们去找一些他们认为好玩的段子,比如网上流行的,也是因为口译课比较枯燥,我会让学生找幽默,就是让人发笑的语料。"

由上述分析可见,两名教师在职前均积累了一定的商务实践经验,其中教师 D2 在成为商务英语教师前,曾担任基础英语教学工作,因而其课堂教学能力得到了锻炼。担任商务英语教学工作后,他们通过不同途径建构各自的学科教学知识,其 PCK 建构路径如图 6-5 所示。

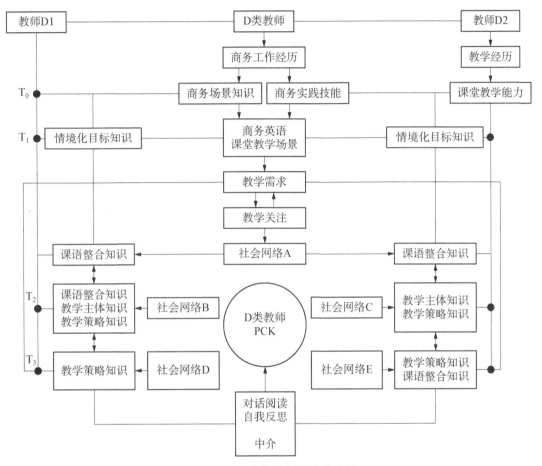

图 6-5 D 类教师 PCK 建构路径

由图 6-5 可见,D 类教师在进入高校工作以前,曾从事相关商务领域工作,这些经历帮助他们在职前建构起商务场景知识与商务实践技能。在困惑期(T_1),即两名教师担任商务英语教学的最初阶段,由于他们对目标情境的需求较为熟悉,因而,对教学目标始终有很清晰的认识。在进入商务英语课堂教学情境后,两名教师不断了解班级学生的特点,构建了各自的"情境化目标知识";在这一阶段,两名教师面临新的工作任务,"课语整合知识"为他们共同的强需求,并因此建构了社会网络 A;进入调整期(T_2)后,受所在学校不同的授课要求,两名教师基于 PCK 的强需求既有共性,也产生了个体差异,因此建构了不同的社会网络(B 和 C);进入职业发展的成熟期(T_3),他们共同的强需求为"教学策略知识",分别建立了社会网络 D 和 E。总体而言,两名教师在教授商务英语的最初阶段,首先基于不同需求,产生不同关注,进而通过建构不同的社会网络,获取自己所需的知识。步入成熟期后,两名教师对教学有了新的关注点,进而产生新的需求,他们以对话阅读及自我反思为中介,逐步融合 PCK 各内涵要素,建构了自己的学科教学知识。

6.8 小结

本章主要为本书的质性研究——深度访谈的结果分析,重点回答了"研究问题三:我国高校商务英语教师学科教学知识的发展路径如何?"。为回答这一问题,笔者首先基于前期调查问卷的结果,将商务英语教师按教育背景及工作经历分为四种类型,然后结合已有研究,将这一教师群体职业发展周期划分为困惑期、调整期及成熟期;接着按不同周期分别介绍四类共八名教师深度访谈的结果,具体包括教师基本情况、不同职业发展时期 PCK 内涵要素的需求、基于各阶段强需求所建构的社会网络,并绘制了各类别教师的 PCK 发展路径图,细致描写了该教师群体在建构 PCK 内涵要素各维度的过程中所产生的五类中介:情境体验、自我反思、参与式教学、情境互动、对话阅读。本章为后续章节奠定了质的基础。

第7章

结果与讨论

7.1 引言

前述章节分别对本书中问卷调查及深度访谈的数据进行分析,本章将结合量化研究与质性研究的结果,总结已有发现,并依次回答三个研究问题。各小节具体内容如下:7.1 小节为引言;7.2 小节为高校商务英语教师学科教学知识的内涵要素探讨,主要回答研究问题一;7.3 小节为高校商务英语教师学科教学知识影响因素分析,主要回答研究问题二;7.4 小节主要解析高校商务英语教师学科教学知识的生成路径,回答研究问题三;7.5 为小结。

7.2 高校商务英语教师学科教学知识内涵要素

笔者首先在综述前人文献的基础上,结合我国商务英语专业的实际情况,针对 PCK 具有的学科性,总结出我国高校商务英语教师学科教学知识的内涵要素(见 2.5 小节),具体包括学科属性及教学目标知识(教学信念知识及目标定位知识)、教师自我知识(已有知识和需求知识)、学生理解知识(已有知识和需求知识)、课程知识(纵向课程知识和横向课程知识)、教学策略及表征知识(教学法知识和主题表征知识)。接着,根据这些内涵要素及其子要素,设计先导访谈提纲,对商务英语教师、学生(包括商务英语专业二、三、四年级学生及毕业生)进行半结构式访谈,并在访谈结束后请他们绘制概念导图。在先导访谈的基础上,笔者结合概念导图,从访谈转写稿中提取前述商务英语教师学科教学知识内涵要素各维度的主题句(内涵要素在实际商务英语课堂教学中的体现),并结合研究目的及研究问题,将其列为调查问卷中"商务英语教师学科教学知识内涵要素"的题项。在进行预试的基础上,设计出正式问卷,最终用于统计分析的有效问卷为 201 份。笔者运用 SPSS24.0 软件,对问卷结果进行多次探索性因子分析,结果显示所有题项可归为四个维度。笔者进而根据各维度题项的共性,将其命名,最终得出商务英语教师学科教学知识的内涵要素包括情境化目标知识(KCO, knowledge of contextualized objectives)、教学主体知识(KTS, knowledge of teachers and students)、教学策略知识(KIS, knowledge of instructional strategies)及课语整合知识(KICL, knowledge of the integration of content and language),具体如图 7-1 所示。其中"情境化目标知识"主要指教师对专业总体人才培养目标、课程教学目标的了解程度,此外,该要素突出班级情境、学习氛围、学生学习水平及授课目标之间的互动性;"教学主体知识"主要指教师对自己作为一名商务英语教师在总体知识结构上的认知,如已有知识与理想自我应具有的知识之间的差距、教师对学生学习水平、先前知识及需求知识的掌握程度,包括学生知识与教师自我知识;"教学策略知识"主要指为促进学生理解,教师在商务英语课堂情境中所选择的教学方法、授课语言,包括对多媒体等技术手段的运用;"课语整合知识"重点包括教师对课程整体内容的把握程度、课程中所需的跨学科知识、英语知识及两者融合的知识,如用英语讲解商务知识及商务场景中所使用的英语知识。

由于各内涵要素所包含题项数量不同,根据其均值占总分的百分比,在上述学科教学知识所包含的内涵要素中,商务英语教师得分从高到低依次为情境化目标知识、教学策略知识、教学主体知识及课语整合知识。Pearson 相关分析结果显示,各内涵要素间存在显著正相关,相关系数在 0.564 至 0.710 之间,其中"教学策略知识"与"教学主体知识"间存在高度正相关,其余各要素间存在中度正相关。在四种内涵要素中,教学策略知识与课语整合知识为显性知识,较易被感知与观察;情境化目标知识与教学主体知识为隐性知识,不易被感知与观察。Wu *et al.*(2018)的研究也有类似的发现,教师在实际商务英语课堂中对 PCK 子要素"商务英语教学目的和取向知识"的运用频次最低。

笔者进一步结合先导及深度访谈数据,对上述四类内涵要素进行分析,结果发现,商务英语具有其特定的教学情境。这不仅因为所授课程的文本发生变化,也因为所授课程班级学生与纯语言类专业学生所体现出来的个体性差异。学生所学内容具有的复合型特征,一方面引发他们对各类知识产生好奇与需求,另一方面也导致他们在知识碎片化的情况下无法找到自己未来就业方向,此时部分学生会迷茫、困惑、无所适从,他们会将这些情感带入课堂教学中,对教师产生多种需求,并在课堂中表现出较大的个体差异性。

> "其实很多老师,他没上这门课,还是不了解的,他们以为只是文本换了,上课的方式应该还是和传统语言课堂一样的,所以并没有觉得这门课备课量非常大。"

(教师 B2)

> "我觉得我英语不如英语专业的好,商务方面又比不上金融、管理专业的学生,所以有时特别烦躁,不知道自己将来该干嘛,也不知道自己学习的重点在哪里。"

(学生 L)

"学生分为这么几种吧,一种没有明确的需求,没有明确的目标;第二种呢,会告诉你他要出国继续读商科专业研究生,那他们很早就开始把重心放在雅思、ACCA 的考取上;还有一类明确表示对商务不感兴趣,那在课上就表现得很不积极,有时候你上课,他根本跟你不在一个频道上,这种情况,唉,真的是令人很郁闷的。"

(教师 A)

基于上述分析,同时考虑到 PCK 具有很强的学科性与主题性,其内涵要素均应放置在商务英语课堂教学情境中重新考量。其中,认知、协商、合作、内容为教师在各类别内涵要素知识中凸显出来的关键词,具体分析如下。

认知(cognition)。教师所确定的总体教学目标受其对商务英语教与学所持认知的不同而发生变化,同时,每节课的课堂教学目标则受班级氛围、学生学习水平、学习兴趣的影响。因此 PCK 内涵要素"情境化目标知识的设定"与认知及情境密切相关。目标知识作为统领性知识,对其他内涵要素有着决定性的作用。这与格罗斯曼(Grossman 1990)、吴朋和秦家慧(2013)的观点相一致。访谈中,教师 B、教师 A 提道:

"如果人与人的目标不一样的话,那么他所采取的方式也完全是不一样的,尽管都用统一的教材或者用同一个 teaching material,比方说同一个 case study,你关注的点往往就由你的那个目的去决定,所以我现在依然觉得这个目标应该是最重要的。"

(教师 B)

"你知道我现在做到什么样? 我现在争取每一章 PPT 都有一个 learning outcomes,我现在基本上都会加这样的一个东西,一开始就告诉他们。"

(教师 A)

质性访谈的结果显示,教师对"商务英语教与学所持的认知"在很大程度上决定着教师在开设或教授这门课程时要达成的教学目标,而其认知则受教育背景、工作经历、授课对象水平及需求等因素的影响。如 A 类教师(有相关商务学科教育背景和工作经历)更侧重于将专业知识与语言整合,培养学生的商务意识;B 类教师(有相关商务学科教育背景,无相关工作经历)教学中更侧重用英语讲授跨学科专业知识,其教学中专业知识的比重相对偏高。如教师 B1 在访谈中多次提及授课对象对商务知识方面的需求较强:

"我刚教商务英语的时候,工商管理专业(中美合作)的学生,他们的水平都比较高,高考考进来的时候分数就偏高,尤其是英语的分数,这也是他们选了中美合作专业的原因。对于学生来说,他们很希望通过语言这个工具来学习专业内容,而对于教师来讲就是需要储备大量的专业知识。"

(教师 B1)

此外,教学目标的设定与教师教学经验有关,或者说,与教师所处职业生涯阶段的特定情境有关,其职业生涯阶段越趋于成熟,对教学目标的认知越清晰,对其需求越强,如教师 B2 和教师 F 提道:

> "教学目标的话,我一开始教这门课的时候,实际上会有一个很大的问题,就是我会花很多很多时间去熟悉这些教学内容,因为是第一次上课,这些文本对于我来说都是新鲜的,而这些知识点也要重新去组合,去搜资料等。一开始上课,我是上一课备一课,看不到整个宏观的一个框架,所以我在教学目标的理解上可能只是一种宏观的理解,就不是那么地让人觉得有板有眼,一是一,二是二。"

> (教师 B2)

> "虽然这门课肯定是设定过教学大纲,大纲当中也有目标,但是我对它的认识或者说我对它的感触是在不断地加深的,从一开始到后来我对目标的认识也是有变化的。"

> (教师 F)

协商(communication)。"教学主体知识"突出教学主体在课堂内外的不断对话与协商。教师在教学的整个职业生涯阶段,为了解学生学习水平、学习兴趣、学习需求,需要不断与他们对话,同时将所获得的反馈信息与自我对话,在协商的过程中了解自我,了解学生。

> "自我对话,也就是教学反思。通过课间、课后的面对面和网络交流平台(微信、QQ 等),为学生答疑,了解学生的学习困难与需要,这是一个持续性的过程。"

> (教师 B)

教师自我知识与学生知识是在彼此的协商过程中共同建构与发展的。教师对自己的了解,部分来自与学生交流过程中他们的反馈:

> "学生更像一面镜子,通过他们的课堂发言、小组活动、课上微表情以及课后交流过程,我了解他们的同时,也反思自己,对自己的认识更加准确或深入了。"

> (教师 F)

此外,教师自我知识、学生知识的形成也来源于与自我的协商,与情境的协商。如教师 B2 在职业生涯发展的开始阶段——困惑期,通过"私语"(private speech)与自我进行协商:

> "我觉得很挣扎啊,找不到自己的那个点,觉得它和传统语言教学不同,但又没有

精力专门去学习这方面的一些已有研究成果。所以有时上完课，也不知道自己讲得好不好，很希望能得到 timely feedback，所以后来，第一次上嘛，就干脆给自己录音，课后有时间再听一听，通过这种方式对自己的教学做反思。"

（教师 B2）

可以看出教师 B2 在困惑期，由于对自己的教学效果没有充分的自信和把握，所以通过听自己课堂录音，在这一过程中与自己进行对话与协商，"私语"成为其获取自我知识的主要渠道。

合作(cooperation)。"教学策略知识"强调教师与学生间的合作。对不同教师的访谈发现，他们都意识到商务英语课堂教学与传统语言类课堂教学存在不同之处。最终选择何种教学方法，则需要通过与学生建立相互支持、彼此信赖的师生关系而达成。教师在获得学生合作意愿的前提下展开的活动，所带来的课堂教学效果往往更好。

"一项小组活动结果的好坏，取决于学生是否投入、投入多少，如果他们只是为了完成任务而完成任务，我其实是感觉的出来的，因为在他们展示的过程中，慢慢地失去了听众，对我来说，这样的课堂简直有些 devastating。"

（教师 E）

"我们课堂中有差不多一半的时间是学生做展示，如果他们做得好，这堂课整体效果就好一些，如果做得不好，这个过程中，其他同学听着觉得浪费时间或是收获甚少，那就很糟糕了。"

（教师 B）

此外，教师在教学策略的选择上，也考虑到"团队合作意识"对商务英语专业学生的重要性。在现实商务世界里，商业伙伴(business partners)之间为了共同的组织目标需展开合作，因此在分组活动时，教师 A1 在每次小组活动任务布置前，均采取随机分组的形式，并尽可能保证每位同学在一学年中与不同的同学进行合作，以避免自由组队带来的不足。这样的教学策略可以培养学生锻炼自己与不同性格的同学进行合作的能力。

"我觉得对于商务英语专业的学生来说，团队合作能力更加重要一些，因为商务沟通和团队合作应该是一些大的公司招人时两个非常重要的指标，所以我一直强调的就是要和班级里面不同的同学合作，而且要在合作过程当中培养自己的团队意识。"

（教师 A1）

建立在这一认识的基础上，课堂教学各主体之间也展开合作，在这个过程中，教学不再是以教师为中心的课堂，而是以任务为基础，以教师与学生、学生与学生为互动主体，通过合适的教学策略而展开合作的教学。

内容(content)。深度访谈结果显示,对缺乏相关教育背景的商务英语教师而言,"课语整合知识"为其职业生涯开始阶段的强需求,这里所说的"内容",是指涉及商务方面的跨学科、复合型知识,它往往成为教师建构 PCK 过程的显性强需求,制约和影响着教师对 PCK 其他内涵要素的感知。如深度访谈对象中,由于缺乏相应的内容知识,教师在职初期,将主要精力用于此类知识的学习与理解,因而无暇顾及其他内涵要素的需求:

> "还是因为对自己不自信吧,碰到专业术语总想搞得特别清楚,觉得这样才有底气站在讲台上,所以就花了大量时间去看书、请教其他老师或者是一些懂行的人,然后自己再做笔记、整理、思考,最后形成自己上课的教学内容。"

(教师 C1)

> "一开始因为没办法,人的精力总是有限的,就像课堂,课堂时间也是有限的,没有办法都兼顾,所以在这方面(内容知识)花的时间多了以后,其他方面就顾不上了,只能抓住主要矛盾吧。"

(教师 C2)

此外内容知识也与学生的学习需求有关,对于英语基础较好,所在学校相关英语类课程类别多样或是未来有从事商务方面工作愿景的学生,他们更希望能在商务英语课堂上学习商务案例分析,深入理解相关跨学科知识,了解真实商务世界的具体情境。因此,面对这些学生群体,教师往往在内容知识方面有更强的需求。

基于上述分析,笔者提出商务英语教师 PC_nK 这一概念,丰富了前人研究中关于 PCK 的内涵,突出其在商务英语专业中的特征,其中本研究中的 C_n 代表情境(context)、认知(cognition)、协商(communication)、合作(cooperation)及内容(content)。商务英语教师 PC_nK 内涵要素如图 7 - 1 所示

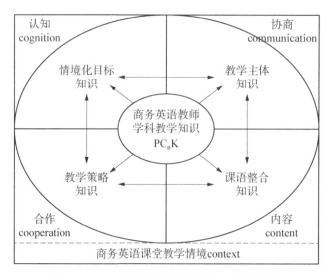

图 7 - 1 商务英语教师学科教学知识内涵要素

由图 7-1 可见,商务英语教师 PC_nK 所包含的四类内涵要素彼此互相影响,各要素与认知、协商、内容及合作紧密联系,在商务英语课堂教学情境中得以体现。与文献综述部分关于商务英语教师学科教学知识内涵要素(见图 2-13)的不同之处在于:①"学科属性及教学目标知识"修订为"情境化目标知识",这体现了这一教师群体"应然"与"实然"的差异。由于参与本研究的研究对象担任商务英语教学时,该专业成立时间相对较短,许多课程的教学内容、教学方法、教学材料等需要教师不断摸索与总结,与已成熟的学科相比较,教学目标的设定更多地受教师对该专业的理解、教师所具备的知识结构以及学生学习需求与学习水平的影响。②"教师自我知识"与"学生理解知识"被统一归纳为"教学主体知识",这是因为两类知识所关注的主体为教师与学生,即教学主体双方,且它们所包括的子要素相同,均涉及已有知识与需求知识两类。③"教学策略及表征知识"修订为"教学策略知识",这是由于探索性因子分析结果显示,使用"教学策略知识"进行命名更能反映分量表一各维度的共性。④"课程知识"修订为"课语整合知识",这一要素突出了商务英语区别与其他学科的特殊性,融合了专业内容与语言知识的整合性知识,为商务英语教师 PCK 所特有的要素。

7.3　高校商务英语教师学科教学知识影响因素

基于前人文献,且通过对五类不同院校八名商务英语教师进行半结构式访谈,并参考所收回的概念导图,提取访谈结果中影响其学科教学知识生成的因素,笔者将其编制为调查问卷的第三部分:高校商务英语教师学科教学知识影响因素。通过分析所回收的 201 份有效问卷,进行探索性因子分析,最终将影响因素分为两类:教师个体内部因素及外部因素。前者包括对商务英语教与学的认知,从事商务英语教学的职业认同感及跨学科知识储备能力;后者包括教师商务英语专业学术发展环境及商务英语专业发展实践,具体如图 7-2 所示,其中实线代表回归系数为正,虚线代表回归系数为负,带箭头的线条表示该影响因素对内涵要素的影响达到统计意义上的显著回归($p<0.05$),不带箭头的线条表示该影响因素对内涵要素的影响未达到统计意义上的显著回归($p>0.05$)。

对 PCK 影响因素与内涵要素进行相关分析结果显示,影响因素各个维度与内涵要素间呈显著正相关,相关系数在 0.272 至 0.818 之间,且教师个体内部因素与 PCK 内涵要素间相关系数均大于外部因素。

从多元回归分析结果来看,教师个体内部因素三个维度对 PCK 内涵要素均具有显著正向影响,回归系数从高到低依次为跨学科知识储备能力、对商务英语教与学的认知、从事商务英语教学的职业认同感。这与深度访谈得出的结果相互印证,即"内容"知识为教师 PCK 内涵要素的显性强需求,决定着教师对其他要素的感知与关注;外部因素对 PCK 的影响相对较弱。以下笔者将结合深度访谈的结果,对教师个体内部因素及外部因素进行分析。

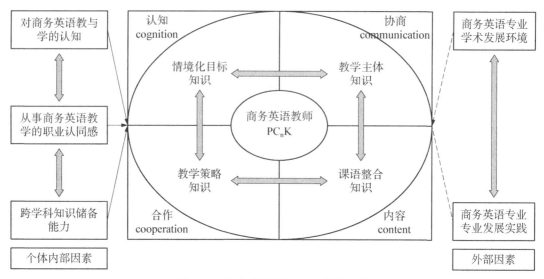

图 7-2 商务英语教师 PCK 影响因素

7.3.1 个体内部因素

1. 跨学科知识储备能力

跨学科知识往往为教师的显性需求,影响其对其他知识需求的感知。由于"商务 + 英语"类课程不同于纯语言类课程,课程中均会涉及相关术语或知识点,教师往往感觉无法回避或克服这类知识不足所带来的挑战,因此,当教师缺乏相关商务跨学科知识时,"课语整合知识"成为教师重点关注与需求的 PCK 内涵要素。对于有相关教育背景或工作经历的教师而言,这种能力与读书时培养的对商务世界所发生事物的敏感度及兴趣有关,如访谈中,教师 B1 提道:

> "就是平时会不断地积累,然后观察身边发生的事情,所以实际上就是有那种敏感度,自己比较习惯这种观察和思考,比较希望和喜欢把最新的商界发生的东西与我的教学结合起来。"

对于教授商务英语课程前无相关教育背景或工作经历的教师而言,跨学科知识储备能力主要与教师建构社会网络的主观能动性有关。实践证明,不同的社会网络对教师 PCK 的获得起着举足轻重的作用。本书的个案研究对象面对跨学科知识不足影响教学时,都发挥其主观能动性,与所处情境互动,寻求机会,通过国内外访学,向家庭成员、专家型教师、专业课教师、公司同事等请教,建立起有助于自身 PCK 建构的社会网络,拓展自身的跨学科知识。在此类知识基本满足教学的情况下,教师才能更好地感知与关注对其他 PCK 内涵要素的需求。

2. 对商务英语教与学的认知

"教师对商务英语教与学的认知"具有很强的个体差异性,受教师职前经历、职后所授课型、课时量、所处学校的环境和所授课程学生情况的影响,这与阿勒奥乌(Arıogul 2007)的研究结果基本一致。该研究表明先前语言学习经历会影响和发展教师知识,这种知识通常是主动、持续、以协商为基础的。当教师在教学情境中感受到差异性或感觉理解学生有困难时,他们语言学习者的身份会帮助其在教学中做出决策。

深度访谈中,不同类别教师对商务英语教与学所持的认知不同,而这些认知与教师在不同职业发展阶段的需求与关注有关,同时教师关注与其教育背景、工作背景或教授课程、课型及学生需求有关。如 A 类教师由关注产生需求,而 C 类教师由需求产生关注,D 类教师先由关注产生需求,后由需求产生关注。B 类教师教学更倾向于跨学科商务知识的讲解与输出,如教师 B1 担任专业负责人期间,经常参加相关教学研讨会,她提道:

> "我就觉得他们商务英语公开课还是注重本体研究,就是语言本体,因为去参加了几次,讲的还是一个个的语言点,但现在的思路是我觉得学生英语水平都可以了,就是我觉得往专业这边靠比较好,我觉得<u>更应该培养他们的是思维或者说一种实践的能力</u>,语言的那个点就是不用花太多时间了,因为但凡学到我们这个水平的课程,学生有的都考过六级了,他们<u>语言上有自学能力了</u>。"

教师 B2 受教育背景及学生需求的影响,认为教学中每一个主题都应该给学生补充相关的商务知识,帮助他们适应高年级的专业课学习。

> "<u>我上第一节课的时候问了学生三个问题</u>:一是为什么考这个专业?二是作为商务英语专业的学生,对自己的未来有什么规划?三是期待从这门课中学到什么?对第三个问题,百分之九十的同学反馈是希望更多学习商务方面的知识。因此后续教学中,<u>我每个主题一开始就是一个 business brief</u>,学生觉得这部分最能学到东西。"

此外,不同类别教师对商务英语教与学的认知不同,如在成熟期,教师 C 往往更关注 PCK 各类知识的融合,而教师 A 在调整期即开始关注各类要素的融合。D 类教师对目标知识往往比较明确,且易将其作为终极目标。教师认知还受不同 PCK 要素的特质(如显性知识与隐性知识)所决定,如教师对"课语整合知识"和"教学主体知识"常为显性需求,影响对"情境化目标知识"和"教学策略知识"需求的感知。也就是说,当教师对学生群体不够熟悉、对所授课程内容知识不够明晰、对整体课程知识没有全面把握时,教师往往"见树不见林",无法把握通过这一单元的学习达成的教与学的目标,而将关注点聚焦在"课语整合知识"方面,即选择何种与主题相关的内容是适合学生理解水平的。伴随着这种关注,"课语整合知识"和"教学主体知识"成为阶段性重点关注的内容,也因此在这一时期忽略了对"情境化目标知识"和"教学策略知识"需求的感知。

此外,笔者结合深度访谈四类教师的共性与差异性发现,需求来自教师不同的关注,而关注与教师对商务英语教与学的认知有关。区别最大的是 A 类教师和 C 类教师。A 类教师由关注产生需求,C 类教师由需求产生关注。需求分为显性需求和隐性需求,教师在不同的职业发展阶段有着不同的需求。显性需求通常为教师可以感知的强需求,而隐性需求通常不易被感知,或是由强需求而导致的需求。当显性需求不能被满足时,隐性需求得不到应该有的关注。当显性需求得到关注并被满足时,教师开始转而关注其他需求。如前所述,在学科教学知识的内涵要素中,"课语整合知识"为显性需求。教师在缺乏这一要素时,往往聚焦于这一类知识的获取,而其他知识则变为隐性需求。当这一知识可以基本得到满足时,或基本满足教学需要时,其余 PCK 要素就会显现出来,但受教师所教课型、学生群体的期望与需求影响,以及所在学校以及所处的社会文化情境的不同,在相同的职业发展阶段,不同教师所需要的 PCK 要素也不尽相同。

3. 从事商务英语教学的职业认同感

教师在开始教授商务英语课程时经历了不同的职业发展阶段,处于 PCK 建构成熟期的教师更容易获得职业认同感,此外,是否从事商务英语研究、担任相关行政负责人(如教研室主任、专业负责人等),不同的个人职业发展需求,能否得到他人认同等因素均会影响教师的职业认同感,从而进一步影响其 PCK 内涵要素生成。

"比如教翻译课,××学院那么多老师,包括我的导师,他们都很厉害了,已经都有自己的一个研究领域,或者授课也很成熟了。但是提到商务笔译这一块,好像真正做这个的老师真的很有限,那个时候我觉得好像某种程度上也实现了自己的价值,可以这么说,我觉得是认同的。"

(教师 B)

"做系主任主要是给了我一种使命感吧,平时想问题更多,就好比对孩子,你付出多了,担当多了,自然觉得这个 identity 就更明确了,那内心也会多一份认同。"

(教师 E)

此外,工作量多少及授受新课的频次为影响教师职业认同感的重要因素之一。新课过多或超负荷的工作量,可能将教师职业发展周期拉长,特别是困惑期。如教师 A2 在回顾自己从事商务英语教学职业发展之路时,明确表示这样天天"上课—备课—上课—备课"的模式,加上做过"班主任、教学秘书……",所以"实际上对教学效果、自我认同和个人教学阶段的发展和进步也是影响蛮大的。"

从事商务英语研究可以带给教师职业认同感,如教师 L 认为自己的研究内容经常可以运用于教学中,相应的,教学实践也常能为科研带来启发。

"比如我常做一些关于多模态话语分析和应用翻译相结合的小小思考,在本学期开设的课上就用到了部分思考成果,教授学生去结合语篇中的多模态系统要素来思考平面广告的翻译,再通过技术手段实现该平面广告的本地化(而不仅仅是翻译)。又比如在教授综合商务英语课的过程中,我也常站在学生的角度调研他们在学习该课程中遇到的典型困难,分析其成因及解决思路,并就此提出了一项校级教研课题。"

(教师 A1 微信文字)

"首先,商务英语的教学使我先前所学的商务英语的相关知识、能力、素养,和企业经验积淀都得以付诸实践,理实结合、交融贯通的感触确实会产生一定的效能感,进而生发出职业认同感。"

(教师 A2 微信文字)

这与高雪松等(2018:24)研究结果基本一致,他们的研究发现,职业身份认同对参与其研究的教师职业发展产生了影响,他们选择去学习与专门用途英语相关的知识,努力成为一名合格的专门用途英语教师。他们根据自身的需求,利用社会环境条件,选择适合自己的学习方向和路径。他们的能动性受到了自身因素和社会因素的双重影响。只有那些对专门用途英语学科有职业身份认同的研究参与者,才会始终选择专门用途英语作为自己的事业发展方向,并且采取积极行动,努力让专门用途英语研究获得认同,并最终促进个人的职业发展。

7.3.2　外部因素

1. 教师商务英语专业学术发展环境

就外部因素而言,两个维度对 PCK 内涵要素的回归系数相对较小,其中,"教师商务英语专业学术发展环境"关注教师从事与商务英语专业相关学术活动(包括参加学术研讨会、指导学生毕业论文、参编教材、指导学生参加比赛)的情况或其对此类活动可能给 PCK内涵要素带来何种影响的认知,其回归系数(-0.115)值很小,说明对内涵要素产生的负影响很小。深度访谈中,教师 R 提道:

"我的研究做的主要是语言学方面的,商务英语方面的研究还没有考虑过,所以虽然有时参与一些学术活动,学习一下,但换一个新的领域,还是很有挑战的。"

"这是个现实问题,一个人的精力是有限的,当他投入在教学上的时间多了,自然投入在科研上的时间就少了,那反过来也一样的,我身边很多老讲师,没办法,课太多,一周 14 节到 16 节课,你让他去做科研,简直是不可能啊!"

深度访谈对象中,亦有教师认为指导学生参加相关商务比赛可以带来"职业认同感":

"其次,除了课堂教学,在商务英语教学中我还承担了大量的竞赛指导实践,这些竞赛实质上构成了对于个人付出最直观、较客观的评价标杆(benchmark)——'获奖 or 失利',即'认可 or 否定'。竞赛是展现学生综合商务英语素养的平台,学生能够因教师的日常教学和竞赛指导而屡屡获奖,为教师带来的是直观的<u>职业认同</u>。"

(教师 A1 微信文字)

由上可见,外部因素中教师"商务英语专业学术发展环境"对教师所产生的影响不尽相同,当上述活动产生积极的结果时,可能会促进教师的职业认同感,进而促进 PCK 内涵要素的形成。

2. 教师商务英语专业发展实践

另一外部因素"教师商务英语专业发展实践"侧重考察教师理论学习(国内访学、师资培训项目)和相关商务实践(企业挂职锻炼、商务工作经历)的情况及其可能给 PCK 内涵要素带来的影响。该因素未进入回归模型,说明其对内涵要素未构成显著影响($p >$ 0.05)。由此看来,所调查样本的反馈表明,外部因素未能产生积极影响,这说明上述外部因素对于被试教师而言未产生作用,甚至因为不够理想而产生负面影响,即这些因素所包含的各类活动的参与不能真正促进其学科教学知识的发展。

结合深度访谈结果,笔者对产生上述结果的原因分析如下:

(1) 教师学科教学知识是一个复杂的概念,其形成是一个复杂的、长期的过程,这一过程需要教师发挥其主观能动性,与教师个体内部因素密切相关。教师参加本研究外部因素所涉及的活动时,得到的信息是碎片化的,在教师跨学科知识未能满足教学需要的情况下,短时间内这些信息可能会对教师造成干扰,不产生显著影响或产生负向影响,这些影响需要通过教师个体努力,创造不同中介,转化与内化不同的信息与知识,进而促进其内涵要素的形成与发展。访谈中,教师 E 提道:

"我曾经去听过一个跟商务英语教学相关的会议,信息量很大,很多高校的负责人都介绍了他们成功的经验,当时听听感觉很有启发的,但是回来以后忙于手头的事情,也没时间整理、消化,时间久了就忘记了。"

(2) 教师所参与的活动与其授课内容的相关度较低。上述活动对先导访谈教师的学科教学知识有积极影响的原因是这些教师多为所在院系专业负责人,参加此类活动的机会相对较多,但对大多数商务英语教师而言,参与相关活动的机会相对较少。此外,部分活动的参与与教师授课内容契合度较低,如教材的编写通常由几位教师一起完成,教师在编写过程中可能仅关注到自己所分配到的主题,能摄入的知识有限;大多数教材编写仍与传统语言类课程教材编写方法一致,注重字词"日常概念"层面的理解,忽视其在商务语境中的"科学概念"的解读与应用,教师通过编写教材所获得的知识仍是抽象的、片面的。如访谈中教师 B2 谈及自己参编教材的经历:

"我接到编写任务时,还没有教过这门课,是在编写完成后第二年开始担任商务英语课程教学的。本来编的时候我对自己选的材料还比较有信心,但上了这门课以后我发现,自己都不想用自己编的书,最后还是选了其他教材。"

　　"我教材编写的是阅读系列,编的时候只是按照负责老师给我们的文章和题目要求找篇章或者出题目,感觉虽然编了,但只是把它当作任务完成,后面教学中也没有再使用这些内容,感觉还是欠一点火候吧。等教学再打磨两年,可能会更有经验编适合的教材。"

　　由上可见,如果参编的教材只重视商务场景而忽视语言的选择,或是仅为了语言难度的选择而忽略教学内容中商务知识的场景化及可实践性,则不能促进教师学科教学知识的建构,只有考虑到受众需求及内容可教性的教材才可能对教师学科教学知识的形成起到促进作用。

　　此外,就相关工作经历对教学的影响而言,教师 D2 提到他曾经在某外资企业工作,主要做市场营销方面的工作,由于现在职业高度细分,他仅负责与所在部门相关的工作,侧重于某一方面的实践,而商务世界包罗万象,教学中与他工作经历相关的极少,所以很难直接迁移到课堂中。

　　(3) 需要知识整合转化能力,方可将外因通过内因发挥作用。如访谈中,教师 B 提道:

　　"如果课程设计思路和教学内容跟我们专业教学契合度高的话,还是很有帮助的。但有些教材编写团队或授课团队思路不一样,在我们这里很难实行时,帮助就很有限了,比如有些商务方面的教材,内容包罗万象,并不是聚焦在商务领域的话题,那和我们的思路就不一样了。"

　　也就是说,这些教学、科研等实践活动如果和教师所处的教学情境达成高度一致时,才能有效地促进教师的教学。这与陈向明(2013:2)研究结果相一致,她的研究指出:在我国,培训者常常将一些碎片化的知识和信息通过讲座的方式传授给教师,而这些培训内容大都与教师的实际工作关系不大。在一项大型调研(涉及全国 11 个省市近一万名教师)中,研究者发现,许多培训内容与教师实际需求并不匹配,教师所学习的教育教学相关理论在很大程度上"与课堂教学联系不紧密,缺乏实际案例的支撑,不能很好地为他们的实际工作服务"。

7.4　高校商务英语教师学科教学知识生成路径

　　如 6.3 小节所述,笔者参考前人文献将商务英语教师的职业生涯大致划分为三个阶段:困惑期、调整期和成熟期。结合深度访谈分析结果,笔者进一步将商务英语教师 PCK 建构的职业发展周期划分为困惑适应期、融入认同期和能动提升期。其中困惑适应期通常为一年,即教师从事商务英语教学的第一年,这一阶段教师刚刚开始接触所教授商务英语相关的课程内容,面临繁重的备课任务,积极形成不同的社会网络,知识体系增长最为迅速,这一阶段教师更多地关注自我,如自己的知识结构是否可以满足教学内容的安排,是否可以完成自己设定的教学任务等;融入认同期通常为从事商务英语教学的第二至三年,这一阶段的特点是教师对所教授课程内容较为熟悉,对课程知识体系有了宏观的把握,开始从学生角度反思教学效果。这一阶段教师更多地关注其所处的情境,包括教学效果、领导及专家评价、同伴反馈、学生的满意度等,易于形成基于互动对话的社会网络;能动提升期通常为从事商务英语教学四年及四年以上,这一阶段的特点是教师对自我、学生及所处教学情境有了更深入和准确的认识,开始深层次教学反思,可以灵活地根据学生的需求调整自己的教学方法,教师更多地关注自我与情境的适应度,容易形成基于个人反思的社会网络,具体如表7-1所示。

表7-1　高校商务英语教师职业发展阶段

时期	阶段	教师关注	社会网络特征
困惑适应期	开始教授商务英语课程 第一年	自我	基于教学需求的 社会网络
融入认同期	从事商务英语教学 第二至三年	情境	基于互动对话的 社会网络
能动提升期	从事商务英语教学 第四年及以上	自我与情境的适应度	基于个人反思的 社会网络

就其 PCK 建构而言,教师在上述不同的职业生涯时期,经历了许多阶段性的变化。笔者提取上述可反映这些心理变化的关键词,提炼出传统 EGP 教师向 ESP 教师转型期间,其 PCK 建构过程中,教师所经历的完整的职业生涯发展周期,具体如图7-3所示。

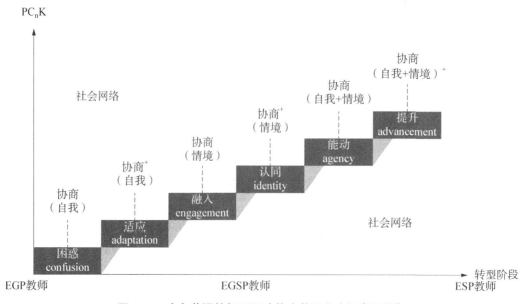

图7-3　商务英语教师 PCK 建构完整职业生涯发展周期

在上述不同阶段,商务英语教师 PCK 的建构经历了困惑、适应、融入、认同、能动与提升期。其中困惑与适应期对应本研究质性访谈中的困惑期,通常在教师从事商务英语教学的第一年,这一阶段教师在新的教学情境中,更加关注与自我的协商;融入与认同对应本研究质性访谈中的调整期,通常为从事商务英语教学的第二到三年,但如果教师所授课型较多,且教学任务繁重,这一时期可能会延长,这一时期,教师关注与情境的协商;能动与提升对应本研究质性访谈中的成熟期,通常为从事商务英语教学的第四年及以上,同样受教师授课课型、教学任务等影响,这一时期教师能熟练应对教学中出现的挑战,并通过与自我、与情境的协商,达到自我与情境间的融合与适应。

商务英语教师 PCK 建构主要为群体与个体层面两种路径,具体如图 7-4 所示。

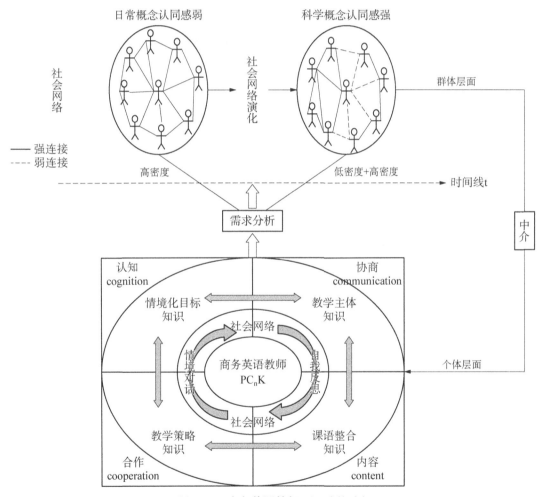

图 7-4　商务英语教师 PCK 建构路径

由图 7-4 可见,商务英语教师在职业生涯发展的不同阶段,PCK 建构经历了由个体到群体再到个体的发展路径。具体而言,在群体层面,商务英语教师在职业发展最初期,所建构的学科教学知识因个体差异而不同,教师基于自己原有的知识结构,面对新的教学情境——商务英语课堂教学,产生不同的需求或关注,进而建立起有助于获取所需学科教学知识的社会网络。随着教师不同 PCK 建构周期的强需求得到满足,其社会网络亦不断演化,由最初的高密度、强连接最终发展为低密度与高密度、强连接与弱连接并存为特征的社会网络。在与不同社会网络成员的互动中,形成了不同的中介,进而到个体层面,通过情境对话、自我反思等方式,四个内涵要素不断融合,逐渐扩大。在这一过程中,教师的认同感由弱到强,教师所积累的"科学概念"也越来越多,最终建构与生成商务英语教学情境所需的学科教学知识,进而促进教师的职业发展。在这一过程中,教师从事商务英语教学的职业认同感随学科教学知识的提升而增强。此外,教师获取各类 PCK 要素后,通过不同的"中介",在个体层面融合 PCK 各要素。个案研究对象所产生的"中介"包括情境互动(如情境体验、参与式教学、情境互动、对话阅读等)和自我反思,其中"自我反思"为不同类别商务英语教师共有的"中介"类别,对融合 PCK 各要素,进而内化为教师个人特有的商务英语学科教学知识起着十分重要的作用。这与帕克和陈(Park & Chen 2012),夏洋、李雪梅(2012),南华、徐学福(2014)的研究发现相一致。

7.5 小结

本章在综合量化研究与质性研究结果的基础上,依次回答了三个研究问题。笔者首先详细阐述了商务英语教师学科教学知识的内涵要素所包含的子要素,提出 PC_nK 的概念,并一一阐释 C_n 所包含的内容——情境、认知、合作、内容、协商,C_n 反映了内涵要素的主要特征;其次,基于量化研究归纳学科教学知识的影响因素,通过质性研究解释与补充产生这一结果的原因;然后厘清商务英语教师 PCK 建构周期,并就学科教学知识的建构路径从个体层面与群体层面两方面展开论述。

第8章

结　论

本章共分为五个小节,首先介绍本书的主要发现,并针对研究问题作简要梳理;然后分研究视角、研究内容及研究方法等方面论证本研究的创新之处;接着分析本书的研究价值,分为理论与应用价值两个层面;最后为研究启示,就商务英语教师 PCK 建构提出建议并阐明本研究的局限性及未来研究方向。

8.1　研究发现

本书首先结合先导研究及文献综述,提出三个研究问题:第一,我国高校商务英语教师学科教学知识包含哪些要素? 第二,影响我国高校商务英语教师学科教学知识的因素有哪些? 第三,我国高校商务英语教师学科教学知识的生成路径如何? 在此基础上,通过量化与质性相结合的研究方法,深入全面地探析商务英语教师学科教学知识的实际情况,通过不同的数据收集方式进行三角验证,结合理论框架对研究结果进行提炼,以下将根据研究问题归纳本书的主要结论:

结论(一)(回答研究问题一):商务英语教师学科教学知识的内涵要素包括情境化目标知识(knowledge of contextualized objectives)、教学策略知识(knowledge of teaching strategies)、教学主体知识(knowledge of teachers and students)及课语整合知识(knowledge of the integration of content and language)四种要素,四种要素之间相互影响,紧密联系。研究发现,针对不同的教学对象,教师"教学主体知识"不断发生变化,这导致"情境化目标知识"与"教学策略知识"相应变化,而"情境化目标知识"的变化又会引起"课语整合知识"及"教学策略知识"的变化。

上述 PCK 内涵要素在商务英语教学情境(context)中得以体现,各要素的主要特征分别对应认知(cognition)、协商(communication)、合作

(cooperation)及内容(content),共同构成商务英语教师 PC$_n$K。具体而言,教师所确定的总体教学目标体现出教师所持认知的不同。"教学主体知识"突出教学主体在课堂内外的不断对话与协商。"教学策略知识"强调教学主体教师与学生间的合作。而"课语整合知识"中最为核心的部分即跨学科、复合型知识,具体如图 7-1 所示。

结论(二)(回答研究问题二):商务英语教师学科教学知识影响因素包括个体内部因素与外部因素两类,其中个体内部因素包括跨学科知识储备能力、对商务英语教与学的认知及从事商务英语教学的职业认同感三类因素;外部因素包括教师商务英语专业学术发展环境和教师商务英语专业发展实践两类因素。教师个体内部因素三个维度对 PCK 内涵要素均具有显著正向影响,外部因素对 PCK 的影响相对较弱,其中教师商务英语专业学术发展环境对教师 PCK 为负向影响,但回归系数(-0.115)很低;而教师商务英语专业发展实践未进入回归模型,对教师 PCK 不具有显著影响(p>0.05)。由此可见,教师个体内部因素对教师 PCK 的形成起着更为关键的作用,而外部因素从所调研样本的结果来看,总体上对 PCK 形成产生的作用较弱,甚至因为效果不理想而导致教师对外部因素作用感知为负向的结果。可见,外部因素中学术发展环境及专业发展实践所涉及的实际内容仍需调整与推进。

结论(三)(回答研究问题三):商务英语教师学科教学知识生成路径,涉及教师对不同 PCK 内涵要素中隐性知识与显性知识的强需求与弱需求的感知,也涉及在具体情境中理论知识向实践知识转化的过程。教师 PCK 生成路径体现出教师的个体差异性,这些差异与教师对商务英语教与学所持的认知有关,而认知的产生与教师受教育背景、工作经历、所处社会文化情境(如学校、班级、家庭)有关,因此,不同教师所经历的职业生涯阶段不同,其 PCK 生成路径也具有很强的个体性与情境性。本书研究发现,教师担任商务英语课程教学后,基于 PCK 建构所经历的完整的职业发展阶段包括困惑期、适应期、融入期、认同期、能动期与提升期。

在建构 PCK 的过程中,教师的强需求决定着其所建构的社会网络的特征。随着不同职业发展阶段的推进,强需求也随之发生变化,因此其所处的社会网络在不断演化的过程中。不同类型的教师群体,甚至同一类型不同的教师个体,其社会网络均存在差异性,但总体而言,在担任商务英语教学的初始阶段,教师社会网络通常以高密度与强连接为主要特征,之后向高密度与低密度、强连接与弱连接并存的社会网络演化,教师作为结构洞的中间人,具有获取不同知识或信息的优势;在 PCK 建构成熟期,其社会网络与职初期类似,以高密度与强连接为主要特征,但同时伴随着联系频次较低的低密度社会网络。而在"课语整合知识"获取方面,具有相关商务工作经历的教师往往通过建立"想象社会网络",促进自身 PCK 的发展。

8.2 研究创新

8.2.1 视角创新

理论视角方面,已有研究(Zellermayer & Tabak 2006;Whitcomb *et al*. 2009;Green *et al.* 2013；王淑莲、金建生 2017）多从共同体视角出发，对教师知识建构展开探讨，并呼吁教师组建共同体，以促进教师专业发展（Moate & Ruohotie-Lyhty 2014）。本书中强连接的社会网络在一定程度上类似于共同体，但之所以未运用"共同体理论"，是因为这与本书中高校商务英语教师现状不符。原因如下：一方面由于商务英语专业相对较新，许多高校所开设的课程数量较多，一般存在一位教师单授一门课的现象，很难组建共同体；另一方面，由于商务所涉及主题较广，教师往往需要根据教学主题的变化，选择不同的成员组成社会网络，并根据实际需求调整社会网络成员之间连接的强弱，形成高密度、低密度或两者组合的社会网络，且这一群体的特征随着教师 PCK 建构周期改变。基于这一现状，本书采用"社会网络理论"作为理论基础之一，并融合需求分析理论、社会文化理论，形成本书的理论框架，为教师知识研究引入新的理论视角，其整体思路如下：个体教师在不同职业生涯发展阶段，基于自身的强需求，建立相应的社会网络，获得个体所需的学科教学知识不同的内涵要素，最终通过中介，将各类知识融会贯通，淬取提炼，最终建构商务英语教师学科教学知识。

8.2.2　内容创新

教师学科教学知识研究始于 20 世纪 80 年代，已有研究多集中在数学、科学等学科，其内容以特定学科 PCK 的内涵要素居多，亦有研究涉及其生成路径及影响因素等特定方面，但想要深入了解不同情境、不同学科中 PCK 的全貌，整体性研究不可或缺。本书首先总结出商务英语教师 PCK 所包含的内涵要素，补充和丰富了 PCK 的内涵，提出商务英语教师 PC_nK 的概念，深入细致地解构与重构了商务英语教学情境中这一特定教师群体所包含的 PCK 内涵要素。其次，归纳出影响 PCK 的各类因素，厘清内涵要素与影响因素之间的关系，探究影响因素所产生的深层次原因。最后，为深入探究其生成路径，本书分别梳理了不同类别教师 PCK 的动态发展过程，进一步发现不同类型教师在不同职业发展阶段所产生的"教师关注"不同，其显性需求与隐性需求亦具有个体差异性。基于上述原因，本书梳理了不同类别教师所建立的不同社会网络，解析这些网络的主要特征及所形成的不同中介，进而说明教师如何建构自己的学科教学知识，最终促进专业发展。

8.2.3　方法创新

已有研究（吴朋、秦家慧 2014）主要通过文献分析法，结合前人研究所提出的 PCK 内涵要素，建构商务英语 PCK 所包含的具体内容。亦有研究采用质性研究方法，从教师合作（Wu & Yu 2017）、PCK 内涵要素互动融合（Wu *et al.* 2018）等不同视角探讨商务英语教师学科教学知识。然而，目前还没有将量化研究与质性研究相结合的方法运用于商务英语教师 PCK 领域，本书将这一范式应用于商务英语教师知识研究，针对不同研究问题采用适合的研究方法，依次采取"先导研究（课堂观察、先导访谈、概念导图）—量化研究（问卷调查）—质性研究（深度访谈、思维导图）"相结合的方法，探索了商务英语教师学科教学知识的现状、内涵要素、影响因素及建构路径。各种方法之间紧密联系、互为补充，通过不同数据收集方法进行三角验证,印证不同方法所得出的结论,以探析商务英语教师学科教学知识发展的内在规律与典型特征。

8.3 研究价值

8.3.1 理论价值

理论层面,本书的价值主要体现在以下两个方面:

一方面,本书从教师 PCK 建构视角探讨商务英语教师职业生涯周期理论。笔者结合富勒(Fuller 1969)的"教师关注理论"与伯顿(Burden 1979)的"教师职业生涯理论",通过深度访谈,提出基于 PCK 建构的商务英语教师完整的职业生涯发展周期(见图 7-3),进一步丰富了"教师职业生涯周期理论"的内涵。富勒(Fuller 1969)的研究使学界开始注意到教师在职业发展的不同阶段会产生不同的关注,但未能囊括教师发展的方方面面,而只是从教师所关注的事物在教师不同发展阶段的更迭这一个侧面来探讨教师的发展(杜春美 2007);伯顿(Burden 1979)的研究将教师职业生涯划分为三个阶段,并关注教师在不同阶段的教学特征,但由于不同教学情境及从事商务英语教师群体的复杂性,上述研究均不能直接移植到这一教师群体身上。本书从教师 PCK 建构视角关注其在职业生涯发展的不同阶段对 PCK 内涵要素的需求、教师关注及其所建构的社会网络,并深入细致地描写了各阶段教师如何获取所需的知识类别。

另一方面,本书验证了将"社会网络理论"运用于教师知识研究的可行性及适切性。已有教师知识实证研究多从"共同体"视域下出发,进行多个案研究,探讨教师通过所处共同体的学习与研讨,教师知识结构如何发生变化。温格(Wenger 1998:79)曾指出,"共同体"的建立包含三个要素:共同的愿景、相互的投入和共享的经验。深度访谈结果显示,由于上述三要素无法很好地得到满足,所调研的商务英语教师组建共同体往往比较困难。这主要是由于开设同一门专门用途英语课的教师较少,他们很难建立一个教学共同体。夏洋、李雪梅(2012)对 CBI 课程改革背景下外语教师知识发展路径的研究亦显示:教师将"阅读相关文献"作为自身学科教学法知识获取的主要途径。本书从"社会网络理论"视角出发,更为客观而全面地描述了不同类型商务英语教师知识的生成路径。本书发现,教师在 PCK 建构初期,产生了不同的强需求,通过发挥个体能动性与所处环境中不同社会成员建立连接,形成社会网络,并在 PCK 建构过程中,职业认同感不断增强。由此可见,这一理论更符合高校商务英语教师现状,运用该理论能更准确地把握教师获取相关信息与知识的方法与路径。此外,本书中关于"教师能动性"与其所处社会环境互动间的关系印证了罗杰斯和维特泽尔(Rogers & Wetzel 2013)对"教师能动性"的理解,他们的研究认为,教师能动性是教师做出有目的地选择并采取行动的潜能。

8.3.2 应用价值

应用层面,本书的价值主要体现在以下两个方面:

一方面,本书为相关教师教育者及政策制定者提供了参考依据。本书发现,教师职业认同感能促进教师职业能动性,进而激发教师主动建立有助于 PCK 发展的社会网络愿景。基于此,教师教育者可在相关课程培训中,将《商英国标》中规定的人才培养目标等文本材料融入教师教育课程,尽可能帮助教师统一对商务英语教与学的认识,并在宏观政策指导的背景下,鼓励教师在教学情境中,注重情境化目标知识的确定。其次,本书还发现,教师对商务英语教与学所持的认知影响着教师 PCK 的各个要素,因此,政策制定者应制定有利于教师培养职业认同感的方案,如鼓励更多教师从事商务英语研究,做到教学与科研互为促进;鼓励教师参加相关培训,有针对性地建立自身的社会网络,在知识创生的过程中克服知识盲点,扩大知识边际,并注重中介在形成 PCK 过程中所起的重要作用;最后,相关领导者应根据教师职业发展的阶段为教师提供专业发展机会(Lynn 2002:182),本书梳理了教师职业生涯发展不同阶段 PCK 建构的需求与路径,这有助于教师教育者及政策制定者根据教师的实际情况制定有利于教师职业发展的课程与政策。

另一方面,本书为商务英语教师学科教学知识提供有针对性的代入性发展路径。目前从事高校商务英语教学工作的教师群体可分为四类,研究发现不同类别教师 PCK 生成路径各不相同,具体表现为受教师教育背景、工作经历等影响,教师有可能由需求产生关注,也有可能由关注产生需求。对 PCK 不同要素所产生的需求分强需求与弱需求,为满足强需求,在组建共同体有困难的情况下,教师发展与建立适合自己的社会网络有助于其 PCK 的建构。本书对四类商务英语教师 PCK 生成路径进行深度描写与细致分析,这为教师根据自身所处职业发展阶段及类别选择适合的社会网络,进而发展个体学科教学知识,最终促进职业生涯发展提供参考。

8.4 研究启示

商务英语教师学科教学知识内涵丰富,且具有个体性、情境性、缄默性等特征。对不同类别商务英语教师的深度访谈发现教学实践对 PCK 的促进作用需通过中介进行整合与转化,这与徐忆(2015:264)的研究发现基本一致。他的研究结果表明,教师无法在短期内对相关培训内容进行深入了解,需通过阅读相关学术文献、进行教学研究等职场学习活动才能对所学内容进行深化和掌握,因此,参与培训活动后应随即指导教师对相关内容进行有针对性的后续学习,以获得较好的学习效果。本书的量化数据显示,教师参与相关学术活动、教研或商务实践活动对教师 PCK 的回归系数很低,这说明此类活动未能真正促进研究对象相关知识的建构。深度访谈结果也表明,只有在教师所参加的活动与其教学内容契合度较高的情况下,教师相关实践活动方可对其学科教学知识的形成有促进作用。除上述原因外,这一结果还与教师需求有关,当教师在教学中产生获得某一类知识的需求时,他们会由此产生关注,并带着思考走进"实践情境",通常在参加完相关活动后,他们将其运用于教学实践中,与原有知识结构对话与协商,在特定的教学情境中不断检验与调整,最终内化为自己的学科教学知识。基于此,本书提出如下建议:

首先,促进"隐性教学"与"显性教学"的互动,提升教师对"教学主体知识"的掌握。外语教师必须高度重视"显性"和"隐性"教学之间的辩证关系,尤其是"隐性教学"的作用(邹为诚 2009)。师生之间的课外良性互动属于"隐性教学",有助于了解学生需求,提高学生的课堂参与度。建议商务英语教师加强课堂内外与学生的互动,如制定专门的"导师时间"进行线上或线下交流,担任学生各类比赛的指导教师,加强与毕业生的联系,并根据课外互动所收集的反馈建议及时调整"显性教学",在"隐性教学—自我反思—显性教学"的良性循环中,建构自己的学科教学知识。

其次,针对处于职业发展初期的商务英语教师群体,开展体验式学习与参与式教学相结合的教师教育模式。由于缺乏相关教育背景的新手教师在"课语整合知识"方面往往较为欠缺,高校一方面可通过需求分析,鼓励他们赴国内外高校相关专业进行体验式学习,对所需的跨学科知识进行有针对性地摄入,引导他们将原有知识结构解构,并与新摄入的知识进行有效重构。另一方面,建立参与式教学的机制。在正式开设一门新课之前,新手教师走进专家型教师的课堂,进行参与式教学。教学现场不仅拉近了传递者和学习者的空间距离,而且拉近了两者的心理距离,使两者的沟通可以更直接、更敞亮(辛继湘 2017),这有助于引导他们培养学习跨学科知识的意识和热情,在具体教学情境中感知专家教师内隐的 PCK,深入了解专家型教师如何把握词汇的"科学概念"与"日常概念",进而通过自我反思等中介,内化为教学所需的 PCK 内涵要素。

再次,统一与拓展商务英语教师的"情境化目标知识"。深度访谈结果显示,在教师职业发展早期,对目标知识认识较为宏观,相对于 PCK 内涵要素中的"课语整合知识"及"教学策略知识"而言,这一要素往往为教师的隐性需求,即教师不易感知对它的需求。因此,在个体层面,引导教师关注教学目标与情境的交互作用,注意情境对目标的制约及目标赋予情境的意义。在教学实践中,通过建立学生学习档案袋、观看与反思自我教学视频、建立畅通的学生反馈渠道等方法,不断建构自己的情境化目标知识。此外,深度访谈结果显示,不同类别教师在教学中所设定与达成的目标不同。为此,在学校或教研室层面,管理者应结合《商英国标》提出的人才培养目标,鼓励教师共享情境化目标知识,建构教学共同体。笔者建议可建设以有经验的优秀教师为核心的教学团队,通过名师公开课、微格教学、工作坊等形式搭建同行间互相学习的平台,统一认识,共同发展"情境化目标性知识"。

又次,引导教师注重"教师关注"与"教师需求"之间的关系,缩短其 PCK 建构的周期。从深度访谈的分析结果来看,PCK 的建构受教师关注点及教师强需求的影响,不同的教师产生关注与需求的逻辑顺序不同。为此,教师教育者及政策制定者应充分考量教师实际教学中产生的需求,引导教师将关注点不仅聚焦于其所产生和易于感知的"强需求"上,也对"弱需求"加以关注,并尽可能创造适合所在情境的"中介",帮助教师缩短 PCK 建构周期,进而缩短新手教师向专家型教师成长的时间。

最后,鼓励教师从事 ESP 相关研究,做到教学与研究相互促进,发挥教师职业能动性。已有研究(如 Beijaard *et al.* 2004;Priestley *et al.* 2015;陶丽、顾佩娅 2016)表明,教师能动性与教师职业认同之间相互促进,互为影响。本书深度访谈结果进一步证实了这一点,教师是否选择组建适合其职业发展的社会网络以及选择何种社会网络,是教师能动性的表现形式之一。从事与教学相关的研究有助于教师培养其职业认同感,并能促进教师能动性的发挥。高雪松等(2018:26-27)指出,科研方向的选择与教师的身份认同有着更为密切的关联,尤其是当教师面临着被学术边缘化的问题时,他们只有对专门用途英语学科有着一定认同才会坚持将其继续作为自己的科研方向,同时他们也都不会轻易放弃专门用途英语教学。因此,在职称评审中,应鼓励商务英语教师作为单独学科参与评审,而不是依赖于英语语言学或管理学、经济学等相关学科参与职称评审,以避免商务英语教师在面对转型困难时产生职业倦怠,鼓舞与保护他们的职业热情与能动性。

8.5 本书局限与未来研究方向

本书的局限性主要表现为以下两个方面:

一方面,研究样本尚需更加丰富。参与问卷调查的商务英语教师来源地区分布不均衡。由于商务英语教师群体在各个高校中所占比例较少,数量有限,且部分同时担任 EGP 教学的教师感觉职业身份不明确,笔者在寻找样本时遇到很大的困难与挑战。最终 201 份有效问卷中共有来自 23 个不同地区的教师完成问卷,但以上海地区(共 49 人,占 24.38%)和河南地区(共 43 人,占 21.39%)教师居多;此外,部分参与本书深度访谈的教师因教授商务英语课程时间有限,目前未能进入职业发展的成熟期,导致无法获得所有类别教师完整的职业周期 PCK 建构特征。

另一方面,数据收集方法尚更需全面。由于笔者时间精力有限,同时缺乏相关进入路径,仅就与笔者同一地区的部分教师进行课堂观察,而其他地区教师主要采用访谈问卷、概念导图及深度访谈进行数据收集。

未来研究可从以下几点考虑:首先扩大样本,增加 985 院校、职称为教授教师的比例,将研究发现纳入调查问卷考察范围,增加课堂观察的样本数,并从学生视角,探讨教师 PCK 水平对学生学习效果的影响;其次,可编制商务英语教师职业发展周期量表,用量化与质性研究相结合的方法,得出更为科学全面的职业生涯发展周期理论,并尽可能在各个类别中选取专家型教师与新手教师就 PCK 进行对比研究;最后,结合教育技术的最新发展,研究大数据、人工智能时代,商务英语教师学科教学知识的新内涵,从 TPACK 视角开展实证研究。

附　录

高校商务英语教师学科教学知识问卷调查（预试版）

核心概念说明：

1. "学科教学知识"指为促进学生理解，教师运用适合学科内容的教学方法和策略，将学科内容知识与教学法知识融合而成的一种特殊的知识，是区分教师与学科专家的一种知识。

2. 本问卷中涉及的"商务英语教师"是指承担"商务＋英语"类复合型课程（如综合商务英语、商务谈判、商务英语写作、商务礼仪、商务英语翻译、商务英语视听说等）的教师。

尊敬的老师：

您好！非常感谢您抽出宝贵的时间完成问卷。本调查问卷旨在了解当下商务英语教师学科教学知识的现状。您所填写的内容仅用于研究，不作其他用途。您的回答对我们而言非常宝贵，谢谢您的支持！

第一部分：基本信息

1. 您的性别［单选题］*
   ○男
   ○女

2. 您的年龄［单选题］*
   ○30 岁以下
   ○31－40 岁
   ○41－50 岁
   ○51 岁以上

3. 您的教龄［单选题］*
   ○1－5 年

○6 – 10 年

○11 – 15 年

○16 – 20 年

○21 – 25 年

○26 – 30 年

○31 年以上

4. 您教授商务英语课程的时间[单选题]*

○1 – 5 年

○6 – 10 年

○11 – 15 年

○16 – 20 年

○21 – 25 年

○26 – 30 年

○31 年以上

5. 您任职的学校[单选题]*

○985 高校

○211 高校

○普通本科院校

○高职高专

6. 您任教学校的类别[单选题]*

○综合类

○外语外贸类

○师范类

○理工类

○农业类

○财经类

○其他_____

7. 您的职称[单选题]*

○教授

○副教授

○讲师

○助教

8. 您的教育背景[单选题]*

○有相关商务学科背景

○无相关商务学科背景

9. 您的工作经历［单选题］*

　　○有相关商务工作经验

　　○无相关商务工作经验

10. 您的任教课型(可多选)［多选题］*

　　□综合商务英语

　　□商务英语视听说

　　□商务英语写作

　　□商务英语翻译

　　□跨文化商务交流

　　□商务谈判

　　□其他_____

第二部分：商务英语教师学科教学知识

（一）商务英语教师 PCK 内涵要素（请您根据实际情况选择相应的数字）

11. 我严格按照教学目标来制订教学计划。［单选题］*

　　○非常不符合　　　○不符合　　　○比较符合　　　○符合　　　○完全符合

12. 在制订教学目标时,我充分考虑学生的需求。［单选题］*

　　○非常不符合　　　○不符合　　　○比较符合　　　○符合　　　○完全符合

13. 教学中,我根据学生的反应做出及时调整。［单选题］*

　　○非常不符合　　　○不符合　　　○比较符合　　　○符合　　　○完全符合

14. 我为学生创造了良好的学习氛围。［单选题］*

　　○非常不符合　　　○不符合　　　○比较符合　　　○符合　　　○完全符合

15. 我制订的教学目标突出了商务知识与英语知识的融合。［单选题］*

　　○非常不符合　　　○不符合　　　○比较符合　　　○符合　　　○完全符合

16. 我了解班级学生的学习水平。［单选题］*

　　○非常不符合　　　○不符合　　　○比较符合　　　○符合　　　○完全符合

17. 我具有课程所需的跨学科知识。［单选题］*

　　○非常不符合　　　○不符合　　　○比较符合　　　○符合　　　○完全符合

18. 我可以用英语清晰地讲授商务知识。［单选题］*

　　○非常不符合　　　○不符合　　　○比较符合　　　○符合　　　○完全符合

19. 我在课堂上合理地使用多媒体(如 PPT、视频等),以促进学生的理解。［单选题］*

　　○非常不符合　　　○不符合　　　○比较符合　　　○符合　　　○完全符合

20. 我常常运用举例的方法帮助学生理解课程内容。［单选题］*

　　○非常不符合　　　○不符合　　　○比较符合　　　○符合　　　○完全符合

21. 我常常将学生不理解的地方写下来给他们看。［单选题］*

　　○非常不符合　　　○不符合　　　○比较符合　　　○符合　　　○完全符合

22. 我会按学生需求选择合适的授课语言。[单选题]*
　　○非常不符合　　　○不符合　　　○比较符合　　　○符合　　　○完全符合

23. 我根据学生需求调整教学方法。[单选题]*
　　○非常不符合　　　○不符合　　　○比较符合　　　○符合　　　○完全符合

24. 我采用多样化的教学方法促进学生理解教学内容。[单选题]*
　　○非常不符合　　　○不符合　　　○比较符合　　　○符合　　　○完全符合

25. 我对课程的考核方式能反映学生的实际学习水平。[单选题]*
　　○非常不符合　　　○不符合　　　○比较符合　　　○符合　　　○完全符合

26. 我教会了学生如何在商务场景中正确地使用英语。[单选题]*
　　○非常不符合　　　○不符合　　　○比较符合　　　○符合　　　○完全符合

27. 我了解学生商务英语方面的学习需求。[单选题]*
　　○非常不符合　　　○不符合　　　○比较符合　　　○符合　　　○完全符合

28. 我选择的教科书和课程资料适合学生学习。[单选题]*
　　○非常不符合　　　○不符合　　　○比较符合　　　○符合　　　○完全符合

29. 我认为自己的知识结构能满足教学需求。[单选题]*
　　○非常不符合　　　○不符合　　　○比较符合　　　○符合　　　○完全符合

30. 我知道如何为学生选择合适的课外阅读材料。[单选题]*
　　○非常不符合　　　○不符合　　　○比较符合　　　○符合　　　○完全符合

31. 我的授课能达到我预期的教学效果。[单选题]*
　　○非常不符合　　　○不符合　　　○比较符合　　　○符合　　　○完全符合

32. 我了解所授课程与其他相关课程之间的关系。[单选题]*
　　○非常不符合　　　○不符合　　　○比较符合　　　○符合　　　○完全符合

33. 我通常会根据问题的难度选择学生回答课堂提问。[单选题]*
　　○非常不符合　　　○不符合　　　○比较符合　　　○符合　　　○完全符合

34. 我了解自己教学所需的跨学科知识。[单选题]*
　　○非常不符合　　　○不符合　　　○比较符合　　　○符合　　　○完全符合

35. 在给小组活动打分时,我不考虑小组成员贡献多少,给每位小组成员的分数都是一样的。[单选题]*
　　○非常不符合　　　○不符合　　　○比较符合　　　○符合　　　○完全符合

36. 我常常采用"图示法"帮助学生理解教学内容。[单选题]*
　　○非常不符合　　　○不符合　　　○比较符合　　　○符合　　　○完全符合

37. 我根据学生的学习情况,布置适合他们水平的作业。[单选题]*
　　○非常不符合　　　○不符合　　　○比较符合　　　○符合　　　○完全符合

(二) 请您根据实际情况选择相应的数字

1. 我常与毕业生交流,了解最新的商务信息。[单选题]*
　　○非常不符合　　　○不符合　　　○比较符合　　　○符合　　　○完全符合

2. 我会首先考虑查阅和专业相关的英文资料来解决遇到的教学问题。[单选题]
　　○非常不符合　　　○不符合　　　○比较符合　　　○符合　　　○完全符合

3. 我能从教授商务英语课程中得到更多的成就感。[单选题]*
　　○非常不符合　　　○不符合　　　○比较符合　　　○符合　　　○完全符合

4. 教授商务英语课程让我找到了职业归属感。[单选题]*
　　○非常不符合　　　○不符合　　　○比较符合　　　○符合　　　○完全符合

5. 我与学生建立了有效的沟通渠道。[单选题]*
　　○非常不符合　　　○不符合　　　○比较符合　　　○符合　　　○完全符合

6. 我对商务英语课程教学具有浓厚的兴趣。[单选题]*
　　○非常不符合　　　○不符合　　　○比较符合　　　○符合　　　○完全符合

7. 我喜欢所教授的商务英语类课程。[单选题]*
　　○非常不符合　　　○不符合　　　○比较符合　　　○符合　　　○完全符合

8. 我能找到合适的方法解决商务专业知识不理解的地方。[单选题]*
　　○非常不符合　　　○不符合　　　○比较符合　　　○符合　　　○完全符合

9. 参加商务英语师资培训项目能促进商务英语教师学科教学知识的提升。[单选题]
　　非常不同意　○1　○2　○3　○4　○5　非常同意

10. 合作教学能促进商务英语教师学科教学知识的提升。[单选题]*
　　非常不同意　○1　○2　○3　○4　○5　非常同意

11. 相关企业的挂职锻炼能促进商务英语教师学科教学知识的提升。[单选题]
　　非常不同意　○1　○2　○3　○4　○5　非常同意

12. 指导学生参加与专业相关的比赛能促进商务英语教师学科教学知识的提升。[单选题]*
　　非常不同意　○1　○2　○3　○4　○5　非常同意

13. 指导与商务英语主题相关的毕业论文能促进商务英语教师学科教学知识的提升。[单选题]
　　非常不同意　○1　○2　○3　○4　○5　非常同意

14. 参加商务英语相关学术会议能促进商务英语教师学科教学知识的提升。[单选题]*
　　非常不同意　○1　○2　○3　○4　○5　非常同意

15. 参编与商务英语相关的教材能促进商务英语教师学科教学知识的提升。[单选题]*
　　非常不同意　○1　○2　○3　○4　○5　非常同意

16. 相关商务领域的工作经历能促进商务英语教师学科教学知识的提升。[单选题]
　　非常不同意　○1　○2　○3　○4　○5　非常同意

17. 教师应掌握能促进学生理解的商务英语教学策略。[单选题]*
　　非常不同意　○1　○2　○3　○4　○5　非常同意

18. 了解学生的班级文化有助于商务英语教学。[单选题]*
　　非常不同意　○1　○2　○3　○4　○5　非常同意

19. 教师应注意把握学生的兴趣点并及时加以引导。[单选题]*
    非常不同意　○1　○2　○3　○4　○5　非常同意

20. 教师备课时,有必要了解学生已具备哪些相关知识。[单选题]*
    非常不同意　○1　○2　○3　○4　○5　非常同意

21. 教师上课时应根据商务场景,注意自己的言谈举止。[单选题]*
    非常不同意　○1　○2　○3　○4　○5　非常同意

22. 经常反思自己的教学能促进商务英语教师学科教学知识的提升。[单选题]*
    非常不同意　○1　○2　○3　○4　○5　非常同意

23. 教师在商务英语教学中应尽量为学生创造实际商务场景。[单选题]*
    非常不同意　○1　○2　○3　○4　○5　非常同意

24. 广泛阅读与所教课程相关的商务英语原版经典教材能促进商务英语教师学科教学知识的提升。[单选题]*
    非常不同意　○1　○2　○3　○4　○5　非常同意

25. 与学生课外交流能促进商务英语教师学科教学知识的提升。[单选题]*
    非常不同意　○1　○2　○3　○4　○5　非常同意

26. 家庭成员从事相关商务工作有助于我积累跨学科知识。[单选题]*
    非常不同意　○1　○2　○3　○4　○5　非常同意

27. 我希望能得到国内访学的机会,进修相关商科专业。[单选题]*
    非常不同意　○1　○2　○3　○4　○5　非常同意

28. 我了解自己教学所需的跨学科知识。[单选题]*
    非常不同意　○1　○2　○3　○4　○5　非常同意

29. 熟悉商务英语专业整体课程框架能促进商务英语教师学科教学知识的提升。[单选题]*
    非常不同意　○1　○2　○3　○4　○5　非常同意

30. 我希望语言类教师组建教学团队,每位教师专攻某一领域的商业知识,开展合作教学。[单选题]*
    非常不同意　○1　○2　○3　○4　○5　非常同意

第三部分：问题与建议

1. 在商务英语教学过程中,您觉得自己还应加强哪方面知识的学习？您希望得到哪些帮助？[填空题]

_____

2. 若您愿意授受访谈,进一步就商务英语师资队伍建设进行探讨,欢迎您留下您的邮箱或其他您觉得方便的联系方式：[填空题]

_____

高校商务英语教师学科教学知识问卷调查(正式版)

核心概念说明:

1. "学科教学知识"指为促进学生理解,教师运用适合学科内容的教学方法和策略,将学科内容知识与教学法知识融合而成的一种特殊的知识,是区分教师与学科专家的一种知识。

2. 本问卷中涉及的"商务英语教师"是指承担"商务 + 英语"类复合型课程(如综合商务英语、商务谈判、商务英语写作、商务礼仪、商务英语翻译、商务英语视听说等)的教师。

尊敬的老师:

您好! 非常感谢您抽出宝贵的时间完成问卷。本调查问卷旨在了解当下商务英语教师学科教学知识的现状。您所填写的内容仅用于研究,不作其他用途用。您的回答对我们而言非常宝贵,谢谢您的支持!

问卷大约需要八分钟左右,恳请您按实际情况回答。再次感谢您!

第一部分:基本信息

1. 您的性别[单选题]*
   ○男
   ○女

2. 您的年龄[单选题]*
   ○30 岁以下
   ○31 - 40 岁
   ○41 - 50 岁
   ○51 岁以上

3. 您的教龄[单选题]*
   ○1 - 5 年
   ○6 - 10 年
   ○11 - 15 年
   ○16 - 20 年
   ○21 - 25 年
   ○26 - 30 年
   ○31 年以上

4. 您教授商务英语课程的时间[单选题]*
   ○1 - 5 年
   ○6 - 10 年

○11 - 15 年

○16 - 20 年

○21 - 25 年

○26 - 30 年

○31 年以上

5. 您任职的学校[单选题]*

○985 高校

○211 高校

○普通本科院校

○高职高专

6. 您任教学校的类别[单选题]*

○综合类

○外语外贸类

○师范类

○理工类

○农业类

○财经类

○其他_____

7. 您的职称[单选题]*

○教授

○副教授

○讲师

○助教

8. 您的教育背景[单选题]*

○有相关商务学科背景

○无相关商务学科背景

9. 您的工作经历[单选题]*

○有相关商务工作经验

○无相关商务工作经验

10. 您的任教课型(可多选)[多选题]*

□综合商务英语

□商务英语视听说

□商务英语写作

□商务英语翻译

□跨文化商务交流

□商务谈判

☐其他_____

第二部分：商务英语教师学科教学知识

（一）商务英语教师 PCK 内涵要素（请您根据实际情况选择相应的数字）

11. 我严格按照教学目标来制订教学计划。［单选题］*
　　○非常不符合　　　○不符合　　　○比较符合　　　○符合　　　○完全符合

12. 在制订教学目标时，我充分考虑学生的需求。［单选题］*
　　○非常不符合　　　○不符合　　　○比较符合　　　○符合　　　○完全符合

13. 教学中，我根据学生的反应做出及时调整。［单选题］*
　　○非常不符合　　　○不符合　　　○比较符合　　　○符合　　　○完全符合

14. 我为学生创造了良好的学习氛围。［单选题］*
　　○非常不符合　　　○不符合　　　○比较符合　　　○符合　　　○完全符合

15. 我制订的教学目标突出了商务知识与英语知识的融合。［单选题］*
　　○非常不符合　　　○不符合　　　○比较符合　　　○符合　　　○完全符合

16. 我了解班级学生的学习水平。［单选题］*
　　○非常不符合　　　○不符合　　　○比较符合　　　○符合　　　○完全符合

17. 我具有课程所需的跨学科知识。［单选题］*
　　○非常不符合　　　○不符合　　　○比较符合　　　○符合　　　○完全符合

18. 我可以用英语清晰地讲授商务知识。［单选题］*
　　○非常不符合　　　○不符合　　　○比较符合　　　○符合　　　○完全符合

19. 我在课堂上合理地使用多媒体（如 PPT、视频等），以促进学生的理解。［单选题］*
　　○非常不符合　　　○不符合　　　○比较符合　　　○符合　　　○完全符合

20. 我常常运用举例的方法帮助学生理解课程内容。［单选题］*
　　○非常不符合　　　○不符合　　　○比较符合　　　○符合　　　○完全符合

21. 我常常将学生不理解的地方写下来给他们看。［单选题］*
　　○非常不符合　　　○不符合　　　○比较符合　　　○符合　　　○完全符合

22. 我会按学生需求选择合适的授课语言。［单选题］*
　　○非常不符合　　　○不符合　　　○比较符合　　　○符合　　　○完全符合

23. 我根据学生需求调整教学方法。［单选题］*
　　○非常不符合　　　○不符合　　　○比较符合　　　○符合　　　○完全符合

24. 我采用多样化的教学方法促进学生理解教学内容。［单选题］*
　　○非常不符合　　　○不符合　　　○比较符合　　　○符合　　　○完全符合

25. 我对课程的考核方式能反映学生的实际学习水平。［单选题］*
　　○非常不符合　　　○不符合　　　○比较符合　　　○符合　　　○完全符合

26. 我教会了学生如何在商务场景中正确地使用英语。［单选题］*
　　○非常不符合　　　○不符合　　　○比较符合　　　○符合　　　○完全符合

27. 我了解学生商务英语方面的学习需求。[单选题]*
　　○非常不符合　　　　○不符合　　　　○比较符合　　　　○符合　　　　○完全符合

28. 我选择的教科书和课程资料适合学生学习。[单选题]*
　　○非常不符合　　　　○不符合　　　　○比较符合　　　　○符合　　　　○完全符合

29. 我认为自己的知识结构能满足教学需求。[单选题]*
　　○非常不符合　　　　○不符合　　　　○比较符合　　　　○符合　　　　○完全符合

30. 我知道如何为学生选择合适的课外阅读材料。[单选题]*
　　○非常不符合　　　　○不符合　　　　○比较符合　　　　○符合　　　　○完全符合

31. 我的授课能达到我预期的教学效果。[单选题]*
　　○非常不符合　　　　○不符合　　　　○比较符合　　　　○符合　　　　○完全符合

32. 我了解所授课程与其他相关课程之间的关系。[单选题]*
　　○非常不符合　　　　○不符合　　　　○比较符合　　　　○符合　　　　○完全符合

33. 我通常会根据问题的难度选择学生回答课堂提问。[单选题]*
　　○非常不符合　　　　○不符合　　　　○比较符合　　　　○符合　　　　○完全符合

34. 我了解自己教学所需的跨学科知识。[单选题]*
　　○非常不符合　　　　○不符合　　　　○比较符合　　　　○符合　　　　○完全符合

（二）商务英语教师 PCK 影响因素（请您根据实际情况，选择相应的数字）

1. 我常与毕业生交流，了解最新的商务信息。[单选题]*
　　○非常不符合　　　　○不符合　　　　○比较符合　　　　○符合　　　　○完全符合

2. 我会首先考虑查阅和专业相关的英文资料来解决遇到的教学问题。[单选题]
　　○非常不符合　　　　○不符合　　　　○比较符合　　　　○符合　　　　○完全符合

3. 我能从教授商务英语课程中得到更多的成就感。[单选题]*
　　○非常不符合　　　　○不符合　　　　○比较符合　　　　○符合　　　　○完全符合

4. 教授商务英语课程让我找到了职业归属感。[单选题]*
　　○非常不符合　　　　○不符合　　　　○比较符合　　　　○符合　　　　○完全符合

5. 我与学生建立了有效的沟通渠道。[单选题]*
　　○非常不符合　　　　○不符合　　　　○比较符合　　　　○符合　　　　○完全符合

6. 我对商务英语课程教学具有浓厚的兴趣。[单选题]*
　　○非常不符合　　　　○不符合　　　　○比较符合　　　　○符合　　　　○完全符合

7. 我喜欢所教授的商务英语类课程。[单选题]*
　　○非常不符合　　　　○不符合　　　　○比较符合　　　　○符合　　　　○完全符合

8. 我能找到合适的方法解决商务专业知识不理解的地方。[单选题]*
　　○非常不符合　　　　○不符合　　　　○比较符合　　　　○符合　　　　○完全符合

9. 参加商务英语师资培训项目能促进商务英语教师学科教学知识的提升。[单选题]
　　非常不同意　　○1　○2　○3　○4　○5　　非常同意

10. 合作教学能促进商务英语教师学科教学知识的提升。[单选题]*
    非常不同意　○1　○2　○3　○4　○5　非常同意

11. 相关企业的挂职锻炼能促进商务英语教师学科教学知识的提升。[单选题]
    非常不同意　○1　○2　○3　○4　○5　非常同意

12. 指导学生参加与专业相关的比赛能促进商务英语教师学科教学知识的提升。[单选题]*
    非常不同意　○1　○2　○3　○4　○5　非常同意

13. 指导与商务英语主题相关的毕业论文能促进商务英语教师学科教学知识的提升。[单选题]
    非常不同意　○1　○2　○3　○4　○5　非常同意

14. 参加商务英语相关学术会议能促进商务英语教师学科教学知识的提升。[单选题]*
    非常不同意　○1　○2　○3　○4　○5　非常同意

15. 参编与商务英语相关的教材能促进商务英语教师学科教学知识的提升。[单选题]*
    非常不同意　○1　○2　○3　○4　○5　非常同意

16. 相关商务领域的工作经历能促进商务英语教师学科教学知识的提升。[单选题]
    非常不同意　○1　○2　○3　○4　○5　非常同意

17. 教师应掌握能促进学生理解的商务英语教学策略。[单选题]*
    非常不同意　○1　○2　○3　○4　○5　非常同意

18. 了解学生的班级文化有助于商务英语教学。[单选题]*
    非常不同意　○1　○2　○3　○4　○5　非常同意

19. 教师应注意把握学生的兴趣点并及时加以引导。[单选题]*
    非常不同意　○1　○2　○3　○4　○5　非常同意

20. 教师备课时,有必要了解学生已具备哪些相关知识。[单选题]*
    非常不同意　○1　○2　○3　○4　○5　非常同意

21. 教师上课时应根据商务场景,注意自己的言谈举止。[单选题]*
    非常不同意　○1　○2　○3　○4　○5　非常同意

22. 经常反思自己的教学能促进商务英语教师学科教学知识的提升。[单选题]*
    非常不同意　○1　○2　○3　○4　○5　非常同意

23. 教师在商务英语教学中应尽量为学生创造实际商务场景。[单选题]*
    非常不同意　○1　○2　○3　○4　○5　非常同意

24. 广泛阅读与所教课程相关的商务英语原版经典教材能促进商务英语教师学科教学知识的提升。[单选题]*
    非常不同意　○1　○2　○3　○4　○5　非常同意

25. 与学生课外交流能促进商务英语教师学科教学知识的提升。[单选题]*
    非常不同意　○1　○2　○3　○4　○5　非常同意

26. 家庭成员从事相关商务工作有助于我积累跨学科知识。[单选题]*

非常不同意　○1　○2　○3　○4　○5　非常同意

27. 我希望能得到国内访学的机会,进修相关商科专业。[单选题]*

非常不同意　○1　○2　○3　○4　○5　非常同意

28. 我了解自己教学所需的跨学科知识。[单选题]*

非常不同意　○1　○2　○3　○4　○5　非常同意

第三部分:问题与建议

1. 在商务英语教学过程中,您觉得自己还应加强哪方面知识的学习? 您希望得到哪些帮助? [填空题]

_____

2. 若您愿意授受访谈,进一步就商务英语师资队伍建设进行探讨,欢迎您留下您的邮箱或其他您觉得方便的联系方式:[填空题]

_____

参考文献

Adoniou M. Teacher knowledge: A complex tapestry [J]. *Asia-Pacific Journal of Teacher Education*, 2015,43(02): 99 – 116.

Akbari R & Dadvand B. Does formal teacher education make a difference? A comparison of pedagogical thought units of B. A. versus M. A. teachers [J]. *The Modern Language Journal*, 2011,95(01): 44 – 60.

Allwright R. Perceiving and pursuing learner's needs [A]. In Geddes M & Sturtridge G (Eds.). *Individualisation* [C]. Oxford: Modern English Publications. 1982: 24 – 31.

Andrews S. The language awareness of the L2 teacher: Its impact upon pedagogical practice [J]. *Language Awareness*, 2001,10(2 – 3): 75 – 90.

Andrews S. Teacher language awareness and the professional knowledge base of the L2 teacher [J]. *Language Awareness*, 2003,12(02): 81 – 95.

Archambault L & Crippen K. Examining TPACK among K – 12 online distance educators in the United States [J]. *Contemporary Issues in Technology and Teacher Education*, 2009,9(01): 71 – 88.

Anoğul S. Understanding foreign language teachers' practical knowledge: What's the role of prior language learning experience? [J]. *Journal of Language and Linguistic Studies*, 2007,3(01): 168 – 181.

Atay D, Kaslioglu O & Kurt G. The pedagogical content knowledge development of prospective teachers through an experiential task [J]. *Procedia-Social and Behavioral Sciences*, 2010, 2 (02): 1421 – 1425.

Azevedo M M & Duarte S. Continuous enhancement of science teachers' knowledge and skills through scientific lecturing [J]. *Frontiers in Public Health*, 2018,(06): 1 – 12.

Bargiela-Chiappini F & Zhang Z C. Business English [A]. In Paltridge B & Starfield S (Eds.). *The Handbook of English for Specific Purposes* [C]. Boston: Wiley-Blackwell, 2013: 193 – 212.

Beijaard D, Meijer P C & Verloop N. Reconsidering research on teachers' professional identity [J]. *Teaching and Teacher Education*, 2004,20(02): 107 – 128.

Beijaard D, Van Driel J & Verloop N. Evaluation of story-line methodology in research on teachers' practical knowledge [J]. *Studies in Educational Evaluation*, 1999,25(01): 47 – 62.

Beijaard D & Verloop N. Assessing teachers' practical knowledge [J]. *Studies in Educational Evaluation*, 1996,22(03): 275 – 286.

Berliner D C. The Wonder of Examplary Performances [A]. In Block C C & Manjieri J N (Eds.).

Creating Powerful Thinking in Teachers and Students: Diverse Perspective [C]. Fort Worth. TX: Harcourt Brace College, 1994: 161 – 186.

Borg S. Teachers' pedagogical systems and grammar teaching: A qualitative study [J]. *TESOL Quarterly*, 1998,32(01): 9 – 38.

Borg S. Studying teacher cognition in second language grammar teaching [J]. *System*, 1999,27(01): 19 – 31.

Borg S. Teacher cognition in language teaching: A review of research on what language teachers think, know, believe, and do [J]. *Language Teaching*, 2003,36(02): 81 – 109.

Borg S. *Teacher Cognition and Language Education: Research and Practice* [M]. London: Continuum, 2006.

Borko H & Putnam R T. Expanding a teacher's knowledge base: A cognitive psychological perspective on professional development [A]. In Guskey T R & Huberman M (Eds.), *Professional Development in Education: New Paradigms and Practices* [C]. New York: Teachers College Press, 1995: 35 – 66.

Brieger N. *Teaching Business English* [M]. York: York Associates Publications, 1997.

Burden P R. Teachers' Perceptions of the Characteristics and Influences on Their Personal and Professional Development [D]. PhD. Dissertation, The Ohio State University, 1979.

Burt R S. *Structure Holes: the Social Structure of Competition* [M]. Cambridge: Cambridge University Press, 1992.

Carlsen W S. Domains of teacher knowledge [A]. In Gess-Newsome J & Lederman N G. (Eds.), *Examining pedagogical content knowledge: The construct and its implications for science education* [C]. Dordrecht, the Netherlands: Kluwer Academic Publishers. 1999: 133 – 144.

Carter K. Teachers' knowledge and learning to teach [A]. In Houston W R, Haberman M & Silkula J P (Eds.), *Handbook of Research on Teacher Education* [C]. 1990: 291 – 310.

Cite S et al. Learning from Rookie Mistakes: Critical Incidents in Developing Pedagogical Content Knowledge for Teaching Science to Teachers [J]. *Studying Teacher Education*, 2017,13(03): 275 – 293.

Clandinin D J. & Connelly F M. Teachers' personal knowledge: What counts as 'personal' in studies of the personal [J]. *Journal of Curriculum Studies*, 1987,19(06): 487 – 500.

Cochran K F, DeRuiter J A & King R A. Pedagogical content knowing: An integrative model for teacher preparation [J]. *Journal of Teacher Education*, 1993,44(04): 263 – 272.

Connelly F M & Clandinin D J. Personal practical knowledge at Bay Street School: ritual, personal philosophy, and image [A]. In Halkaes R & Olson J K (Eds). *Teacher Thinking: A New Perspective on Persistent Problems in Education* [C] Holland: Swets Publishing Service, 1984: 134 – 148.

Connelly F M & Clandinin D J. Personal practical knowledge and the modes of knowing: Relevance for teaching and learning [J]. *Learning and Teaching the Ways of Knowing*, 1985,84: 174 – 198.

Connelly F M & Clandinin D J. Stories of experience and narrative inquiry [J]. *Educational Researcher*, 1990,(05): 2 – 14.

Creswell J W. *A Concise Introduction to Mixed Methods Research* [M]. Sage Publications, 2014.

Creswell J W. & Plano Clark V L. *Designing and Conducting Mixed Methods Research* [M]. Thousand Oaks: Sage Publications, 2007.

Day R. Models and the knowledge base of second language teacher education [J]. *University of Hawai'i Working Papers in English as a Second Language*, 1993,11(02): 38 – 48.

Day R R. & Conklin G. The knowledge base in ESL/EFL teacher education [R]. Paper presented at the

1992 TESOL Conference, Vancouver, Canada, 1992.

Dornyei Z & Taguchi T. Questionnaires in Second Language Research: Construction, Administration, and Processing [M]. New York: Routledge, 2010.

Dudley-Evans & St. John. *Developments in ESP: A Multi-disciplinary Approach* [M]. Cambridge: Cambridge University Press, 1998.

Elbaz F. The teacher's "practical knowledge": Report of a case study [J]. *Curriculum Inquiry*, 1981, 11 (01): 43 – 71.

Elbaz F. *Teacher Thinking: A Study of Practical Knowledge* [M]. London: CroomHelm, 1983.

Ellis M & Johnson C. *Teaching Business English: An Introduction to Business English for Language Teachers, Trainers, and Course Organizers* [M]. Oxford: Oxford University Press, 1994.

Ellis M & Johnson C. Teaching Business English [M]. Shanghai: Shanghai Foreign Language Education Press, 2002.

Evens M, Elen J & Depaepe F. Pedagogical content knowledge in the context of foreign and second language teaching: A review of the research literature [J]. *Porta Linguarum*, 2016, (26): 187 – 200.

Faez F. Developing the knowledge base of ESL and FSL teachers for K – 12 programs in Canada [J]. *Canadian Journal of Applied Linguistics*, 2011, 14(01): 29 – 49.

Flinders D J. In search of ethical guidance: Constructing a basis for dialogue [J]. *Qualitative Studies in Education*, 1992, 5(02): 101 – 115.

Freeman D & Johnson K E. Reconceptualizing the knowledge-base of language teacher education [J]. *TESOL Quarterly*, 1998, (03): 397 – 417.

Fuller F F. Concerns of teachers: A developmental conceptualization [J]. *American Educational Research Journal*, 1969, 6(02): 207 – 226.

Gage N L. *The Handbook of Research on Teaching* [M]. Chicago, IL, USA: Rand McNally, 1963.

Gall M D et al. *Applying Educational Research: How to Read, Do, and Use Research to Solve Problems of Practice* [M]. Boston: Pearson Education, 2010.

Gallagher J J. Prospective and practicing secondary school science teachers' knowledge and beliefs about the philosophy of science [J]. *Science Education*, 1991, 75(01): 121 – 133.

Garet M S, Heppen J B, *Walters K, et al. Focusing on Teachers' Mathematical Knowledge: The Impact of Content-Intensive Professional Development. NCEE 2016 – 4011* [M]. National Center for Education Evaluation and Regional Assistance, 2016.

Gnutzmann C. Language for specific purposes vs. general language [A]. In Widdowson H (Ed). *Handbook of Foreign Language Communication and Learning* [C]. Berlin: Walter de Gruyter, 2009: 517 – 545.

Golombek P R. A study of language teachers' personal practical knowledge [J]. *TESOL Quarterly*, 1998, 32(03): 447 – 464.

Granovetter M. Weak ties and strong ties [J]. *American Journal of Sociology*, 1973, 78: 1360 – 1380.

Green W, Hibbins R, Houghton L & Ruutz A. Reviving praxis: Stories of continual professional learning and practice architectures in a faculty-based teaching community of practice [J]. *Oxford Review of Education*, 2013, 39(02): 247 – 266.

Grossman P L. *The Making of a Teacher: Teacher Knowledge and Teacher Education* [M]. New York: Teachers College Press, 1990.

Grossman P L. Teacher knowledge [A]. In Husen T & Postlethwaite T N (Eds.). *The International Encyclopedia of Education* [C]. New York: Pergamon, 1994: 6117 – 6122.

Halim L，Abdullah S I S S，Meerah T S M. Students' perceptions of their science teachers' pedagogical content knowledge [J]. *Journal of Science Education and Technology*，2014,23(02)：227－237.

Hashweh M Z. Teacher pedagogical constructions：a reconfiguration of pedagogical content knowledge [J]. *Teachers and Teaching：Theory and Practice*，2005,11(03)：273－292.

Helms J. & Stokes L. A Meeting of Minds around Pedagogical Content Knowledge：Designing an International PCK Summit for Professional，Community，and Field Development [R]. *Inverness Research*，2013.

Hill H C，Rowan B & Ball D L. Effects of teachers' mathematical knowledge for teaching on student achievement [J]. *American Educational Research Journal*，2005,42(02)：371－406.

Hlas A & Hildebrandt S. Demonstrations of pedagogical content knowledge：Spanish liberal arts and Spanish education majors' writing [J]. *L2 Journal*，2010,2(01)：1－22.

Hulshof H. & Verloop N. The use of analogies in language teaching：Representing the content of teachers' practical knowledge [J]. *Journal of Curriculum Studies*，2002,34(01)：77－90.

Hutchinson T & Waters A. *English for Specific Purposes：A Learning-centered Approach* [M]. Cambridge：Cambridge University Press，1987.

Jacobson E D. Field experience and prospective teachers' mathematical knowledge and beliefs [J]. *Journal for Research in Mathematics Education*，2017,48(02)：148－190.

Jang S J，Guan S Y & Hsieh H F. Developing an instrument for assessing college students' perceptions of teachers' pedagogical content knowledge [J]. *Procedia-Social and Behavioral Sciences*，2009,1(01)：596－606.

Johnson K E. *Second Language Teacher Education：A Sociocultural Perspective* [M]. New York and London：Routledge，2009.

Johnson R B & Onwuegbuzie A J. Mixed methods research：A research paradigm whose time has come [J]. *Educational Researcher*，2004,33(07)：14－26.

Johnston B & Goettsch K. In search of the knowledge base of language teaching：Explanations by experienced teachers [J]. *Canadian Modern Language Review*，2000,56(03)：437－468.

Justi R S & Gilbert J K. Science teachers' knowledge about and attitudes towards the use of models and modeling in learning science [J]. *International Journal of Science Education*，2002,24(12)：1273－1292.

Kic-Drgas J. Effective Business English Teaching and Learning [J]. *Global Management Journal*. 2014，6(1,2)：82－87.

Kissau S P & Algozzine B. Foreign language student teaching：Do supervisor qualifications really matter? [J]. *Foreign Language Annals*，2013,46(02)：175－190.

Lee E & Luft J A. Experienced secondary science teachers' representation of pedagogical content knowledge [J]. *International Journal of Science Education*，2008,30(10)：1343－1363.

Lee J J，Murphy J & Baker A. "Teachers are not empty vessels"：a reception study of Freeman and Johnson's (1998) reconceptualization of the knowledge base of second language teacher education [J]. *TESL Canada Journal*，2015,33(01)：1－22.

Liu S. Pedagogical content knowledge：A case study of ESL teacher educator [J]. *English Language Teaching*，2013,6(07)：128－138.

Loughran J et al. Documenting science teachers' pedagogical content knowledge through PaP-eRs [J]. *Research in Science Education*，2001,31(02)：289－307.

Luo W H. Construction of teacher knowledge：Learning to teach EFL at the elementary level [J]. 語文學報,2004(11)：259－287.

Lynn S K. The winding path: Understanding the career cycle of teachers [J]. *The Clearing House*, 2002,75(04): 179-182.

Magnusson S, Krajcik J & Borko H. Nature, sources, and development of pedagogical content knowledge for science teaching [A]. In Gess-Newsome J, Lederman N G. (Eds). *PCK and Science Education* [C]. Netherlands: Kluwer Academic Publisher, 1999: 95-132.

Marks R. Pedagogical content knowledge: From a mathematical case to a modified conception [J]. *Journal of Teacher Education*, 1990,41(03): 3-11.

Martin W E & Bridgmon K D. *Quantitative and Statistical Research Methods: From Hypothesis to Results* [M]. San Francisco: John Wiley & Sons, 2012.

Mavhunga E. Explicit inclusion of topic specific knowledge for teaching and the development of PCK in pre-service science teachers (PhD thesis) [D]. University of the Witwatersrand, Johannesburg, 2002.

Meijer P C, Verloop N & Beijaard D. Exploring language teachers' practical knowledge about teaching reading comprehension [J]. *Teaching and Teacher Education*, 1999,15(01): 59-84.

Meijer P C, Verloop N & Beijaard D. Similarities and differences in teachers' practical knowledge about teaching reading comprehension [J]. *The Journal of Educational Research*, 2001,94(03): 171-184.

Meijer P C, Zanting A & Verloop N. How can student teachers elicit experienced teachers' practical knowledge? Tools, suggestions, and significance [J]. *Journal of Teacher Education*, 2002,53(05): 406-419.

Mishra P & Koehler M J. Technological pedagogical content knowledge: A framework for teacher knowledge [J]. *Teachers College Record*, 2006,108(06): 1017-1054.

Moate J & Ruohotie-Lyhty M. Identity, agency and community: Reconsidering the pedagogic responsibilities of teacher education [J]. *British Journal of Educational Studies*, 2014,62(03), 249-264.

Moradkhani S et al. English language teacher educators' pedagogical knowledge base: The macro and micro categories [J]. *Australian Journal of Teacher Education*, 2013,38(10): 123-141.

Morrison A D, Luttenegger K C. Measuring Pedagogical Content Knowledge Using Multiple Points of Data [J]. *The Qualitative Report*, 2015,20(06): 804-816.

Morse J M. Approaches to qualitative-quantitative methodological triangulation [J]. *Nursing Research*, 1991,40(02): 120-123.

Morton T. Conceptualizing and investigating teachers' knowledge for integrating content and language in content-based instruction [J]. *Journal of Immersion and Content-Based Language Education*, 2016, 4(02): 144-167.

Muchisky D & Yates R. The authors respond... defending the discipline, field, and profession [J]. *TESOL Quarterly*, 2004,38(01),134-140.

Munby J. *Communicative Syllabus Design* [M]. Cambridge: Cambridge University Press, 1978.

Niess M L et al. Mathematics teacher TPACK standards and development model [J]. *Contemporary Issues in Technology and Teacher Education*, 2009,9(01),4-24.

Nilsson P & Elm A. Capturing and developing early childhood teachers' science pedagogical content knowledge through CoRes [J]. *Journal of Science Teacher Education*, 2017,28(05): 406-424.

Novak J D & Gowin D B. *Learning How to Learn* [M]. Cambridge: Cambridge University Press, 1984.

Oliver M et al. Sharing teacher knowledge at scale: teacher inquiry, learning design and the representation of teachers' practice [J]. *Teacher Development*, 2018,22(04): 587-606.

Park S & Chen Y C. Mapping out the integration of the components of pedagogical content knowledge

(PCK)：Examples from high school biology classrooms [J]. *Journal of Research in Science Teaching*，2012,49(07)：922 - 941.

Park S et al. Is pedagogical content knowledge (PCK) necessary for reformed science teaching? Evidence from an empirical study [J]. *Research in Science Education*，2011,(02)：245 - 260.

Petrou M & Goulding M. Conceptualizing teachers' mathematical knowledge in teaching [A]. In Rowland T & Ruthven K (Eds). *Mathematical Knowledge in Teaching* [C]. Dordrecht：Springer，2011：9 - 25.

Pickett D. Business English：Falling between two styles [J]. *Comlon*，1986,26：16 - 21.

Polanyi M. *The Study of Man* [M]. Chicago：University of Chicago Press，1959.

Prensky M. Digital natives，digital immigrants：Part I [J]. *On the Horizon*，2001,9(05)：1 - 6.

Priestley M，Biesta G & S Robinson. *Teacher Agency：An Ecological Approach* [M]. London & New York：Bloomsbury，2015.

Radcliffe-Brown A R. On social structure [J]. *Journal of the Royal Anthropological Institute of Great Britain and Ireland*，1940,70(2)：1 - 12.

Reynolds A. What is competent beginning teaching? A review of the literature [J]. *Review of Educational Research*，1992,62(01)：1 - 35.

Richards J C. *Beyond Training：Perspectives on Language Teacher Education* [M]. Cambridge University Press，1998.

Robinson P. *ESP Today：A Practitioner's Guide* [M]. Hemel Hempstead：Prentice Hall International，1991.

Rogers R & Wetzel M M. Studying agency in literacy teacher education：A layered approach to positive discourse analysis [J]. *Critical Inquiry in Language Studies*，2013,10(01)：62 - 92.

Romar J E & Frisk A. The influence of occupational socialization on novice teachers' practical knowledge，confidence and teaching in Physical Education [J]. *Qualitative Research in Education*，2017,6(01)：86 - 116.

Ryle G. *The Concept of Mind* [M]. London：Hutchinson，1949.

Salvatori M & MacFarlane A. Profile and pathways：Supports for developing FSL teachers' pedagogical，linguistic，and cultural competencies [R]. Canadian Association of Second Language Teachers，2009.

Scheiner T et al. What makes mathematics teacher knowledge specialized? Offering alternative views [J]. *International Journal of Science and Mathematics Education*，2019,17：153 - 172.

Schmidt D A et al. Technological pedagogical content knowledge (TPACK) the development and validation of an assessment instrument for preservice teachers [J]. *Journal of Research on Technology in Education*，2009,42(02)：123 - 149.

Schneider R M & Plasman K. Science teacher learning progressions：A review of science teachers' pedagogical content knowledge development [J]. *Review of Educational Research*，2011,81(04)：530 - 565.

Schon D A. *The Reflective Practitioners：How Professionals Think in Action* [M]. New York：Basic Books，1983.

Schwab J J. The practical：A language for curriculum [J]. *The School Review*，1969,78(01)：1 - 23.

Shulman L S. Knowledge and Teaching：Foundations of the New Reform [J]. *Harvard Educational Review*，1987，(01)：1 - 22.

Shulman L S. Those who understand knowledge growth in teaching [J]. *Educational Researcher*，1986，(02)：4 - 14.

Smith K. Teacher educators' expertise：What do novice teachers and teacher educators say? [J].

Teaching and Teacher Education, 2005, 21: 177 - 192.

Speer N M, King K D & Howell H. Definitions of mathematical knowledge for teaching: using these constructs in research on secondary and college mathematics teachers [J]. *Journal of Mathematics Teacher Education*, 2015, 18(02): 105 - 122.

St. John M. Business is booming: Business English in the 1990s [J]. *English for Specific Purposes*, 1996, 15: 3 - 18.

Stevens J. *Applied Multivariate Statistics for the Social Sciences* (2nd Ed) [M]. NJ: Lawrence Erlbaum Associates, 2002.

Strevens P. ESP after twenty years: A re-appraisal [A]. In Tickoo M(Ed). *ESP: State of the Art, Anthology* 21 [C]. Seameo Regional Language Center, 1988: 1 - 13.

Strevens P. Special-purpose language learning: a perspective [J]. *Language Teaching & Linguistics*, 1977(03): 145 - 163.

Tamir P. Subject matter and related pedagogical knowledge in teacher education [J]. *Teaching and teacher education*, 1988, 4(02): 99 - 110.

Tarone E & Allwright D. Language teacher-learning and student language-learning: Shaping the knowledge base [A]. In Tedick D J (Ed.). *Second Language Teacher Education: International Perspectives* [C]. Mahwah, NJ: Lawrence Erlbaum Publishers, 2005: 5 - 23.

Troyan F J, Cammarata L & Martel J. Integration PCK: Modeling the knowledge(s) underlying a world language teacher's implementation of CBI [J]. *Foreign Language Annals*, 2017, 50(02): 458 - 476.

Tudor I. LSP or language education? [A]. In R. Howard & G. Brown (Eds.) *Teacher Education for LSP* [C]. Clevedon: Multilingual Matters, 1997: 90 - 102.

Turner - Bisset R. The knowledge bases of the expert teacher [J]. *British Educational Research Journal*, 1999, 25(01): 39 - 55.

Turner-Bisset R. *Expert Teaching: Knowledge and Pedagogy to Lead the Profession* [M]. London: David Fulton Publishers, 2001.

Tuttle N et al. Investigating the impact of NGSS-aligned professional development on PreK - 3 teachers' science content knowledge and pedagogy [J]. *Journal of Science Teacher Education*, 2016, 27(07): 717 - 745.

Van Driel J H, Beijaard D & Verloop N. Professional development and reform in science education: The role of teachers' practical knowledge [J]. *Journal of Research in Science Teaching*, 2001, 38(02): 137 - 158.

Van Driel J H, Verloop N & de Vos W. Developing science teachers' pedagogical content knowledge [J]. *Journal of Research in Science Teaching*, 1998, 35(06): 673 - 695.

Veal W R & MaKinster J G. Pedagogical content knowledge taxonomies [J]. *Electronic Journal of Science Education*, 1999, 3(04): 34 - 51.

Vygotsky L S. The development of academic concepts in school aged children [A]. In Van Der Veer R & Valsiner J (Eds.). *The Vygotsky Reader* [C]. Oxford: Blackwell, 1994: 355 - 370.

Walker E. Literacy-oriented pedagogy in the advice of experienced language teachers as prospective practicum assessors [J]. *Pedagogies: An International Journal*, 2012, 7(02): 182 - 198.

Watzke J L. Foreign language pedagogical knowledge: Toward a developmental theory of beginning teacher practices [J]. *The Modern Language Journal*, 2007, 91(01): 63 - 82.

Wellman B & Berkowitz S D. *Social Structures: A Network Approach* [M]. Cambridge: Cambridge University Press, 1988.

Wenger E. *Community of Practice: Learning, Meaning and Identity* [M]. Cambridge: Cambridge

University Press，1998.

Zhu W Z & Deng J Z. A case analysis of Business English teacher development in China with GDUFS as an example [J]. *English Language Teaching*，2015,8(06)：159－165.

Weshah H A & Tomok T N. The impact of a training program based on pedagogical knowledge on improving the speaking and writing skills teaching practices of female English language teachers [J]. *Reading Improvement*，2011,48(04)：179－195.

Whitcomb J, Borko H & Liston D. Growing talent：Promising professional development models and practices [J]. *Journal of Teacher Education*，2009,60(03)：207－221.

Wilson S M, Shulman L S & Richert A E. "150 different ways" of knowing：Representations of knowledge in teaching [J]. *Exploring Teachers' Thinking*，1987：104－124.

Wu H & Badger R G. In a strange and uncharted land：ESP teachers' strategies for dealing with unpredicted problems in subject knowledge during class [J]. *English for Specific Purposes*，2009，(01)：19－32.

Wu P. Examining Pedagogical Content Knowledge（PCK）for Business English teaching：Concept and model [J]. *Polyglossia：the Asia-Pacific's Voice in Language and Language Teaching*，2013,(25)：83－94.

Wu P & Yu S. Developing Pedagogical Content Knowledge（PCK）through module team collaboration：A case study of Business English teachers in China [J]. *The Asia-Pacific Education Researcher*，2017，26(1－2)：97－105.

Wu P, Yu S & Zhang L. The function and integration of components of pedagogical content knowledge（PCK）in classroom teaching：a case study of business English teachers [J]. *Educational Studies*，2018：1－16.

Yates R & Muchisky D. On reconceptualizing teacher education [J]. *TESOL Quarterly*，2003,37(01)：135－147.

Yuksel I & Yasin E. Cross-sectional evaluation of English language teachers' technological pedagogical content knowledge [J]. *Educational Research Quarterly*，2014,38(02)：23－42.

Zanting A, Verloop N & Vermunt J D. Student teachers eliciting mentors' practical knowledge and comparing it to their own beliefs [J]. *Teaching and Teacher Education*，2001,17(06)：725－740.

Zellermayer M & Tabak E. Knowledge construction in a teachers' community of enquiry：a possible road map [J]. *Teachers and Teaching：Theory and Practice*，2006,12(01)：33－49.

Zhang F & Zhan J. The knowledge base of non-native English-speaking teachers：perspectives of teachers and administrators [J]. *Language and Education*，2014,28(06)：568－582.

白益民. 学科教学知识初探[J]. 现代教育论丛，2000,(04)：27－30.

边立志. 我国商务英语专业发展十年：成就、问题与对策[J]. 外语电化教学，2018,(01)：63－69.

蔡冬漫. 学生感知商务英语教师 PCK 水平对其学业自我效能感影响的实证研究[D]. 广东外语外贸大学，2016.

陈向明. 质的研究方法与社会科学研究[M]. 北京：教育科学出版社. 2000.

陈向明. 实践性知识：教师专业发展的知识基础[J]. 北京大学教育评论，2003,(01)：104－112.

陈向明. 对教师实践性知识构成要素的探讨[J]. 教育研究，2009,30(10)：66－73.

陈向明. 教师实践性知识研究的知识论基础[J]. 教育学报，2009,5(02)：47－55＋129.

陈向明. 我为什么对质性研究情有独钟[N]. 中国社会科学报，2010－03－18(017).

陈向明. 搭建实践与理论之桥：教师实践性知识研究[M]. 北京：教育科学出版社. 2011.

陈向明，赵康. 从杜威的实用主义知识论看教师的实践性知识[J]. 教育研究，2012,33(04)：108－114.

陈向明. 专题："实践性知识"是如何生成的？——对教育作为一种"实践"的反思[J]. 教育学报，2013,9

（04）：71.

陈向明.从教师"专业发展"到教师"专业学习"[J].教育发展研究,2013,33(08)：1-7.

戴炜栋,王雪梅.信息化环境中外语教师专业发展的内涵与路径研究[J].外语电化教学,2011,(06)：
　　8-13.

邓海.国外 ESP 教学[J].外语教学与研究,1992,(01)：20-23.

丁安琪.指向语言教师专业发展的课堂观察——美国"语言教师效能反馈工具"述评[J].外语界,2014,
　　(06)：66-73.

董江华,陈向明.镜室的映照——对合作探究群体生成实践性知识的探析[J].教育学报,2013,9(04)：
　　72-82.

杜春美.关于教师职业生涯周期的探索[J].福建论坛(人文社会科学版),2007,(S1)：235-236.

范艳萍.复合型人才培养需求下高职公共外语教师多元化知识体系构建[J].教育与职业,2015,(06)：
　　92-94.

高雪松,陶坚,龚阳.课程改革中的教师能动性与教师身份认同——社会文化理论视野[J].外语与外语教
　　学,2018,(01)：19-28+146.

高艳.从社会文化理论的角度论语言教师的中介作用[J].外语教学理论与实践,2008,(03)：93-96+87.

高战荣.国外 ESP 教师教育对我国大学英语教师知识发展的启示[J].外国教育研究,2012,39(04)：
　　85-91.

顾永安.教育研究方法[M].南京：南京大学出版社,2015.

郭桂杭,李丹.商务英语教师专业素质与教师发展——基于 ESP 需求理论分析[J].解放军外国语学院学
　　报,2015,38(05)：26-32.

郭桂杭,牛颖.商务英语教师自主能力调查与研究[J].外国语文,2016,32(04)：67-74.

郭桂杭,朱红.商务英语教师发展研究——现状与思考[J].中国外语,2018,15(02)：17-21.

韩宝成,许宏晨.中学生英语学习态度动机调查问卷的信效度分析[J].河北师范大学学报(教育科学版),
　　2010,12(10)：69-74.

韩刚.英语教师学科教学知识的建构[M].上海：上海外语教育出版社.2011.

韩继伟,林智中,黄毅英,马云鹏.西方国家教师知识研究的演变与启示[J].教育研究,2008,(01)：
　　88-92.

韩继伟,马云鹏.教师的内容知识是理论知识吗？——重新解读舒尔曼的教师知识理论[J].中国教育学
　　刊,2008,(05)：30-32.

何丽芬.中外英语教师学科教学知识现状比较分析[J].外语研究,2016,33(02)：63-71.

胡春光,王坤庆.教师知识：研究趋势与建构框架[J].教育研究与实验,2013,(06)：22-28.

黄丽燕,赵静,陈心怡.英语教师的基本语言知识结构要素及其预测能力研究[J].外语教学与研究,2016,
　　48(04)：583-593+641.

黄友初.欧美教师知识演变评析[J].高教探索,2018,(11)：123-128.

简红珠.教师知识的不同诠释与研究方法[J].课程与教师季刊,2002,5(3)：16-16.

简世德,冯丽莎,张美荣.社会网络视域下高校教师隐性知识转移的影响因素与路径[J].高等农业教育,
　　2018,(03)：40-45.

江春,丁崇文,杨娟,高海珊.中国商务英语教师素质的调查报告[J].商务英语教学与研究,2008,(01)：
　　126-137.

姜美玲.教师实践性知识研究[M].上海：华东师范大学出版社,2008.

姜美玲.教师实践性知识研究[D].上海：华东师范大学.2006.

姜霞,王雪梅.我国外语教师知识研究：回顾与展望——基于外语类和教育类 CSSCI 期刊论文的分析
　　[J].外语界,2016,(06)：31-39.

鞠玉翠.教师个人实践理论的叙事探究[D].上海：华东师范大学,2003.

康晓伟. 当代西方教师知识研究述评[J]. 外国教育研究,2012,39(08):84-91.

李秉德. 教学论[M]. 北京:人民教育出版社,1991.

李长吉,余芳艳. 课堂观察研究:进展与趋势[J]. 当代教育与文化,2010,(06):88-93.

李红. 专门用途英语的发展和专业英语合作教学[J]. 外语教学,2001,22(01):40-43.

李四清,陈坚林. 高校外语教师知识结构与教学自主的关系探究[J]. 外语与外语教学,2016,(05):88-96.

李晓博. 教室里的权威:对日语教师个人实践知识的叙事研究[J]. 外语研究,2008,(03):46-50.

梁永平. 职前教师学科教学知识发展的理论与实践路径[J]. 课程·教材·教法,2013,33(01):106-112.

林崇德,申继亮,辛涛. 教师素质的构成及其培养途径[J]. 中国教育学刊,1996,(06):16-22.

刘清华. 教师知识的模型建构研究[D]. 重庆:西南师范大学,2004.

刘润清. 外语教学中的科研方法[M]. 北京:外语教学与研究出版社,2015.

刘永凤. 教师个人知识的内涵,构成与发展[J]. 教育研究,2017,38(06):101-106.

陆晓红. 维果茨基社会文化视角下外语教师语言知识的建构[J]. 全球教育展望,2012,(04):26-32.

吕筠,董晓秋. 职前外语教师学科教学知识研究[J]. 外语教学理论与实践,2010,(04):64-70.

南华,徐学福. 从实然走向应然:新手外语教师学科教学知识建构[J]. 黑龙江高教研究,2014,(03):63-65.

彭伟强,朱晓燕. 国外不同研究路向的外语教师知识研究[J]. 中国外语教育,2009,2(02):28-36.

彭元玲. 论 FLT 的学科教学知识[J]. 外语界,2007,(04):28-36.

秦晓晴. 外语教学研究中的定量数据分析[M]. 武汉:华中科技大学出版社,2003.

秦晓晴. 外语教学问卷调查研究的发展趋势及选题特点[J]. 外语教育,2008,8(00):8-16.

秦晓晴. 外语教学问卷调查法[M]. 北京:外语教学与研究出版社,2009.

秦晓晴,毕劲. 外语教学定量研究方法及数据分析[M]. 北京:外语教学与研究出版社,2015.

秦秀白. ESP 的性质、范畴和教学原则——兼谈在我国高校开展多种类型英语教学的可行性[J]. 华南理工大学学报(社会科学版),2003,(04):79-83.

阮绩智. 基于需求分析的高校英语专业商务英语方向课程设置[J]. 中国 ESP 研究,2010,(01):121-127.

石中英. 知识性质的转变与教育改革[J]. 清华大学教育研究,2001,(02):29-36.

孙翠兰,鲍文. 国际商务英语课程设置研究[J]. 山东大学学报(哲学社会科学版),2010,(05):153-156.

孙自挥,高晓芙,杨静林,朱海英. PCK 知识与英语教师的专业发展——基于四川地区中学英语教师教育/培训师资队伍的考察[J]. 西南民族大学学报(人文社科版),2008,29(S3):149-151.

孙自挥. 课改背景下中学英语教师知识结构状况及特点研究[J]. 中国教育学刊,2007,(05):75-78.

孙自挥. 英语教师知识库的现状,问题及对策[J]. 教育理论与实践,2015,35(20):31-33.

汤杰英,周兢. 测评教师学科教学知识的工具开发——基于对美国埃里克森学院所开发工具的介绍和验证[J]. 教育科学,2013,29(05):86-90.

汤少冰,徐燕梅,黄彩娇. 中学英语新手教师与专家型教师学科教学知识的比较与分析[J]. 英语教师,2016,16(15):19-25+32.

陶丽,顾佩娅. 选择与补偿:高校英语教师职业能动性研究[J]. 外语界,2016(01):87-95.

万文涛. 论专业化教师的知识结构[J]. 教育研究,2004,(09):17-19.

王飞. 学科教学知识与实践性知识的比较研究[J]. 上海教育科研,2012,(07):9-13.

王关富,张海森. 商务英语学科建设中的教师能力要素研究[J]. 外语界,2011,(06):15-21.

王立非,崔璨. 落实《商务英语专业本科教学指南》,推进商务英语人才培养[J]. 外语界,2020(03):5-11.

王立非,葛海玲. 论"国家标准"指导下的商务英语教师专业能力发展[J]. 外语界,2016,(06):16-22.

王立非,李琳. 商务外语的学科内涵与发展路径分析[J]. 外语界,2011,(06):6-14.

王立非,李琳. 我国商务英语研究十年现状分析(2002—2011)[J]. 外语界,2013,(04):2-10.

王立非,叶兴国,严明,彭青龙,许德金. 商务英语专业本科教学质量国家标准要点解读[J]. 外语教学与研究,2015,47(02):297-302.

王立非,张斐瑞. 论商务英语二级学科的核心概念及理论基础[J]. 外语学刊,2016,(03):63-66.

王丽,范劲松. 国外商务英语能力等级量表研究述评[J]. 解放军外国语学院学报,2017,40(05):102-109.

王淑莲,金建生. 教师协同学习共同体:教师专业发展新范式[J]. 中国高教研究,2017,(01):95-99.

王夏洁,刘红丽. 基于社会网络理论的知识链分析[J]. 情报杂志,2007,(02):18-21.

王艳. 外语教师实践性知识研究的回顾与展望[J]. 高教发展与评估,2013,29(06):87-95.

王艳. 优秀外语教师实践性知识的个案研究[J]. 外语教学理论与实践,2011,(01):68-76.

王艳. 基于教学学术的大学英语教师实践性知识发展模型构建[J]. 教育评论,2018,(02):101-106.

王玉萍. 论外语教师 PCK 发展路径[J]. 外语界,2013,(02):69-75.

魏戈,陈向明. 如何捕捉教师的实践性知识——"两难空间"中的路径探索与实践论证[J]. 教育科学研究,2017,(02):82-88.

魏戈,陈向明. 教师实践性知识研究的创生和发展[J]. 华东师范大学学报(教育科学版),2018,36(06):107-117+158-159.

翁凤翔. 论商务英语的"双轨"发展模式[J]. 外语界,2014(02):10-17.

吴格奇. "语言学导论"课程教学行动研究与教师知识体系的反思[J]. 国外外语教学,2005,(02):34-39.

吴明隆. 问卷统计分析实务:SPSS 操作与应用[M]. 重庆:重庆大学出版社,2010.

吴朋,秦家慧. 构建商务英语学科教学知识的研究框架[J]. 外语界,2014,(02):18-24+48.

吴鹏. 大学英语教师教学改革实践性知识形成的叙事探究[J]. 教育学术月刊,2011,(01):59-64.

吴一安. 外语教师研究:成果与启示[J]. 外语教学理论与实践,2008,(03):32-39.

吴一安. 优秀外语教师专业素质探究[J]. 外语教学与研究,2005,(03):199-205.

吴一安等. 中国高校英语教师教育与发展研究[M]. 北京:外语教学与研究出版社.2007.

夏洋,李雪梅. 基于 CBI 课程改革的外语教师知识发展研究:现状与路径[J]. 浙江外国语学院学报,2012,(03):44-49.

辛继湘. 教师学科教学知识传递的影响因素与路径选择[J]. 课程.教材.教法,2017,37(05):89-94.

辛涛,申继亮,林崇德. 从教师的知识结构看师范教育的改革[J]. 高等师范教育研究,1999,(06):12-17.

徐碧美. 追求卓越:教师专业发展案例研究[M]. 北京:人民教育出版社,2003.

徐红. 教育科学研究方法[M]. 武汉:华中科技大学出版社.2013.

徐锦芬,程相连,秦凯利. 优秀高校英语教师专业成长的叙事研究——基于教师个人实践知识的探索[J]. 外语与外语教学,2014,(06):1-6.

徐文彬等译. 教育研究方法(第六版)[M]. 北京:北京大学出版社.2016.

徐忆. 高校英语教师职场学习研究——以云南省为例[D]. 上海:上海外国语大学.2015.

许宏晨. 第二语言研究中的统计案例分析[M]. 北京:外语教学与研究出版社,2013.

阎晓军. 教育科研方法案例与操作[M]. 北京:北京师范大学出版社.2016.

杨鲁新等. 应用语言学中的质性研究与分析[M]. 北京:外语教学与研究出版社,2013.

杨晓明. SPSS 在教育统计中的应用[M]. 北京:高等教育出版社,2004.

叶澜,白益民等. 教师角色与教师发展新探[M]. 北京:教育科学出版社,2001.

尹静. 高校英语教师实践性知识的探究[D]. 上海:上海外国语大学.2015.

尹瑶芳. 小学数学教师 MPCK 影响因素的模型建构研究[D]. 上海:华东师范大学,2017.

张凤娟,林娟,贺爽. 大学英语教师 TPACK 特点及其发展研究[J]. 中国电化教育,2015,(05):124-129.

张凤娟,刘永兵. 教师认知研究的综述与展望[J]. 外国教育研究,2011,38(01):39-43+50.

张瑾. 大学英语后续课程与教师专业发展——基于学科教学知识的视角[J]. 江苏高教,2013,(06):83-84.

张军民. 行动与理解：国际汉语教师实践性知识建构路径研究[D]. 上海：上海外国语大学. 2018.

张宁. 非英语外语教师学科教学知识的生成与发展个案研究[J]. 外语界,2020(02)：51-58.

张庆华,杨鲁新. 基于课堂叙事话语的英语教师实践性知识研究[J]. 外语与外语教学,2018,(04)：2-13+147.

张志江,肖肃. 英语顶岗支教生实践性知识构成：个案研究[J]. 外国语文,2015,(06)：140-144.

赵国庆. 概念图、思维导图教学应用若干重要问题的探讨[J]. 电化教育研究,2012,33(05)：78-84.

赵晓光,马云鹏. 外语教师学科教学知识的要素及影响因素辨析[J]. 外语教学理论与实践,2015,(03)：36-41+95.

郑志恋,叶志雄. 职前英语教师学科教学知识及其养成途径探究——以浙江师范大学英本《教育体验》课程为例[J]. 教师教育研究,2013,(01)：65-69.

钟启泉,王艳玲. 教师知识研究的进展与启示[J]. 大学(研究与评价),2008,(01)：11-18.

周海涛等译(Seidman Irving 著). 质性研究中的访谈：教育与社会科学研究者指南[M]. 重庆：重庆大学出版社,2009.

周燕. 高校英语教师发展需求调查与研究[J]. 外语教学与研究：外国语文双月刊,2005,37(03)：206-210.

朱淑华,唐泽静,吴晓威. 教师知识结构的学理分析——基于对西方教师知识研究的回溯[J]. 外国教育研究,2012,39(11)：118-126.

朱晓燕. 中学英语新教师学科教学知识的发展[M]. 南京：南京师范大学出版社. 2004.

朱旭东. 教师专业发展理论研究[M]. 北京：北京师范大学出版社. 2011.

朱文忠. 商务英语教学模式理论脉络、特色与实效分析[J]. 广东外语外贸大学学报,2010,21(04)：22-27.

祝畹瑾. 新编社会语言学概论[M]. 北京：北京大学出版社. 2013.

邹斌,陈向明. 教师知识概念的溯源[J]. 课程. 教材. 教法,2005,(06)：85-89.

邹美兰. 现代商务英语的界定和内涵[J]. 江西财经大学学报,2004,(01)：114-115+120.

邹为诚. 中国基础教育阶段外语教师的职前教育研究[J]. 外语教学理论与实践,2009,(01)：1-16+19.

邹为诚. 实践经验是如何改变外语教师的知识结构的？[J]. 中国外语,2013,(01)：72-80.